Heimat im Gepäck

AUTONOME PROVINZ BOZEN SÜDTIROL
PROVINCIA AUTONOMA DI BOLZANO ALTO ADIGE
Deutsche Kultur

Die Drucklegung dieses Buches wurde ermöglicht durch
die Südtiroler Landesregierung/Abteilung Deutsche Kultur.

SABINE PEER

Heimat im Gepäck

Wahre Geschichten
von Südtiroler Auswanderern

ATHESIA VERLAG

Inhaltsverzeichnis

Prolog

„Heimat im Gepäck" ist der Titel des vorliegenden Buches, für das ich mich auf die Suche gemacht habe nach Zeitzeugen, die mir aus ihrem Leben erzählen. Aus der Zeit, als sie in den späten 1950er- und in den 1960er-Jahren aus Südtirol ausgewandert sind. Diese Menschen waren bei ihrem Auswandern alle sehr jung, meist knapp 20 Jahre alt. Sie waren auch nicht auf der Suche nach einer neuen Heimat, wie noch bei der *Option,* sondern ihre Beweggründe zu gehen, waren andere.

Zwei Frauen und zwei Männer haben mir ihre Lebensgeschichte anvertraut. Ich war eine geduldige Zuhörerin. In einem aufwendigen Prozess habe ich aus ihren Erinnerungen Geschichten ausformuliert, bei denen es mir wichtig war, einen fesselnden Handlungsverlauf aufzubauen, der das Lesepublikum in seinen Bann zieht. Dass dies gelingt, mag auch daran liegen, dass jede der vier Geschichten in diesem Buch auf wahren Begebenheiten beruht.

Weil die Inhalte in den Geschichten real erlebt und gelebt wurden, war es mir wichtig, die Privatsphäre jener zu wahren, deren Lebenserinnerungen ich verschriftlichen durfte. Um dies zu gewährleisten, war es den Interviewpartnerinnen und Interviewpartnern freigestellt, den bürgerlichen Namen anzuführen oder anonym zu bleiben. Genauso wie ihnen die von mir ausformulierten Geschichten zur Einsicht vorlagen, um diese gegenzulesen und gegebenenfalls korrigierend einzugreifen.

Die wirtschaftlichen Verhältnisse in Südtirol waren nach dem Zweiten Weltkrieg bis in die späten 1960er-Jahre ausgesprochen prekär. Armut und Not beherrschten das bäuerlich geprägte Land. Dass hier der Aufschwung erst später als im restlichen Italien oder in vielen Teilen Europas einsetzte, war der politischen Situation geschuldet. Statt einer echten, gewährte Italien nur eine Scheinautonomie. Unter deren Deckmantel die Italianisierungspolitik des faschistischen Italiens fortgesetzt und der Zuzug Tausender italienischsprachiger Arbeitskräfte forciert wurde. Gut bezahlte Arbeitsplätze und neuer Wohnraum blieben der deutschsprachigen Bevölkerung meist verwehrt. Anders als im deutschsprachigen Ausland war eine adäquate Ausbildung in deutscher Sprache kostenpflichtig und daher oft unerschwinglich. Häufig blieb einzig der Knechtsdienst bei einem Bauern und damit der sichere Weg in die Armut. Junge Männer bewog die Perspektivlosigkeit im eigenen Land, die Heimat zu verlassen, aber nicht selten auch die Angst vor dem italienischen Militärdienst oder die Sorge, mit dem politischen Widerstand, der sich ab Mitte der 1950er-Jahre formierte, in Verbindung gebracht zu werden. Bei den jungen Frauen war es dagegen oft der Wunsch nach einem selbstbestimmten Leben.

Mögen die Beweggründe zum Auswandern vielfältig gewesen sein, die Sehnsucht zur Heimat blieb allen ein Begleiter. In jeder der vier Geschichten war es mir wichtig, diesen Bezug zum Buchtitel „Heimat im Gepäck“ herauszuarbeiten. In Ermangelung eines eigenen Landes definieren wir „Heimat“ über die Subebene unserer gemeinsamen Geschichte, den gleichen Background, den Dialekt, über gemeinsame Erlebnisse und Erfahrungen. Dieses gemeinsame Narrativ ist es, was Heimat ausmacht. Und diese „Heimat“ haben wir immer in unserem persönlichen Rucksack dabei: Heimat haben wir immer im Gepäck.

Sabine Peer

Mitglied Nummer eins

Karl Fink, Jahrgang 1942, Ritten
1962–1968 Stuttgart

„Lasst uns einen Verein gründen! Einen Verein für uns Südtiroler", rief Karl und strahlte in die Runde. Seine Augen funkelten jeden Einzelnen von ihnen an. An die zwölf junge Männer, darunter auch ein paar Frauen, alles gebürtige Südtiroler, saßen um dem Wirtshaustisch im „Wienerwald". Mindestens einmal im Monat kamen sie zuverlässig hier zusammen. Die Gastwirtschaft am Stuttgarter Rotebühlplatz hatte eine gute Atmosphäre. Hier fühlten sich die Südtiroler ein Stück weit wie zuhause. Was auch daran gelegen haben mag, dass die Wirtschaft von Bernhard Stecher, einem Südtiroler aus dem oberen Vinschgau, geführt wurde. An diesem Abend waren sie aus einem bestimmten Grund zusammengekommen. Karl ergriff erneut das Wort: „Einen Verein für uns. Für unsere Belange." Jeder in der Runde wusste sogleich, wovon Karl sprach. Von einem Stück Zuhause in der Fremde.

Karl war lange nicht der Älteste unter ihnen, aber er war inzwischen auch schon drei Jahre in Stuttgart. Die Sorgen und Nöte, die einem fern der Heimat heimsuchen konnten, waren ihm durchaus vertraut. Obwohl er es gut getroffen hatte. Das konnte er getrost bejahen. Seit Kurzem bewohnte er sogar ein Einzelzimmer im *Kolpinghaus*. Der pure Luxus! Auch, wenn der nicht von selbst gekommen war. Aber Karl hatte nicht lockergelassen und sich kontinuierlich um die Verbesserung seiner Wohnsituation bemüht. Die ersten Jahre bewohnte er noch mit zwei weiteren Gesellen ein Dreibettzimmer, dann – im Vorjahr – durfte er ins Zweibettzimmer ziehen. Und nun – das Einzelzimmer. Das war schon etwas anderes. Denn sein eigenes kleines Reich zu haben, fühlte sich einfach gut an. Alles, was er brauchte, war da. Bett. Schrank. Tisch. Stuhl. Sogar ein eigenes Waschbecken mit fließendem Wasser war im Zimmer. Die Gemeinschaftstoiletten waren draußen auf dem Gang. Und wenn Karl duschen wollte, dann gab es dafür eine ganze Reihe von Nasszellen im Keller. Der Einwurf einer Münze, die sie beim Hausmeister für wenig Geld erwerben konnten, reichte aus, um den Wasserzulauf durch den an der Decke montierten Brausekopf zu starten. Aber das Duschgeld konnte sich Karl gewöhnlich sparen. Zumindest unter der Woche. Denn da gab es die Möglichkeit, sich den Schweiß von der Arbeit gleich in der Firma abzuwaschen, wo ausreichend Duschen für die Arbeiter bereitstanden. Seine Firma – auch das ein Glücksfall!

Seit Karl am 7. Januar 1962 seinen ersten Arbeitstag in Stuttgart angetreten hatte, war er bei der großen Druckerei „Stähle & Friedl" beschäftigt. Und die Zusicherung, dass er dort anfangen konnte, hatte er schon in der Tasche, da arbeitete er noch beim „Amonn" in Bozen. In dieser Druckerei in der Bozner Museumstraße hatte er seine Ausbildung zum Drucker absolviert. Bestimmt wäre er dort nach der Gesellenprüfung, die Karl im Dezember 1961 gleich beim ersten Anlauf geschafft hatte, übernommen worden. Aber da hatte Karl schon seinen Entschluss gefasst. Er wollte weg aus Südtirol! Etwas von der Welt sehen, seinen Horizont erweitern. Und auf die Idee, in größeren Maßstäben zu denken, hatten ihn Freunde und Kollegen gebracht. Die waren etwas älter, in ihren verschiedenen Berufen schon ausgelernt und zum Arbeiten bereits ausgewandert. Mit ihnen war Karl in Kontakt geblieben, und so erfuhr er, wie gut es ihnen in der Fremde erging, dass alles in Fülle vorhanden war. Unterkünfte und Arbeitsplätze. Man könne sich sogar aussuchen, wo man anfangen möchte. Auch die Bezahlung war besser. Weit besser als das, was man in Südtirol bekam. Aber der höhere Lohn war nie das gewesen, was Karl dazu bewogen hatte, nach Deutschland zu gehen. Etwas verdient hatte er auch schon in seinen vier Lehrjahren beim „Amonn". Viel brauchte er ja ohnehin nicht und dafür, dass er selbst für Kost und Logis im Lehrlingsheim aufkommen konnte, hatte sein Verdienst stets gereicht.

Karl kann sich noch gut an das Glücksgefühl erinnern, das er empfand, als er die Zusage erhielt, er könne am 1. Oktober 1957 mit seiner Ausbildung zum Drucker beim „Amonn" anfangen. Das war gar nicht selbstverständlich gewesen, denn Ausbildungsplätze waren in Südtirol für die deutschsprachige Bevölkerung rar gesät. Dafür gab es junge Arbeitswillige noch zuhauf. Viel zu viele aus den kinderreichen Kleinbauernfamilien widerstrebte es, sich als Knecht oder Magd bei einem Großbauern zu verdingen. Denn das bedeutete Ausbeutung von morgens früh bis abends spät bei bescheidener Entlohnung und meist auch noch schlechter Verpflegung und schlechter Unterbringung. Die Aussicht, ein Handwerk zu erlernen, um damit der Armut zu entgehen, ließ viele junge Männer ihr Glück bei einer Tischlerei, einer Kfz-Werkstatt, einer Schlosserei versuchen. Aber Handwerksbetriebe waren begrenztes Gut, und in den gigantischen Werkshallen in der Bozner *Industriezone* bekamen so gut wie keine deutschsprachigen Südtiroler einen Arbeitsplatz. Diese blieben meist ausschließlich den italienischen Mitbürgern vorbehalten, deren Massenzuwanderung aus den italienischen Regionen nach Südtirol im Zuge der *Italianisierung* des Landes noch während des Faschismus stark gefördert wurde. Noch lange nach Ende des Zweiten Weltkriegs bewirkten die beträchtlichen finanziellen Anreize durch den Staat, dass die Unternehmen in der *Industriezone* es vorzogen, Italiener einzustellen. Auf einen Arbeitsplatz in den Großbetrieben der Metallverarbeitung, Fahrzeugherstellung und Energiegewinnung aus Wasserkraft brauchten die Deutschsprachigen daher nicht zu hoffen, was ihre Perspektiven im Land erheblich einschränkte. Und so war auch Karls Suche nach einem Ausbildungsplatz nicht sofort von Erfolg gekrönt gewesen. „Nein, wir brauchen niemanden", hatte er mehrmals zu hören bekommen. Dass er schließlich die Zusage von der Druckerei „Amonn" bekam, war nur gelungen, weil er einen Fürsprecher hatte, einen Rittner wie Karl selbst. Man half einander, das war gang und gäbe in den ländlichen Gemeinden. So auch auf dem Ritten, wo Karl aufgewachsen war.

Die Eltern – beide gebürtige Rittner, der Vater Franz war in Klobenstein geboren, die Mutter Filomena stammte vom kleinen Wallfahrtsort Maria Saal – hatten 1930, bald nach ihrer Heirat, den Gasthof „Amtmann" in Lengmoos gleich gegenüber der Kommende vom Deutschen Orden gepachtet. Dem Deutschen Orden gehörte neben der Kommende, bestehend aus Pfarrkirche, Kommendengebäude und mehreren Nebengebäuden, fast das ganze Dorf, einschließlich weitläufiger Wiesen, Äcker und Wälder. Die Pacht der Eltern beinhaltete sodann nicht nur den Gasthof, sondern auch eine große Bauernschaft mit eigener Metzgerei. Geschlachtet hat der Vater selbst mit seinen Knechten und Helfern vom Dorf. Dann gab es noch einen Fütterer. Dieser war vom Vater eingestellt worden, damit er die Tiere täglich mit Futter versorgte und zusah, dass die Kühe im Stall morgens und abends gemolken wurden. Darüber hinaus hatte er auch darauf zu achten, dass für die Rinder, Rösser, Schweine und Schafe das ganze Jahr über genügend Futter bereitstand.

Die Futterbeschaffung war eine Heidenarbeit, schweißtreibend und zehrend. Wenn im Frühjahr auf den hektargroßen Wiesen der Grünschnitt anstand, hatten alle mitanzupacken. Neben dem Fütterer und den Knechten vom Hof kamen noch fünf, sechs Mäher vom Dorf und natürlich halfen auch Karl und seine Geschwister. Vorweg gingen die Männer mit ihren Sensen, hinter ihnen her lief Karl mit der Heugabel in den Händen, um das frisch gemähte Gras zum Trocknen auszubreiten. Tags darauf mussten sie zum Heuwenden antreten. Und am zweiten oder dritten Tag nach dem Mähen tauschten sie die Heugabel gegen den Rechen. Denn da wurde das nun getrocknete Heu zusammengerecht, um es auf den Ladewagen zu hieven und in die Scheune zu bringen. Alles eine Mordsarbeit, die durch schlechtes Wetter erheblich in die Länge gezogen werden konnte. Weshalb nicht nur hart, sondern, besonders wenn die Regenwahrscheinlichkeit stieg, auch schnell gearbeitet werden musste. Da konnte auf keinen verzichtet werden. Noch viele Jahre lang, selbst als Karl schon längst in der Lehre war, kam er für die Heuarbeit zuverlässig nach Hause.

Aber nicht nur bei der Heuarbeit hatte man tüchtig mitanzupacken, sondern auch beim Bebauen der zum Hof gehörenden ausgedehnten Äcker. Roggen, Rüben, Gerste, Futtermais. Karls Aufgabe bestand darin, die Ochsen zu führen. Der Boden musste bereitet werden, um die Saat auszubringen. Voraus gingen die beiden Ochsen unter dem Joch, daneben die Kinder, die zusehen mussten, dass der eine Ochse stets in der Furche ging, der anderer aber außerhalb der Furche blieb. Hinter den Ochsen drückte der Knecht den Pflug in die Erde. Tagelang sind sie mit den Ochsen auf den großen Äckern aus- und eingefahren. War die Aussaat beendet, hatten sie bei der Ernte wieder mitzuhelfen. Begonnen wurde im *Langes* mit dem Roggen. War der abgeerntet, wurde der Acker erneut mit dem Pflug bearbeitet und die Rüben oder der *Plent*, der Buchweizen, hineingesät, der stets die zweite Ernte war.

Das Korn wurde zur Mühle gefahren, wo der Müller es zu Mehl mahlte. Mit dem Mehl hat man das eigene Brot, die *Breatlen*, gebacken. Zweimal im Jahr hat Karls Familie den hauseigenen Backofen, der im Freien stand, angeheizt. Die Knechte haben das Aufheizen übernommen, die Mägde haben den Brotteig angerührt. Von auswärts kam ein Bauer, der gemeinhin als guter Brotbäcker bekannt war. Sie, die Kinder, durften die frisch gebackenen, herrlich duftenden *Breatlen* im Anschluss hinauf in den Speicher bringen, wo ausreichend Brothurten von der Decke hingen. In diese Holzgitter schob man hintereinander die *Breatlen*, damit sie vollständig austrocknen und damit über Monate gelagert werden konnten.

Alles, was sie und die Tiere zum Leben brauchten, wurde auf dem Hof selbst erwirtschaftet. Nichts wurde dazugekauft. Auch das Fleisch, selbst für die Gastwirtschaft, kam von der eigenen Metzgerei. Von den Hühnern kamen die Eier. Von der

Kuhmilch wurde der Rahm abgeschöpft, um daraus durch tatkräftiges Stampfen im Butterkübel Butter zu gewinnen, und von den eigenen Feldern kam das Gemüse: Kartoffeln, Zwiebeln, Weißkraut, Blumenkohl. Einzig etwas Weizenmehl hat die Mutter von auswärts erworben. Für die Gäste.

Der „Amtmann“ war ein alteingesessener Gasthof. Gut und gerne besucht von den Einheimischen. Zu jedem festlichen Anlass, ob Erstkommunion, Firmung oder Taufe, ging man fürs Festmahl zum „Amtmann“. Zumindest, wer es sich leisten konnte. Aber es kamen auch viele Gäste von auswärts. Schon in den 1950er-Jahren reisten viele deutsche Urlauber für mehrere Wochen an, und über die Hochsommerwochen im August waren die Fremdenzimmer bis unters Dach mit italienischen Gästen belegt. Für sie hauptsächlich backte die Mutter aus dem Weizenmehl feine Mehlspeisen und weiches Weißbrot.

Weiches, weißes Brot hatte Karl aber schon viel früher kennengelernt, da war er kaum drei Jahre alt gewesen. Aber nicht die Mutter hatte damals dieses Weißbrot gebacken, sondern deutsche Wehrmachtssoldaten hatten ihm von diesem Brot zu kosten gegeben. Es hatte köstlich geschmeckt. Weit besser als das harte dunkle Brot, das er ansonsten zu essen bekam. An den vorzüglichen Geschmack dieses Weißbrots kann sich Karl gut erinnern und daran, dass sie in jenen Monaten vor Ende des Zweiten Weltkriegs öfter in den Luftschutzkeller mussten. Das gefiel ihm weniger. Sie hatten gleich zwei Luftschutzkeller in Lengmoos. Einer war im Widum und einer bei ihnen in der Kommende. Karl mochte weder in den einen noch in den anderen. Wenn die Sirenen losgingen, lief das ganze Dorf zusammen: die Tante Mena, die Mama, der *Tata*, die Geschwister und noch jede Menge anderer Leute. Lieber als in den Luftschutzkeller lief Karl beim Sirenengeheul in den Stall zu den Tieren. Da legte er sich zu den Kälbern oder Schafen, spürte deren Wärme und hörte deren Herzschlag. Das beruhigte ihn weit mehr, als dichtgedrängt in den Kellerräumen darauf zu warten, bis sie nach ein paar Stunden wieder zurück in ihren Alltag durften. Verantwortlich für den Bombenalarm bei ihnen in der Idylle in Lengmoos war die deutsche Wehrmacht. In Oberbozen bei Maria Himmelfahrt hatte sie eine *Flak* positioniert. Einige von den Soldaten, die dazu abkommandiert waren, von dort die alliierten Bombengeschwader über Bozen abzuschießen, waren bei ihnen in der Kommende einquartiert und gingen bei Karl zuhause gewissermaßen ein und aus. Von irgendwoher mussten sie mitversorgt worden sein, zumindest bekamen sie dieses weiche, köstliche Weißbrot, aber man sah sie auch beim „Amtmann" in der Gaststube sitzen, wo ihnen von der Mutter in der Gasthausküche zubereitete Speisen aufgetragen wurden.

Auch nach dem Krieg blieb die Gastwirtschaft Mutters Reich. Ihr half eine Magd und für die Gaststube kam eine Bedienung von auswärts. Aber auch die beiden älteren Schwestern von Karl waren beim Bewirten der Gäste zugegen. Genauso wie sie den Waschfrauen in der Waschküche zur Hand gehen mussten. In der Gastwirtschaft und in den Fremdenzimmern fiel jede Menge an Schmutzwäsche an. Berge an Laken, Bettbezügen, Handtüchern, Tischdecken und Stoffservietten. Gewaschen wurde gewöhnlich einmal im Monat, aber auch öfter, wenn es nötig war. Die schöne große Waschküche befand sich gegenüber dem Gasthof in den Kellerräumen der Kommende. Gleich zwei Räume waren dafür vorhanden, ein Vorraum und der eigentliche Waschraum mit riesigem Holzzuber und großem Herd, wo in dem ausladenden Kessel das Wasser erhitzt wurde. Stand das große Waschen an, trommelte Lies, die Zugehfrau, mehrere Frauen aus den Dörfern zusammen, die sich als Waschweiber beim „Amtmann" etwas dazuverdienen konnten. Ein oder zwei Tage – je nachdem wie hoch die Wäscheberge waren – dampfte es aus der Waschküche und hörte man das Klopfen und Schrubben auf den Waschbrettern, auf denen die Frauen die Wäsche bearbeiteten, ehe die Laken, Tischtücher und Servietten mehrfach ausgespült werden mussten, um sie von der Lauge zu befreien. Im Übrigen war auch die Seife selbst hergestellt. Dann erst stand das Auswringen an. Auch das die reinste Schwerstarbeit, anstrengend und kräftezehrend. Schließlich konnte die frisch gewaschene Wäsche zum Trocknen aufgehängt werden, unterm freien Himmel. Nicht gerade, dass Karl sich darum stritt, die trockene Wäsche von den Wäscheleinen zu holen, sie zusammenzufalten, in die Körbe zu legen und diese zum Bügeln in die dafür vorgesehenen Räume zu bringen, aber bedeutend lieber als die Schinderei der Frauen beim Waschen war ihm das *Zommtian*, wie sie diesen Arbeitsvorgang nannten, allemal.

Mit der Waschküche verband Karl dennoch eher wohlig warme Erinnerungen. Denn diese war zugleich ihr Baderaum. Meist samstags wurde dafür im breiten Kupferkessel das Wasser heiß gemacht. Nacheinander durften seine fünf Geschwister und Karl dem Alter nach in den großen Holzzuber steigen. Dass ein jeder frisches warmes Wasser bekam und dass es beim Baden angenehm warm im Waschraum war, dafür sorgte die Tante Mena. Sie hieß Filomena wie die

Mutter und war die Schwester vom Vater Franz. Tante Mena war verheiratet, doch ihre Ehe war kinderlos geblieben. Sie lebte mit Karl und seinen Geschwistern in der Kommende, wo sie eine große Wohnung bewohnten. Vier Schlafzimmer, Küche, Stube und Baderaum im Keller. Die Eltern hatten ihr eigenes Zimmer im Gasthof „Amtmann". Dort reichten die Räumlichkeiten wegen der Fremdenzimmer nicht aus, um die ganze Familie zu beherbergen. Aber gegenüber im Kommendengebäude war Platz genug. Nur samstags und sonntags aßen sie im Gasthof, ansonsten wurden sie, die Kinder, in der Kommende von Tante Mena bekocht. Sie war es auch, die dafür sorgte, dass ihre Betten frisch bezogen waren, ein jeder saubere Kleidung am Leib hatte und dass die Wohnung geputzt wurde. Der Vater und die Mutter lebten drüben im Gasthof. Nur an Weihnachten oder bei Festlichkeiten kamen die Eltern zu ihnen herüber, wo sie gemeinsam feierten. Sie, die Amtmann-Kinder und Tante Mena, waren aber nicht die Einzigen, die im mehrstöckigen Kommendengebäude eine Wohnung hatten. Auch der Schmied wohnte dort mit seiner Frau und den fünf Kindern, dann lebten noch die Frau Kathi und die Frau Mali in einer Wohnung in der Kommende, und im Erdgeschoss war die Hebamme zuhause. Neben der Wohnung der Hebamme befanden sich zwei weitere Zimmer. Diese wurden als Schulräume genutzt.

Lengmoos hatte ein eigenes Schulhaus, aber die darin vorgesehenen Klassenzimmer platzten schnell aus allen Nähten, weshalb Ausweichräume gefunden werden mussten. Das ganze Dorf war damals noch voll von Kindern. In jeder Familie gab es eine ganze Schar davon. Seit 1923 lag die obligatorische Schulpflicht in Italien bei acht Jahren. Nach fünf Jahren

Grundschule konnte nach Möglichkeit eine weiterführende dreijährige Schule besucht werden. Da sich solche weiterführenden Schulen aber ausschließlich in den größeren Städten befanden, behalf man sich in den ländlichen Gegenden damit, dass die Kinder mehr oder minder acht Jahre lang in die Grundschule, die gemeinhin als Volksschule bekannt war, geschickt wurden. So war das auch in Lengmoos.

Sie, die Amtmann-Kinder, hatten durchaus eine privilegierte Stellung im Dorf. Das konnte Karl spüren. Sie wohnten mitten im Dorf, hatten zuhause den Gasthof, die Metzgerei und die Landwirtschaft, und von Schule und Kirche trennten sie nur wenige Meter. Sicher, er und seine Geschwister hatten zuhause auch mithelfen müssen, aber Armut oder gar Not hat er seine ganze Kindheit über nie gekannt. Sie hatten immer genügend Lebensmittel und die Einnahmen von Gasthof und Metzgerei reichten, um sich das, was nicht eigenständig erwirtschaftet werden konnte, zu leisten. Dass es aber nicht allen so erging, blieb nicht verborgen. Die Bauernkinder von den höher gelegenen Höfen mussten mit entschieden weniger auskommen, und oft waren lange und beschwerliche Wege herunter zur Schule zu bewältigen, bei Wind und Wetter. Vor der Kirche wartete die Lehrerin, um gemeinsam in der Früh um 7.30 Uhr die Schülermesse zu besuchen. Im Anschluss ging man zur Schule für den Vormittagsunterricht, von 8 Uhr bis 11 Uhr. Dann gab es die zweistündige Pause, und am Nachmittag war wieder von 13 Uhr bis 15.30 Uhr Schule. Während Karl in der Mittagspause schnell in der Kommende war, wo Tante Mena schon mit dem Essen auf ihn und die Geschwister wartete, mussten die Kinder von den entfernteren Bauernhöfen mit dem vorliebnehmen, was sie dabeihatten, und das war oft nicht mehr als etwas Milch und ein paar harte Brotstücke. Nach der Schule wartete dann erneut der weite und nicht selten steile Heimweg auf sie, ehe sie sich erschöpft zuhause an die Erledigung der Hausaufgaben machen konnten. Außer donnerstags. Da war immer schulfrei. Dieser freie Tag war ein Zugeständnis an die Bauernfamilien. Wenigstens an einem Tag in der Woche blieben die Kinder zur Mithilfe zuhause: Kühe hüten, Mist ausbringen, Kartoffeln setzen. Für Karl aber war das der schönste Tag der Woche. Denn so entfiel auch die Schulmesse in der Früh, was bedeutete, dass sie – zumindest die Kinder vom Dorf – an einem Tag in der Woche länger schlafen konnten. Und wenn die Hausaufgaben erledigt waren, blieb viel Zeit, um sich mit den anderen Dörfler-Kindern zu treffen, herumzutoben und sich allerlei Unfug auszudenken.

Für die Kinder, die in entlegeneren Fraktionen, wie Bad Siess, Tann oder Pemmern, zuhause waren – sodass der Schulweg bis hinunter nach Lengmoos zu Fuß gerne eine Stunde und mehr in eine Richtung betragen hätte – hatte man in Bauernstuben Schulen eingerichtet. Im Dorf herunten nannte man diese Schulen „Tschurtscheleschule", da die Kinder, die dort in den Bauernstuben die Schulbank drückten, von Höfen und Weilern stammten, die so weit oben lagen, wo nur mehr *Tschurtschen*, also Tannenzapfen, wuchsen. In Lengmoos kannte man dennoch alle Kinder von der „Tschurtscheleschule" in Bad Siess. Auch wenn sie sich den weiten Weg herunter für die Schule sparen durften, für jeden Gottesdienst hatten sie zur Kirche in Lengmoos zu kommen. An den Sonntagen und zu jeder kirchlichen Feier wie Taufe, Erstkommunion, Firmung oder Beerdigung. Wenn die Burschen von den „Tschurtscheleschulen“ wollten, konnten sie auch einen Ministrantendienst übernehmen, aber erwartet hatte man das vor allem von den Buben im Dorf, so wie Karl.

Sie waren die Dörfler. Ihr Weg in die Kirche war ein kurzer, und so hatten sie dem Mesner zur Hand zu gehen, beim Wetterläuten oder beim Herrichten des Heiligen Grabes, da waren sie noch gar keine richtigen Ministranten. Dazu musste man alt genug sein und ausgebildet werden. Aber sie waren mit Eifer dabei. Das Ministrieren war ein sehr begehrter Dienst unter den Buben. Auch Karl hatte den Tag herbeigesehnt, bis er endlich nach seiner Erstkommunion vom Pfarrer die Gebete ausgehändigt bekam. Alle auf Latein. Diese galt es zu beherrschen. Wort für Wort. Das Auswendiglernen war ganz schön anstrengend. *Confiteor Deo omnipotenti*, sprach Karl im Gedanken vor sich hin, *beatae Mariae semper Virgini*, während er half, die Wäsche abzuhängen, *beato Michaeli Archangelo*, oder bei jeder anderen sich bietenden Gelegenheit. Je schneller man die Gebete konnte, desto eher bekam man vom Pfarrer die Erlaubnis, mit der Ausbildung zum Ministranten zu beginnen. Karl und seine Klassenkameraden haben da durchaus einen gewissen Ehrgeiz entwickelt. Jeder wollte unter den Ersten sein. Hatte man nach Abfragen bewiesen, dass man die lateinischen Gebete aufsagen konnte, durfte man beim Kooperator vorstellig werden.

Nun galt es, die diversen Griffe zu üben, sich mit den verschiedenen Zeremonien vertraut zu machen und nichts zu verwechseln. Bei jeder Messe waren mehrere Buben zum Ministrieren eingeteilt. Nur die gewöhnliche Frühmesse, die täglich um 6 Uhr gehalten wurde, bestritt der Pfarrer mit seinen zwei Kooperatoren alleine. Außer in der Adventszeit.

Da wird anstelle der Frühmesse die Rorate gefeiert, mit Chor und Rauchfass. Selbstverständlich mussten auch jede Menge Ministranten schon frühmorgens ihren Dienst tun. Ansonsten hatten sie, wenn auch immer nur einige von ihnen, bei der Schülermesse zu ministrieren. Bei den Hochämtern dagegen waren gerne an die 20 Ministranten am Altar. Jeder eingekleidet und der Größe nach aufgestellt. Voraus gingen die Kleinsten. Jene, die sich bereits besonders hervorgetan hatten, bekamen vom Pfarrer die begehrten Aufgaben übertragen: Kerzenhalter tragen, Glöckchen läuten, Wein- und Wasserkännchen halten, Messbuch auf den Altar legen, Rauchfass schwenken. Was die begehrteste Aufgabe überhaupt war. Nur jene, die schon viele Jahre den Dienst des Ministranten ausgeübt hatten, wurden vom Pfarrer für das Tragen des Rauchfasses in Betracht gezogen. Stolz und erhaben ging man dicht beim Pfarrer, das Rauchfass schwenkend, in der sicheren Überzeugung, die letzte Sprosse in der Hierarchie des Ministrantendienstes erklommen zu haben.

Mit großer Ehrfurcht übte auch Karl den Dienst des Ministrierens aus. Bis auf die Wetterämter. Das waren Andachtsprozessionen an den Sonntagnachmittagen im Sommer. Um 14 Uhr bei der größten Hitze ging es los. Auf dem Kirchplatz versammelten sich die Gläubigen. Je eine Lesung aus einem der vier Evangelien wurde vorgelesen, darauf folgte der Segen des Pfarrers und die Prozessionsgruppe marschierte weiter zur nächsten Station. Voraus ging der Pfarrer, das Allerheiligste, die Monstranz, tragend, ihm folgten die zwei Kooperatoren und mindestens 15 Ministranten in dicken Gewändern mit Kerzenhaltern, Gebetsbänken und den großen Kirchenfahnen. Der Schweiß rann den Buben und Kirchenmännern von der Stirn und über den Rücken. Die Sonne brannte vom Himmel, die angezündeten Kerzen trugen das Ihre dazu bei, um die Hitze noch zu steigern, und die Zahl der mitlaufenden Gläubigen wurde von Mal zu Mal geringer. Als schließlich nur mehr eine Handvoll alter kopftuchtragender Frauen, gottesfürchtig und ehrerbietig, zur Wetteramtsprozession um den Kirchplatz erschienen, da reichte es dem Pfarrer dann selbst.

„Das mögen wir bleiben lassen", wandte er sich kopfschüttelnd an die Ministranten, während er sich den Schweiß von der Stirn tupfte, „nur wegen uns brauchen wir bei der ärgsten Hitze den Kirchplatz auch nicht mehr auszugehen!" Und von da an hatte es mit den Wetterämtern in Lengmoos ein Ende.

Dass die Gläubigen einer vom Pfarrer angesetzten Messe, Andacht oder Prozession nicht Folge leisteten, blieb aber die absolute Ausnahme. Man orientierte sich an der wiederkehrenden, festgelegten Abfolge von kirchlichen Festen und Festzeiten, nach der sich vor allem die Gottesdienstpraxis und Liturgie richteten. Karl wäre es demnach nie im Traum eingefallen, seinen Ministrantendienst aufzugeben, nur, weil er sich entschloss, die Volksschule in Lengmoos nach Abschluss der fünften Klasse zu verlassen.

Eine weiterführende dreijährige Schule war nach fünf Jahren Grundschule vom italienischen Schulsystem durchaus vorgesehen, aber in den ländlichen Gemeinden machte kaum jemand Gebrauch davon. Was zum einen daran lag, dass es dergleichen weiterführende Schulen nur in einigen Städten gab, zum anderen sowohl Schulbesuch wie Unterkunft oder zumindest der Transport Kosten verursachten, die von den Leuten auf den Dörfern meist nicht zu stemmen waren. In Karls Familie gab es solche finanziellen Probleme nicht. Obwohl der Vater, aber auch die Mutter es gerne gesehen hätten, wenn wenigstens eines ihrer Kinder Interesse an der Bauernschaft, der Metzgerei oder am Gasthof gezeigt hätte, so unterstützten und finanzierten sie deren Berufswünsche dennoch bereitwillig.

Bereits Karls ältere Brüder waren schon nach der fünften Grundschule nach Bozen gegangen, um zunächst eine weiterführende dreijährige Schule zu besuchen und dann sogar auf das Gymnasium zu wechseln, das sie nach weiteren fünf Jahren mit der Matura, dem Abitur, abschlossen. Während ihrer Gymnasialzeit waren sie im Heim in Bozen untergebracht. So auch Karls Schwester, die sich zur Lehrerin ausbilden ließ. Die einzige Lehrerbildungsanstalt im Land befand sich damals in Meran, weshalb neben den Schulgebühren auch die Kosten für das Internat bei den „Englischen Fräulein" anfielen. Die zwei weiteren Schwestern von Karl hatten Freude am Kochen. Um ihnen die Ausbildung zu ermöglichen, wurde zunächst die ältere zu Ordensschwestern nach Rom geschickt, wo sie für ein gutes Dreivierteljahr Italienisch lernen und sich in den Künsten der italienischen Küche ausbilden lassen konnte. Wenige Jahre später, als auch Karls jüngere Schwester diesen Wunsch hegte, ermöglichte man auch ihr diese Kochausbildung in Rom.

Als Karl sich mit elf Jahren bereits entschieden hatte, in die Fußstapfen seiner Brüder zu treten und für die drei noch anstehenden Pflichtschuljahre nach Bozen zu fahren, als Einziger von seinem Jahrgang übrigens, und die Eltern diesen Entschluss gutgeheißen hatten, da ereilte die Familie unerwartet ein Unglück. Der Vater, obwohl erst 51 Jahre alt, litt schon länger unter einem schwachen Herzen. An jenem

Nachmittag klagte er über dergleichen Beschwerden und legte sich nach dem Mittagessen für eine kurze Rast nieder. Als er ungewöhnlich lange nicht mehr erschien, ging die Mutter in die Kammer, um nach dem Rechten zu sehen. Sie fand den Vater leblos in seinem Bett. Der plötzliche und unvermittelte Tod des Vaters war ein schwerer Schlag. Doch dank der vielen helfenden Hände in Bauernschaft, Metzgerei und Gasthaus, die die Mutter unterstützten, allen voran Tante Mena, ging das Leben in Karls Familie einigermaßen geordnet weiter. So kam es auch nicht in Frage, dass eines der Kinder von seinen ursprünglichen Plänen hätte Abstand nehmen müssen. Es sei schließlich auch im Sinne des Vaters gewesen, dass ein jedes eine anständige Ausbildung bekäme, entschied die Mutter. Und so konnte sich auch Karl, wie beabsichtigt, im Herbst 1953 mit seinem Schulranzen zum ersten Mal auf den Weg nach Bozen machen.

Der Weg von Lengmoos in die Landeshauptstadt war damals noch durchaus ein abenteuerliches Unterfangen. Zeitig in der Früh marschierte Karl los. Den Weg zum Bahnhof nach Klobenstein bewältigte er zu Fuß in etwa einer Viertelstunde. In Klobenstein setzte er sich in die *Rittner Bahn*, die ihn bis nach Oberbozen brachte, wo in Maria Himmelfahrt die Bergstation der Zahnradbahn stand. Hier wurde der Triebwagen an die Zahnradlokomotive angekuppelt, die den Zug auf den folgenden gut vier Kilometern über die Strecke talwärts ausbremste und so den Höhenunterschied von 900 Metern bei einer Höchstgeschwindigkeit von sieben Stundenkilometern bewältigte. In der Talstation am Rittner Bahnhof wurde die Zahnradlokomotive abgekoppelt, und der Triebwagen fuhr wieder solo über den Bozner Bahnhof bis zur

Endstation auf dem Bozner Waltherplatz. Von hier ging es für Karl zu Fuß weiter über den Kornplatz zum Rathausplatz und schließlich die Bindergasse hinauf zur Weggensteinstraße, wo sich die kaufmännische Vorbildungsschule befand. Für drei Jahre war dies nun sein täglicher Schulweg. Etwa eindreiviertel Stunden hin und erneut eindreiviertel Stunden retour war Karl unterwegs, bis er wieder zuhause ankam. Das war durchaus anstrengend, aber Karl gefiel der Unterricht.

Die ganzen neuen Fächer: Stenografie, Maschinenschreiben, kaufmännisches Rechnen. Das hätte er in der Volksschule in Lengmoos nie gelernt. Auch wenn Karl sich nicht wirklich fürs Lernen begeistern konnte, so hatte er doch ausreichende Noten. Bis auf Italienisch. Mit dieser Sprache tat er sich einfach schwer. Mag sein, dass das auch daran lag, dass er, im Gegensatz zu seinen Klassenkameraden in Bozen, auf dem Dorf und nicht in der Stadt aufgewachsen war. Die *Stadtler* konnten alle besser Italienisch, aber die hatten auch viel mehr Möglichkeiten, italienisch zu sprechen, fand Karl. Bei ihm oben in Lengmoos war alles nur deutsch. Und mit den italienischen Urlaubsgästen im Sommer hatte er sich sowieso nicht großartig unterhalten.

Tat er sich mündlich in Italienisch schwer, brachte Karl schriftlich noch weniger zustande. Die ersten beiden Jahre in der kaufmännischen Vorbildungsschule bewältigte er noch einigermaßen, aber im dritten Jahr, dem Abschlussjahr, hatte der Italienischlehrer kein Nachsehen mehr. Karl bekam eine Nachprüfung. Was nun erst recht dazu beitrug, dass Karl mit Italienisch gänzlich auf Kriegsfuß stand. Seine Abneigung hinderte ihn dann auch konstant am Lernen, was sich natürlich auf das Resultat auswirkte: Er fiel durch. Die nichtbestandene Nachprüfung reichte aus, um den gesamten Abschluss zu vereiteln. Er hatte die Klasse zu wiederholen. Aber das kam für Karl gar nicht erst in Frage.

„Ich schmeiß die Schule hin! Kein weiteres Jahr fahre ich mehr nach Bozen! Auf keinen Fall!“, wütete er mit verheulten Augen, als er das negative Zeugnis der Mutter überreichte. Ihr strenger Blick verriet, dass sie mit der Leistung ihres Sohnes in keiner Weise zufrieden war. Und weil Karl ahnte, dass ein Schulabbruch nicht in ihrem Sinne sein konnte, beeilte er sich hinzuzufügen: „Ich geh arbeiten, da brauche ich keinen Schulabschluss!“

„Du irrst dich, Karl“, widersprach die Mutter entschieden, „die Schule wirst du abschließen. Ganz bestimmt sogar! Aber nicht in Bozen. Du kommst nach Brixen ins *Kassianeum*. Dort werden sie dir die Flausen schon austreiben! Das soll deine Strafe sein!“

Den Priestern, unter deren Führung das Schülerheim *Kassianeum* stand, eilte ein unguter Ruf voraus. Sie sollten dort ein strenges Regiment führen. Rigide und unerbittlich. Wer sich nicht ducke und an die strikten Regeln halte, habe mit drakonischen Strafen zu rechnen. Und büffeln bis zur Erschöpfung stehe ohnehin an der Tagesordnung. Da werde kein Durchfallen geduldet. Solche und ähnliche Weisheiten hatte Karl zuhauf zu hören bekommen. Auch, wenn er nicht allzu viel darauf gab, wurde ihm mit jedem Tag, an dem die Abreise näher rückte, mulmiger zumute. Nicht zuletzt deshalb, weil er wusste, er würde für lange Zeit fort sein. Das *Kassianeum* zu verlassen, um nach Hause zu fahren, war nämlich nur während großer christlicher Feiertage gestattet. Was natürlich genau dem Ruf dieser gebieterischen Heimführung entsprach und mitnichten dazu beitrug, dass es Karl leichter ums Herz wurde. Aber es half alles nichts. Die Mutter ließ sich nicht erweichen, und Karl hatte sich zu beugen. Beklommen war ihm zumute, als er sich zu Schulbeginn im Herbst 1956 nach Brixen ins *Kassianeum* aufmachte. Und dann kam alles anders.

Es war einfach nur herrlich! Karl erlebte sein allerbestes Schuljahr überhaupt. Da es das letzte Pflichtschuljahr war, das Karl zu besuchen hatte, gehörte er schon zu den „Größeren", was ihm erlaubte, in ein Achtbettzimmer einzuziehen. Die Jüngeren waren noch im großen Schlafsaal mit 40 Betten untergebracht. Insgesamt waren sie an die 100 Burschen im Schülerheim. Wenn auch die Gymnasiasten, die in Zweibett- und Einzelzimmern wohnten und sogar einen eigenen Studiersaal benutzen durften, das Sagen hatten, so fühlte sich Karl dennoch rundum wohl. Die Schüler murrten zwar über „Zustände wie in einer Kaserne" oder auch von „Zuchthaus" war die Rede, aber Karl hat das nie so empfunden. Sicher, das Regiment war straff geführt: Zeitig musste man raus aus den Federn, nach dem Glattziehen der Bettdecken und der Katzenwäsche mit kaltem Wasser führte der erste Weg in die Kirche zur täglichen Frühmesse, erst anschließend gab es Frühstück. Dieses galt es zügig einzunehmen, da noch eine kurze Studierzeit einzuhalten war, ehe sich die Zöglinge, die genauso wie Karl die kaufmännische Vorbildungsschule besuchten, gemeinsam auf den kurzen Weg vom *Kassianeum* hinauf zum Domplatz machten. Hier befand sich neben dem Rathaus die kaufmännische Vorbildungsschule. Da Karl sich ja auch zuhause schon in aller Herrgottsfrüh auf den Weg machen musste, um die erste Bahn, die um 6.15 Uhr abfuhr, nicht zu verpassen, machte ihm das frühe Aufstehen längst nichts mehr aus. Und der Schulweg von unter fünf Minuten war geradezu lächerlich kurz im Vergleich zu den von Karl gewohnten eindreiviertel Stunden, die er von Lengmoos hinunter zur Schule in Bozen gebraucht hatte.

Karl liebte das Leben in Brixen. Das lag an den unzähligen Dingen, die hier angenehmer waren. Allen voran das Schülerheim. Der Regens, Priester Widmann, war ein sehr verständiger Mann, den Karl einfach mochte. Das Ministrieren machte ihm großen Spaß. Und sie durften im Heim sogar Theaterspielen. Von den Ordensschwestern, die für das Zubereiten der Speisen zuständig waren, bekamen sie öfter mal heimlich eine Leckerei zugesteckt. Der Ausgang der Burschen, die noch nicht im Gymnasium waren, war zwar sehr streng geregelt und ausschließlich in der Gruppe erlaubt, aber Karl hatte das Glück, Verwandte in Brixen zu haben. Daher gestattete ihm Pfarrer Widmann, das *Kassianeum* auch alleine zu verlassen, um ins Gasthaus „Fink" unter den Brixner Lauben zu gehen.

Bei Hans, dem Wirt und Cousin von Karls Vater, und seiner Frau Frieda war Karl stets willkommen. Frieda fand auch immer etwas Gutes zum Essen oder eine süße Mehlspeise, die sie Karl auftischte. Diese ließ er sich gerne schmecken und freute sich schon, sich im Anschluss mit Helmuth, dem Sohn von Hans und Frieda, die Zeit zu vertreiben. Helmuth war zwar um ein Jahr jünger, aber wegen Karls Wiederholungsjahr saßen sie dennoch in derselben Klasse. Auch das ein Grund, warum Karl in Brixen bedeutend lieber zur Schule ging. Aber das lag auch ein klein bisschen am Italienischlehrer. Den mochte Karl, und dieser verfügte wohl neben fachlichem

Wissen auch über gute didaktische Fähigkeiten. Italienisch war für Karl zumindest kein Problem mehr. So erreichte er das Klassenziel mit guten Noten in allen Fächern. Aber da er, das hatte Karl doch eingesehen, beim Lernen nicht die gleichen Erfolge erzielte wie seine Brüder, zog er den Wechsel aufs Gymnasium gar nicht erst in Betracht. Das bedeutete auch, dass er nach seinem Schulabschluss Brixen und das *Kassianeum* wieder verlassen würde. Was Karl zwar überaus bedauerte, was aber auch sein Gutes hatte. Denn sie, die Buben vom Dorf, waren noch regelrechte Hinterwäldler, ahnungslos und unbedarft, im Vergleich zu den Burschen, die hier aus dem ganzen Land zusammenkamen. Die kannten längst allerlei Wissenswertes über Laster und Ausschweifung und waren beim Anlernen allzu gern zur Stelle. Man konnte es somit durchaus als eine Fügung des Schicksals sehen, wenn Karl von hier fortmusste, denn im *Kassianeum* hätte er bestimmt noch einige Gaunereien erlernt.

Die Schule war nichts für Karl. Selbst nach dem bestandenen Abschluss wusste er, das war nicht sein Weg. Auch die Landwirtschaft machte ihm keine Freude und die Arbeit im Gasthaus erst recht nicht. Aber das Druckerhandwerk wollte er erlernen. Den Ausbildungsplatz hatte er von seinem Bekannten vermittelt bekommen, und so begann er nach etlichen Absagen schließlich am 1. Oktober 1957 in der Druckerei „Amonn“ mit seiner Ausbildung, die vier Jahre dauern sollte. In seiner Lehrzeit arbeitete Karl unter der Woche im Betrieb, wo er sich mit sämtlichen Maschinen vertraut machen konnte, und an den Samstagen besuchte er für die theoretischen Fächer die Berufsschule. Neben den herkömmlichen Unterrichtsfächern, Deutsch, Mathematik, Italienisch, wurden hier nun die spezifischen Fächer wie Farbenlehre, Druckprozess oder Druckverarbeitung gelehrt. Da die Arbeit beim „Amonn“ bereits um 7.30 Uhr losging, Karl mit der *Rittner Bahn* aber frühestens um 8 Uhr in Bozen gewesen wäre, hatte er sich von Anfang an um einen Wohnplatz in Bozen zu kümmern. Die ersten beiden Monate wohnte er privat bei einer Familie, dann wurde ein Platz im Lehrlingsheim in der Kapuzinergasse frei. Drei Jahre sollte er dort wohnen, ehe er für ein Jahr ins Gesellenhaus, ins Bozner *Kolpinghaus*, wechselte.

In dieser Zeit wohnte man sowohl im Lehrlingsheim, wo an die 30 bis 40 Männer untergebracht waren, als auch im *Kolpinghaus*, bei ebenso vielen Männern, noch recht primitiv. Man schlief gewöhnlich zu dritt im Zimmer. In den Stockwerken und in den Zimmern gab es nur kaltes Wasser. Geheizt wurden die Räume gar nicht. Wer sich mit warmem Wasser duschen wollte, musste dafür extra zahlen. Viele der Männer wohnten in Ermangelung einer anderen Bleibe das ganze Jahr über im Gesellenhaus. Entweder waren sie schon Waisen oder stammten aus sehr kinderreichen Familien, wo zuhause schlicht der Platz fehlte.

Karl erging es da etwas besser. Er konnte im Winter den kalten Räumen zumindest an den Wochenenden entfliehen. Wenn es möglich war, machte er sich schon freitags nach der Arbeit auf den Weg mit der *Rittner Bahn* hinauf nach Lengmoos, wo Tante Mena bereits den großen Kupferkessel mit Wasser gewärmt hatte, damit Karl sich ein warmes Bad gönnen konnte. Auch seine Schmutzwäsche durfte er mit nach Hause bringen, sodass die Waschfrauen sie reinigen und bügeln konnten. Und wenn er sich am Sonntagabend wieder auf den Weg nach Bozen machte, wurde er von Tante Mena noch mit allerlei Leckerbissen beglückt. Karl erhielt schon während seiner Lehrzeit einen Lohn, für seine Unterkunft im Lehrlingsheim oder im Gesellenhaus konnte er immer selbst aufkommen, aber wenn er sich die eine oder andere Mahlzeit sparen konnte, dann war ihm das natürlich recht. Obwohl ihm das Essen im Gesellenhaus sehr schmeckte. Da kochte die Barbl. Das war eine gute Köchin, die hatte ihr Handwerk durchaus verstanden.

Als sich Karls Lehre dem Ende neigte, und die Gesellenprüfung immer näher rückte, stand die Frage nach seinem weiteren Werdegang im Raum. Denn auf Karl wartete die Wehrpflicht. Alle wehrdienstfähigen Männer zwischen 17 und 19 Jahren hatten in Italien verpflichtend zur Musterung zu gehen und anschließend Militärdienst zu leisten. Aber genau das wollte Karl auf gar keinen Fall. Allein die Vorstellung, er müsse zwei Jahre bei den *Walschen* zum Militär, machte ihm arg zu schaffen. Viel zu viele Schauergeschichten hatte er sich darüber schon anhören müssen. Die deutschsprachigen Südtiroler kämen sowieso in den tiefsten italienischen Süden, wie das schon bei seinem Bruder zutraf, den man bis hinunter nach Neapel geschickt hatte. Was aber für Karl fast noch schlimmer war, das waren die kursierenden Reden über arge Schikanen wegen fehlender Sprachkenntnisse. Und bei seiner Vorgeschichte mit dem Italienischen hatten ihm dergleichen Reden völlig ausgereicht. Für Karl stand fest: Zum italienischen Militär würden ihn keine zehn Pferde bringen. Da hörte er von der Möglichkeit, mit einem mindestens fünfjährigen Arbeitsvertrag im Ausland das Militär zu umgehen. Man müsse zwar zur Musterung, konnte aber den Eintritt zum Wehrdienst jährlich aufschieben, bis man nach fünf oder sechs Jahren schließlich den begehrten *congedo*, den Abschied, ausgehändigt bekam. In der Zeit bis zum *congedo* war der Aufenthalt in Italien nur begrenzt erlaubt. Jede Einreise musste gemeldet werden, und nach spätestens einem Monat musste man das Land wieder verlassen. Aber das nahm Karl gern in Kauf. Was er nun brauchte, war ein Arbeitsvertrag im Ausland. Und den bekam er über seine Kollegen, mit denen er beim „Amonn" gearbeitet hatte. Die waren längst „draußen", berichteten von den paradiesischen Zuständen auf dem dortigen Arbeitsmarkt und hatten Karl schon wiederholt den Mund wässrig gemacht. *Das kann ich auch!*, war sich Karl in Gedanken sicher. Nun galt es nur noch die Mutter von seinem Vorhaben zu überzeugen.

„Ich gehe nach Stuttgart, zum Arbeiten", sagte Karl bemüht, keinen Zweifel an der Ernsthaftigkeit seiner Absicht zu lassen. Er hatte noch ein paar Wochen bis zur Gesellenprüfung im Dezember, aber er wusste, wenn er der Einberufung zum italienischen Heer entgehen wollte, benötigte er schon vorher einen Arbeitsvertrag im Ausland. Die Mutter musste ihm einfach ihr Einverständnis geben, das er mit 19 Jahren, und daher noch minderjährig, benötigte!

„Nach Deutschland? Ohne Arbeitsgenehmigung geht das sowieso nicht", gab die Mutter zu bedenken.

„Die bekommt man sofort. Man braucht nur einen Arbeitsvertrag, und eine Wohnadresse muss man vorweisen. Mehr nicht", beeilte sich Karl, Mutters Einwand zu entkräften.

„Arbeit und Wohnung? Das wird bestimmt nicht so einfach sein", war sich die Mutter sicher.

„Ehrlich gesagt, habe ich bereits beides in der Tasche“, strahlte nun Karl übers ganze Gesicht und reichte der Mutter die am Morgen erhaltene Zusage der Stuttgarter Druckerei „Stähle & Friedl“. Eingefädelt hatten die ganze Aktion seine Kollegen. Sie waren es, die Karl die für die Arbeitsanfrage nötigen Papiere per Post zuschickten und – nachdem Karl ihnen alles ausgefüllt wieder zukommen ließ – diese bei „Stähle & Friedl“ einreichten. Per Post hatte Karl nun Bescheid erhalten, dass er eingestellt war. Ebenso hatte er dem Brief entnommen, dass der neue Arbeitgeber sich bereits um eine Unterkunft gekümmert hatte. Bei einer gewissen Frau Ruzinski, die genaue Adresse war angeführt, werde ein Zimmer für ihn angemietet. Man freue sich, las Karl, ihn am 7. Januar 1962 zu seinem ersten Arbeitstag bei „Stähle & Friedl“ begrüßen zu dürfen.

Nach Mutters Einverständnis galt es nun, die nächste Hürde zu nehmen. Für die Ausreise aus Italien benötigte Karl einen Reisepass. Dieser wurde Männern ohne *congedo* nur ausgestellt, wenn sie das sogenannte *nulla osta*, die Bescheinigung, dass sie nicht wehrpflichtig waren, vorlegen konnten. Also machte sich Karl auf den Weg zum Musterungsamt in Bozen, wo man ihm, nach Vorlage seines Arbeitsvertrages und der Nennung seiner Wohnadresse in Stuttgart, schließlich dieses Dokument ausstellte. Mit dem *nulla osta* in den Händen konnte er sodann endlich auch seinen Reisepass beantragen.

Mit Reisepass, Koffern und bestandenem Gesellendiplom im Gepäck machte Karl sich am 27. Dezember 1961 auf den Weg von Lengmoos hinunter zum Bahnhof von Bozen, wo er mit dem Zug zunächst bis Innsbruck fuhr. Alles verlief ohne Probleme, selbst die Passkontrolle am Brenner durch die italienische Zollbehörde, vor der Karl sich etwas gefürchtet hatte, war ohne Schwierigkeiten verlaufen. Gut, die uniformierten Männer hatten sich schon Zeit gelassen und Karls Reisedokument genauestens geprüft. Auf die Frage „Dove va? – Wohin fahren Sie?“, hatte Karl, da ihm der italienische Name für Stuttgart nicht gleich eingefallen war, vorsichtshalber mit „In Germania. – Nach Deutschland.“, geantwortet. Auf die Frage „Per quale motivo si reca all'estero? – Was ist der Grund Ihrer Reise ins Ausland?“, hatte er aber gleich die richtige Antwort parat: „Per lavoro. – Zum Arbeiten.“ Mit bewegungsloser Miene übergab ihm der Uniformierte den Reisepass. Ein „Grazie – Danke“ murmelnd, nahm Karl diesen entgegen, während er in Gedanken drei Kreuzzeichen machte.

In Innsbruck musste Karl umsteigen, um den Zug nach München zu nehmen. Das Umsteigen dort war weit weniger kompliziert als der Zugwechsel am Münchner Hauptbahnhof, wo er den Zug nach Stuttgart zu erwischen hatte. Aber auch das war für Karl im Grunde problemlos zu bewältigen. Wo er nicht weiter wusste, fragte er bei Passanten nach. Mitunter musste er es mehrmals probieren, bis er endlich eine nützliche Antwort erhielt. Aber es war ja, in Innsbruck wie in München, alles auf Deutsch. Das allein reichte aus, um Karl ein gewisses Sicherheitsgefühl zu vermitteln. Und dann gab es ja auch noch die Zugfahrkarte, die Karl am Bahnhof in Bozen bis zum Zielbahnhof gelöst hatte. Auf dieser waren auch die Bahnsteige, von wo die Anschlusszüge in den Umsteigebahnhöfen abgingen, vermerkt. Schließlich fuhr der Zug um die Mittagszeit in Stuttgart ein. Nun wurde es aufregender, denn Karl hatte einen eng getakteten Zeitplan einzuhalten. Sein erster Halt war die Wohnung von Frau

Ruzinski. Dort wollte er nur schnell sein Gepäck abstellen, um anschließend wieder zurück zum Bahnhof zu fahren, wo er den Zug nach Ludwigshafen und dann weiter nach Mannheim nehmen wollte. Seine Kollegen vom „Amonn" warteten dort bereits auf ihn. Das hatten sie schon lange im Vorfeld vereinbart. Das träfe sich gut, hatten die Kollegen gemeint, Karl solle in dem Fall nicht bis zum Dreikönigstag warten, sondern gleich zum 27. Dezember anreisen. So könnten sie nicht nur Karls Eintreffen, sondern gleichzeitig auch ausgiebig Silvester feiern und gemeinsam gebührend auf das neue Jahr anstoßen.

Als Karl auf dem Stuttgarter Hauptbahnhof aus dem Zug stieg, hielt er sich gar nicht erst mit dem Studieren der Straßenbahn- oder Busfahrpläne auf, wobei er durch mühsames Suchen erst hätte ausfindig machen müssen, wie er zu Frau Ruzinski kommen konnte. Nein, da hatte er eine weit bessere Lösung für sich ausgemacht und steuerte auf den Taxistand zu. Dem Taxifahrer Frau Ruzinskis Adresse zu nennen, erschien ihm wesentlich entspannter, und vor allem war er damit um einiges schneller unterwegs. Dass Karl sich in ein Taxi setzte, war lange nicht das erste Mal. Schon als kleiner Bub, mit sieben, acht Jahren, durfte er sich mit Tante Mena darin kutschieren lassen. Einmal im Jahr machte sich die Tante auf, um Küken beim Hühnerzüchter in Bozen zu kaufen. Dabei nahm sie stets eines der Kinder mit. Und so hatte auch Karl des Öfteren das Vergnügen. Gemeinsam fuhren sie mit der *Rittner Bahn* hinunter nach Bozen bis zum Waltherplatz. Dort nahm Tante Mena Karl bei der Hand und bugsierte ihn zum Taxistand. Gemeinsam stiegen sie in das bereitstehende Auto und ließen sich zum Hühnerzüchter „Lang" in die Drususstraße chauffieren. Richtig herrschaftlich kam Karl sich vor, wie er neben Tante Mena auf der Rückbank saß. Das hatte Karl gefallen. Im gut gepolsterten Fond ausreichend Platz zu haben und sich durch das leicht geöffnete Fenster den frischen Fahrtwind um die Nase wehen zu lassen, anstatt aneinander gedrängt in der Straßenbahn zu stehen, das hatte schon etwas. Zweifellos. Und das war Tante Menas kleiner Luxus, den sie sich leisten konnte und auf den sie auch nicht verzichten wollte. Beim Lang kauften sie die benötigte Anzahl an Küken, ließen diese in eine Kiste packen und fuhren, natürlich im Taxi, wieder zurück zum Waltherplatz. An diese Taxifahrten, bei denen er Tante Mena begleiten durfte und die ihm so viel Freude bereitet hatten, musste Karl an diesem 27. Dezember im Stuttgarter Taxi denken und auch daran, dass er es Tante Mena zu verdanken hatte, wenn er nun ohne Scheu, vielmehr ganz selbstverständlich in ein Taxi steigen konnte, um sich zur Wohnung von Frau Ruzinski in den Stuttgarter Osten fahren zu lassen.

„Karl Fink hier. Ich komme von ‚Stähle & Friedl'", rief Karl in die Sprechanlage, als sich auf sein Läuten beim Namenszug „Ruzinski" eine leise Stimme mit „Wer ist da?" gemeldet hatte. Sogleich ertönte das Summen des Türöffners. Karl trat ein und stieg mit seinen Koffern die Stufen hinauf zur Wohnung, wo eine zierliche alte Frau bei geöffneter Tür auf ihn wartete. Sie stellte sich als Frau Ruzinski vor und bat Karl in die große Altbauwohnung. Schon lange vermiete sie Zimmer an Arbeiter von „Stähle & Friedl". Nach dem Tod ihres Mannes sei die Wohnung zu groß für sie geworden, erzählte sie und schloss die Tür zu Karls Zimmer auf. Sofort war die Kälte zu spüren, die aus dem schlecht geheizten Raum drang. Ein Bett. Ein

Schrank. Recht viel mehr konnte er nicht ausmachen. Aber Karl war mit allem zufrieden. Schnell stellte er seine Koffer ab und verriegelte die Zimmertür sogleich von außen, nachdem ihm Frau Ruzinski Zimmer- und Wohnungsschlüssel ausgehändigt hatte. Wenn er auch am liebsten gleich wieder runter auf die Straße gelaufen wäre, wo er den Taxifahrer angehalten hatte, auf ihn zu warten, hörte er doch noch artig den Ausführungen seiner Vermieterin zu, die dazu ansetzte, Karl über die Hausordnung zu informieren. Neben Karl wohnten zwei weitere Arbeiter von „Stähle & Friedl" bei Frau Ruzinski. Jeder hatte sein eigenes Zimmer. Toilette und Waschbecken durften sie freilich im Badezimmer mitbenutzen, aber Frau Ruzinski ließ durchblicken, dass für die Männer ausreichend Duschen in der Firma zur Verfügung stünden. Der Zutritt zur Küche war ihnen dagegen erst gar nicht gestattet.

„Bei ‚Stähle & Friedl' essen sie ohnehin in der Werkskantine", klärte sie ihren neuen Untermieter auf, und an den arbeitsfreien Tagen würde man ausreichend Gastwirtschaften in der Umgebung finden. Dass jeglicher Besuch, aber vor allem Damenbesuch, strikt untersagt sei, hörte Karl dann nur mehr mit halbem Ohr, denn nach einem Blick auf die Uhr pressierte es ihm dann wirklich. Auf ihn warteten der Taxifahrer mit laufendem Tachometer vor der Haustür, der Zug, der ihn nach Ludwigshafen bringen sollte, und schließlich seine Freunde in Mannheim. Sie hatten noch einiges vor, ehe Karl am 7. Januar seine Arbeit anzutreten hatte.

Vom ersten Arbeitstag an war Karl von „Stähle & Friedl", dieser großen Druckerei mit mehreren hundert Beschäftigten in der Tübinger Straße, beeindruckt. Das gute Arbeitsklima, die Hilfsbereitschaft unter den Kollegen, die große

Betriebskantine im obersten Stock mit der umwerfenden Aussicht über Stuttgart. Die Tatsache aber, dass man ihm sogleich anbot, seine Ausbildung zum Offsetdrucker zu beginnen, hatte ihn regelrecht begeistert. Denn seine Weiterbildung lag Karl schon gleich nach seiner Gesellenprüfung am Herzen. Dass der Buchdruck, also der Hochdruck, keine große Zukunft habe, da er immer weniger nachgefragt sein werde, hatte man schon in Bozen gemunkelt. Dort war man allerdings vom Erlernen dergleichen neueren Druckverfahren noch weit entfernt. In Stuttgart nun bekam Karl die Möglichkeit, den Offsetdruck zu erlernen. Dieses indirekte Flachdruckverfahren unterschied sich natürlich zum von Karl bereits erlernten Verfahren des Hochdrucks, aber gewisse Kenntnisse konnte er doch übernehmen. Ein ganzes Jahr lang dauerte die Ausbildung, bis er die Lehre als gelernter Offsetdrucker abschließen konnte.

Gearbeitet wurde bei „Stähle & Friedl“ im Turnus. Es gab die Frühschicht von 6 Uhr bis 14 Uhr und die Spätschicht von 14 Uhr bis 22 Uhr. In den ersten drei Monaten seiner Stuttgarter Zeit, in denen Karl noch bei Frau Ruzinski wohnte, hatte er ganz schön früh aus den Federn zu kommen, um rechtzeitig bei der Arbeit zu sein. Und nach der Spätschicht erreichte er seine Wohnstätte oft erst zu unchristlicher Zeit, da er gute 20 Minuten Fußmarsch zurückzulegen hatte. Sicher, Karl hätte auch die Straßenbahn nehmen können, aber das Geld für die Fahrscheine wollte er sich lieber sparen. Und er war ja gut zu Fuß. Nur, im Winter konnte es schon unangenehm frostig sein, wenn er etwa zur Frühschicht eingeteilt war und sich um 5.30 Uhr bei Eiseskälte auf den Weg machen musste. Aber meist war er ja nicht alleine unterwegs. Einer der Arbeiter bei Frau Ruzinski war immer mit Karl zur gleichen Schicht eingeteilt. Mit den beiden Männern, die aus Tübingen stammten, hatte Karl sich gleich gut verstanden. Sie schlossen Freundschaft und luden Karl ein, ihre Heimatstadt am Neckar, die nur gute 30 Kilometer südlich von Stuttgart gelegen ist, zu besuchen. Nur allzu gern kam Karl mit. Es drängte ihn geradezu, so viel wie möglich Neues zu erkunden. Wenn sie gemeinsam Spätschicht hatten, nahmen sie gelegentlich noch andere Arbeitskollegen mit zu sich in ihre Ecke, um gemeinsam auf ein Bier zu gehen. War es dann spät geworden, kam es durchaus vor, dass sie Frau Ruzinskis striktes Verbot missachteten und ihre Kollegen einfach bei sich übernachten ließen. Ganz leise schlossen sie die Wohnungstür auf, vorsichtshalber hatten sie sich schon im Stiegenhaus die Schuhe ausgezogen, und schlichen so auf leisen Sohlen in die Zimmer. Sie dürften sich dabei gar nicht ungeschickt angestellt haben, zumindest hat ihre Hausherrin nie etwas von ihren nächtlichen Übernachtungsaktionen bemerkt.

Eigentlich hatte es Karl bei Frau Ruzinski gar nicht schlecht gefallen. Aber die Wohnung lag doch etwas weit entfernt von der Arbeit. Und die Tatsache, dass man sich an seinen freien Tagen zum Essen immer ins Gasthaus setzen musste, hatte Karl dann doch bewogen, ins *Kolpinghaus* in der Heusteigstraße 66 zu ziehen, als ein Platz freigeworden war. Von dort war es praktisch nur mehr ein Katzensprung hinüber zu „Stähle & Friedl" in die Tübinger Straße, und so war Karl nun in wenigen Minuten in der Firma. Das allein war schon eine gewaltige Erleichterung bei seinen Arbeitszeiten, die frühmorgens beginnen oder bis tief in die Nacht dauern konnten. Waren größere Aufträge hereingekommen, hatte man auch zwölf Stunden am Stück zu arbeiten. Das war zwar anstrengend, konnte aber passieren, wenn auch nur ein paar Mal im Jahr. Für die Mehrarbeit wurde man aber mit einem höheren Lohn entschädigt. Was natürlich begrüßt wurde, aber das Geld war es ohnehin nie gewesen, das Karl veranlasst hatte, seine Heimat zu verlassen. In erster Linie wollte er damit dem Militär entgehen.

Consolato Generale d'Italia a Stoccarda, las Karl halblaut, als er den an ihn adressierten Brief des Italienischen Generalkonsulats in Stuttgart geöffnet hatte. Mit zittrigen Fingern entfaltete er das Schreiben. Irgendwie hatte er ein ungutes Gefühl. Das konnte nichts Gutes bedeuten, war er überzeugt. Gedanken, wie *Was wollen die von mir?* oder *Oh, mein Gott, die holen mich zum Militär!*, schwirrten in seinem Kopf herum. Als er sich wieder etwas gefangen hatte, entnahm er den Zeilen, dass es nicht ganz so schlimm gekommen war. Aber immerhin, Karl hatte zur Musterung auf dem Konsulat zu erscheinen. Natürlich kam er dieser Aufforderung nach und ließ sich dort von einem italienischen Arzt auf seine Wehrtauglichkeit untersuchen. *Mögen die mich tauglich erklären, wie viel sie wollen, wenn ich eingezogen werde, komme ich gar nicht mehr zurück!*, hatte Karl längst für sich entschieden. Dass er, solange er keinen *congedo* hatte, bei jedem Heimaturlaub in Bozen auf der Quästur, dem Polizeikommissariat, vorstellig werden musste, um sich zu melden, war ihm bewusst. Aber so oft kam Karl unterm Jahr ohnehin nicht nach Hause. Höchstens mal zu Weihnachten oder im Sommer vielleicht für zwei Wochen. Wenn man ihm das auch noch vereiteln wollte, bitte. Dann würde er zur Not gar nicht mehr nach Italien einreisen. Aber so weit sollte es nicht kommen. Im

Gegenteil. Karl erhielt völlig unerwartet eine für ihn äußerst positive Antwort. Schriftlich teilte man ihm mit, bei der Musterung auf dem Generalkonsulat in Stuttgart sei festgestellt worden, dass Karl Probleme mit dem Herzen habe. Er sei vom Militärdienst freigestellt. Karl konnte die Freudentränen in seinen Augen nicht zurückhalten, als er gewahr wurde, dass man ihm seinen *congedo* zugestellt hatte.

Ohne den drohenden Militärdienst, der wie ein Damoklesschwert über Karl gehangen hatte, fühlte sich Karl regelrecht befreit. War er früher schon gerne gereist, um sich allerlei Sehenswürdigkeiten anzusehen, so erfuhr diese Leidenschaft nun noch eine Steigerung. Mehrmals hat er seine Tasche zusammengepackt und ist mit dem Zug nach Mannheim und Ludwigshafen. Dort arbeiteten viele seiner Südtiroler Kollegen: Robert, Manfred, Toni, Ander. Alles gelernte Handwerker. Einer war Mechaniker, einer Tischler, der andere Elektriker. Ein paar von ihnen waren nach Deutschland gegangen, weil sie gut daran taten, aus Italien zu verschwinden. Sie waren nicht direkt *BAS*-Aktivisten, aber sie hatten durchaus mit den Forderungen nach Selbstbestimmung für Südtirol sympathisiert.

Dass die politische Situation in seiner Heimat nicht die beste war, das war Karl natürlich nicht verborgen geblieben, auch wenn ihm in Lengmoos die Welt noch als eine heile erschien, zumindest hatte er sie als Bub so wahrgenommen. Bis auf das eine Mal, als er unbedingt mit seinen beiden Brüdern, die da schon 26 und 22 Jahre alt waren, auf deren Motorrädern nach Bozen zur Großkundgebung auf Schloss Sigmundskron wollte. Das war am 17. November 1957. Sprichwörtlich jeder hatte damals darüber gesprochen. Von Scheinautonomie war die Rede, davon, dass Italien nicht aufhörte, den deutschsprachigen Südtirolern die schon 1946 vertraglich zugesicherten Rechte vorzuenthalten. Von den 1948 im Autonomiestatut versprochenen Gesetzgebungs- und Verwaltungsbefugnissen zum Schutz der deutschen Sprache und Kultur war dann auch nie etwas zu spüren gewesen. Was daher kam, dass die Italiener es schlau eingefädelt hatten: 1948 schlossen sie die Provinzen Bozen und Trient zur Region Trentino-Südtirol zusammen. Damit machte der italienischsprachige Anteil die Mehrheit aus, und jedes Anliegen der deutschsprachigen Minderheit konnte problemlos überstimmt werden. Hinzu kam, dass die Zuwanderung italienischer Arbeiter mit ihren Familien und der Bau von Sozialwohnungen für diese weiterhin massiv gefördert wurden.

Als Rom schließlich verlauten ließ, dass weitere 5000 Sozialwohnungen für die Zuwanderer aus dem italienischsprachigen Süden in Bozen errichtet werden, hatte die neue Leitung der Südtiroler Volkspartei zur Kundgebung gerufen. An vorderster Stelle stand die Forderung, Südtirol endlich die zugesicherten autonomen Kompetenzen zu gewähren, wofür die Trennung von der Provinz Trient ausschlaggebend war. Als der damalige Parteiobmann Silvius Magnago auf der Kundgebung schließlich das „Los von Trient" forderte, soll die Menge in lautstarken Jubel ausgebrochen sein. So hatte Karl das Geschehen von seinen Brüdern erzählt bekommen. Die berichteten, dass an die 35.000 Menschen auf Schloss Sigmundskron gezählt worden seien. Zu gerne wäre er da dabei gewesen. Aber natürlich hatte man es ihm verboten. Er sei noch zu jung, hatte die Mutter gesagt. Und es sei zu gefährlich. Zu angespannt hatte man die Lage empfunden. Und ja, auch Karl kannte inzwischen dieses ungute Gefühl, als Deutschsprachiger im eigenen Land nur Bürger zweiter Klasse zu sein.

Bei seiner Arbeit beim „Amonn" hatte er von den italienischen Arbeitskollegen, mit denen er sich ansonsten gut verstanden hatte, auch eine gehässige Seite kennengelernt. Mehr als einmal ließen sie verlauten, dass sie hier das Sagen hätten. „*Qui commandiamo noi*!" – „Hier kommandieren wir!" Den bitteren Gallensaft, der ihm bei derlei Reden aufstieg, schluckte Karl tapfer wieder hinunter, denn ein Widersprechen wäre ihm nur teuer zu stehen gekommen. Aber nicht alle Südtiroler waren gewillt, die von oberster staatlicher Stelle tolerierten Demütigungen länger zu erdulden.

Mit den *BAS*-Aktivisten formierte sich zunehmend politischer Widerstand unter der deutschsprachigen Bevölkerung. Nachdem die Verteilung von Flugblättern, um auf die Missachtung der Rechte der Südtiroler aufmerksam zu machen, nicht die gewünschte internationale Aufmerksamkeit gebracht hatte, traf man den Entschluss, mit entschieden mehr Nachdruck zu agieren. Das Datum der *Feuernacht* wurde auf den Herz-Jesu-Sonntag 1961 festgelegt. Von den vielen Sprengungen im ganzen Land und von den beträchtlichen Sachschäden hatte Karl gleich am nächsten Morgen, es war der 12. Juni, erfahren, als er wie gewohnt zur Arbeit gekommen war. Einer seiner italienischen Arbeitskollegen, in dessen Wohnungsnähe im Süden von Bozen ebenfalls ein Strommasten in die Luft gesprengt worden war, tat sich bei der kollektiven Empörung besonders hervor. Er hielt sich jedenfalls nicht lange damit auf, nach den Gründen der Aktion zu fragen, und tat seine Meinung offen kund: „Devono essere tutti impiccati!" – „Die gehören alle gehängt!"

Die italienische Staats- und Militärpolizei begann umgehend mit dem Aufspüren der Schuldigen. Spätestens da war dann auch der Zeitpunkt gekommen, an dem ein paar von Karls Kollegen besser das Land verlassen haben. Auch, wenn man ihnen nichts hätte nachweisen können, aber den äußerst unguten Befragungen hinter verschlossenen Türen wollten sie sich auf jeden Fall entziehen. Ein Arzt, der auf dem Ritten urlaubte, ein gebürtiger Rheinland-Pfälzer, war ein großer Südtirolfreund. Er stand den Ausreisewilligen mit Rat und Tat zur Seite. Er besorgte Arbeitsplätze und Unterkünfte in Ludwigshafen und Mannheim und übernahm es, den Papierkram über Amtswege zu erledigen, sodass sie mit der Arbeitsgenehmigung auch die Erlaubnis zur Ausreise bekamen.

Und jetzt arbeitete auch Karl schon lange in Deutschland, wenn auch nicht am gleichen Ort wie Robert, Manfred und Toni. Aber so oft es ihre Zeit erlaubte, trafen sie einander. Mal kamen seine Freunde nach Stuttgart, aber meist setzte Karl sich in den Zug und fuhr an seinen freien Tagen zu ihnen. Denn die Hausherren seines besten Freundes Robert, sehr angenehme Leute, wie Karl fand, hatten ihm gleich einen Schlafplatz angeboten, wenn er auf Besuch kam. Gern nahm Karl dieses Angebot an und nutzte es auch ausgiebig. Gemeinsam haben sie sich zum Feiern getroffen, aber sie haben sich auch viel angesehen, sind herumgefahren: Nach Bad Dürkheim, haben den Dom zu Speyer besichtigt oder sind in Ludwigshafen auf dem großen BASF-Gelände gewesen, diesem börsennotierten Chemiekonzern, dessen Fabriksgelände das Ausmaß einer halben Stadt einnimmt. Eine Reise brachte Karl sogar nach Dänemark. Das war seine erste Urlaubsreise überhaupt. Als Karl bei „Stähle & Friedl“

angefangen hatte, hatten die Arbeitskollegen gleich von der Gewerkschaft erzählt und was es damit auf sich hätte. Dass es eine Organisation gab, in der sich die Arbeiter zusammenschlossen, um ihre wirtschaftlichen und sozialen Interessen zu vertreten, überzeugte Karl gleich, und er wurde Mitglied. Um den Zusammenhalt unter den Gewerkschaftlern zu fördern, war die Organisation bemüht, Freizeitaktivitäten zu organisieren. So kam es zum Campingurlaub in Dänemark. Wenn Karl sich daran zurückerinnert, kann er ein Grinsen nicht vermeiden. Denn zum Zeitpunkt der Reise war Karl noch keine 21 Jahre alt gewesen und damit nicht volljährig. Das hieß, er konnte noch nicht selbst für sich entscheiden. Er hatte also, wollte er mitfahren, bei der Gewerkschaft die Erlaubnis der Mutter vorzulegen. Natürlich schrieb Karl umgehend einen Brief nach Lengmoos mit dem genauen Wortlaut, den die Mutter dann eins zu eins auf einen Zettel schreiben sollte. Wichtig sei, betonte er, dass sie ja nicht ihre Unterschrift vergesse. Erst mit diesem Zettel samt Mutters Unterschrift wurde ihm die Mitfahrt erlaubt. Eine lächerlich überzogene Maßnahme, wie er fand, die Karl aber bereits vergessen hatte, als er in den Reisebus nach Dänemark stieg. Und im Nachhinein konnte er sagen, das ganze Brimborium war es wert gewesen, denn ihn erwartete ein unvergesslicher Urlaub, großartige Tage auf dem Campingplatz, von denen er jeden einzelnen genoss.

Genossen hat Karl seine Zeit in Stuttgart aber ganz generell. Hier, wo mit einer halben Million Einwohnern bereits mehr Menschen lebten als in ganz Südtirol zusammen, war alles moderner und fortschrittlicher. Die Lebensumstände unterschieden sich wesentlich von den oft bescheidenen und altväterischen Verhältnissen in seiner Heimat. Das hatte Karl selbst im Stuttgarter *Kolpinghaus* festgestellt, gleich als er eingezogen war. Hier ging alles etwas nobler zu, als er das vom gleichnamigen Gesellenhaus in Bozen kannte. Die Zimmer waren zeitgemäßer, überall gab es warmes Wasser, die Gemeinschaftsräume waren größer und besser ausgestattet. Aber nicht nur die bessere Ausstattung hatte Karl beeindruckt, auch die Tatsache, dass man im *Kolpinghaus* an sieben Tagen die Woche seine Mahlzeiten – Frühstück, Mittagessen, Marende und Abendessen wurden zu moderaten Preisen angeboten – einnehmen konnte, kam ihm sehr gelegen. Da brauchte man nie, wenn man nicht wollte, zum Essen ins Gasthaus zu gehen. Das half ihm, besser zu wirtschaften. Denn auch, wenn er nun mehr verdiente als in Bozen, so waren seine Ausgaben in Stuttgart beträchtlicher. Auf die Annehmlichkeit, seine Schmutzwäsche einfach zu den Waschfrauen zu bringen und sie sauber und gebügelt wieder ausgehändigt zu bekommen, konnte er nicht mehr zurückgreifen. Genauso hatte er für den Kauf seiner Kleidung nun ausschließlich selbst aufzukommen, und die Zimmermiete galt es monatlich zu bezahlen. Ganz abgesehen davon, dass auch die Freizeitaktivitäten nicht unerheblich zu Buche schlugen. Aber nicht nur, weil die soziale Gerechtigkeit und das Gemeinwohl zentrale Säulen bilden, hatte Karl es vorgezogen, ins *Kolpinghaus* zu wechseln. Ein wesentlicher Grund war auch, dass man hier als Südtiroler nicht der Einzige war.

Den Wert, in der Fremde ein Stück Heimat zu spüren, hatte Karl längst zu schätzen gelernt. Seine Freunde in Ludwigshafen und Mannheim traf er freilich regelmäßig, aber die meiste Zeit lebte er doch in Stuttgart. Auch bei der Arbeit war er allein aus Südtirol. Da tat es wohl, musste Karl sich eingestehen, dass unter den Bewohnern im *Kolpinghaus* auch Südtiroler darunter waren. Viele waren gekommen, weil sie in Deutschland die Möglichkeit hatten, die Meisterschulen für ihr Handwerk zu besuchen. Einige waren Studenten, die wegen eines Ferialjobs in der Autoindustrie den Sommer über in Stuttgart verbrachten. Aber die meisten waren zum Arbeiten gekommen, weil die Lebensgrundlage, die sie in Südtirol gehabt hätten, eng mit Armut verbunden war. Häufig blieb einzig das Angebot, sich als Knecht bei einem Großbauern zu verdingen, bei schlechter Bezahlung, schlechter Unterkunft und schlechter Verpflegung. In Deutschland haben sie eine Perspektive bekommen, eine Möglichkeit, sich mit dem besseren Gehalt eine Zukunft aufzubauen. Dass die Sprache kein Problem war, half natürlich stark, um einen guten Arbeitsplatz zu bekommen, bei dem man auch Aufstiegschancen hatte, sich beruflich verbessern konnte. Bei all dem Positiven, das Karl unbestritten erfahren durfte, konnte er ein Gefühl nicht verleugnen. Anfangs hatte er es noch gar nicht so stark wahrgenommen, aber je mehr Zeit verging, je länger er in Stuttgart lebte, desto mehr machte es sich bemerkbar. Dieses Ziehen in der Brust. Diese Sehnsucht, die plötzlich da war, wann immer er an zuhause dachte.

Karl war mit dem Heimweh nicht alleine. Regelmäßige Treffen, so eine Art Südtiroler Stammtisch, könne da Abhilfe schaffen, waren sich die Männer schnell einig. Eine geeignete Gastwirtschaft hatten sie mit dem „Wienerwald" gefunden. Nicht nur, weil sie von einem Südtiroler geführt war und damit dem Geschmack der Südtiroler sehr nahekam, sondern weil sie im Zentrum gelegen und für alle gut erreichbar war. In und um Stuttgart arbeiteten und lebten ziemlich viele Südtiroler. Wo sie auch wohnten, alle vereinte der Heimatverlust und die gemeinsame Vergangenheit. Diese Treffen unter Gleichgesinnten halfen tatsächlich, wie Karl sehr schnell bemerkte. Vielleicht gaben die Dialekte, die wohl unterschiedlich, aber doch vertraut waren, den Ausschlag, vielleicht waren es die Südtiroler Lieder, die sie miteinander anstimmten, dass es ihnen gelang, bei ihren Zusammenkünften ein Stück Heimat in der Fremde zu spüren. Oder vielleicht war es auch die gemeinsame Geschichte, die sie einte. Die gemeinsame Sorge, ihre Heimat könnte von Italien gänzlich unterjocht werden.

„Es war Unrecht! Und es bleibt Unrecht!“, hörte man eine Stimme quer über den Tisch. Wann immer sie im „Wienerwald“ beisammensaßen, konnte schnell das Thema auf die *Annexion Südtirols* kommen.

„Was kann man schon machen? Was mit denen passiert, die es wagen, sich zu wehren, wissen wir jetzt ja“, spielte sein Gegenüber auf die schweren Urteile im *Mailänder Prozess* an, mit denen die *BAS*-Aktivisten hart bestraft wurden.

„Die Männer haben nichts Unrechtes getan! Aber die Welt sollte nichts erfahren vom falschen Spiel der *Walschen*!“, erboste sich umgehend sein Sitznachbar.

„Aber jetzt klein beigeben? Und zusehen, wie sie nicht nur Bozen, sondern das ganze Land *verwalschen*? Nicht mal die Tiroler Fahne dürfen wir mehr aufhängen!“, folgte prompt die nächste Wortmeldung. Die Runde schien in Fahrt zu kommen. Ihre Erfahrungen diesbezüglich in der Heimat wogen schwer. Dem Schmerz und dem unterdrückten Ärger, die sich aufgestaut hatten, wollten, nein mussten sie Luft machen. Da ertönte aus der hinteren Ecke mit „Wohl ist die Welt so groß und weit und voller Sonnenschein“ leise die erste Zeile des Heimatliedes. Die vertraute Melodie tat ihre beruhigende Wirkung, und einer nach dem anderen stimmte in den Gesang ein, bis schließlich der ganze Saal vom *Südtirol-Lied* erfüllt war: „Das allerschönste Stück davon ist doch die Heimat mein.“

Diese gemeinsamen Abende im „Wienerwald“ waren für Karl längst fixer Bestandteil in seinem Stuttgarter Alltag geworden. Die Missstände in der Heimat kamen natürlich immer mal wieder zur Sprache, aber in erster Linie ging es ihnen um das Gemeinschaftsgefühl. Als immer häufiger auch Fragen diskutiert wurden, die von Südtirolern, die „neu“ waren, an sie, die „Alteingesessenen“, herangetragen wurden, kam allmählich der Gedanke auf, man könne doch einen Verein gründen. Eine Unterstützung für die neu Hinzugekommenen gewissermaßen. Hilfestellung anbieten, aber eben auch, um den Zusammenhalt aller Heimatfernen zu fördern. Karl, der die Vorzüge einer gemeinschaftlichen Organisation bereits durch die Gewerkschaft kennengelernt hatte, war von Anfang an begeistert von dieser Idee und bemühte sich mit Leidenschaft, das Vorhaben in die Tat umzusetzen.

Am Abend des 4. April 1965 hatten sie den harten Kern ihres Südtiroler Stammtisches zusammengetrommelt. Aus Stuttgart, Untertürkheim, Obertürkheim, Reutlingen, Tübingen. An die zwölf junge Männer saßen im „Wienerwald“ beisammen, als Karl das Wort ergriff, um den Gründungsakt des gemeinsamen Vereins unter dem Namen „Südtiroler Heimat-Bund“ über die Bühne zu bringen. Die frisch gedruckten Ausweise für die Gründungsmitglieder hatte er bereits dabei: auf der Vorderseite drei dicke Buchstaben, SHB, in Schwarz auf weißem Grund, darunter ein Schild mit einem großen Tiroler Adler in Rot. Beim Aufklappen: auf der linken Seite der Zu- und Vorname des Mitglieds im „Südtiroler Heimat-Bund e.V." einschließlich des Aufnahmedatums und der Mitgliedsnummer. Einstimmig hatte man Karl nicht nur in den Vorstand gewählt, sondern ihm auch den Vorsitz zugedacht. Auf seinen Namen sollte daher auch der erste Ausweis ausgestellt werden: „Fink Karl, Mitglieds-Nr. 1."

Als eingetragener Verein standen sie nun vor der Aufgabe, eine Vereinssatzung zu formulieren. Dafür holten sie sich Hilfe beim Katholischen Verband der Werktätigen (KVW), jenem Sozialverband in Südtirol, der bereits 1948 durch die Kirche gegründet worden war. Über den KVW lernten sie den in Stuttgart lebenden diplomierten Volkswirt und Südtirolfreund Siegfried Deeg kennen. Mit Rat und Tat stand er gemeinsam mit seinem Vertrauten Erwin Häussler, der bis 1972 im Deutschen Bundestag den Wahlkreis Stuttgart II vertrat, den Südtiroler Männern zur Seite. Sie setzten die Satzungen für den „Südtiroler Heimat-Bund" auf und boten ihre Hilfe auch bei rechtlichen Fragen an.

Zu den ureigensten Aufgaben des Vereins gehörte es, das Zusammengehörigkeitsgefühl unter den Südtirolern, die fern der Heimat lebten, zu stärken. Sie bemühten sich daher, so viel wie möglich Anlässe zu schaffen, bei denen sie zusammenkommen konnten, um ihre Sorgen und Nöte anzusprechen, sich gegenseitig zu unterstützen und gemeinsam Südtiroler Traditionen zu pflegen. Außer zu den Stammtischen, zu denen nun besonders auch die Vereinsmitglieder eingeladen waren, traf man sich zu Tagesausflügen, wurden Busse organisiert, in denen die Heimatfernen gemeinsam zu anstehenden Wahlen nach Südtirol fahren konnten, und mit Unterstützung des KVWs wurden Feste auf die Beine gestellt. Südtiroler Feste. Allen voran der Südtiroler Ball.

Bereits im Folgejahr nach der Gründung hatten sie, die SHB-Vereinsmitglieder, damit begonnen, diesen großen Ball im Südtiroler Stil auszurichten. Einen geeigneten Saal machten sie in Untertürkheim aus, einem nordöstlich gelegenen Stadtbezirk von Stuttgart. Als Musikanten konnten sie wiederholt „Die lustigen Tauferer“ aus dem Südtiroler Pustertal verpflichten, und natürlich gehörte es sich, dass man in Tracht oder zumindest im Dirndl und in Lederhosen erschien. Viele Südtiroler reisten eigens aus der Heimat zur Festveranstaltung an, und stets war auch Prominenz aus Südtirol zugegen, wie der Landeshauptmann, diverse Landesräte, aber auch der Weihbischof. So wie es die Südtiroler Tradition verlangte, wurden die Veranstaltungen des „Südtiroler Heimat-Bundes“ in Verbindung mit dem katholischen Glauben gestaltet.

Als Karl nach Stuttgart gekommen war, hatte er schnell gemerkt, dass die Menschen ein anderes Verhältnis zur Kirche pflegten. Zum einen gehörten sie verschiedenen Konfessionen an, zum anderen nahm der Glaube längst nicht diese zentrale Stellung ein, wie er es von zuhause gewohnt war. Der Kirchgang war gemeinhin das Wichtigste überhaupt gewesen. Praktisch das ganze Leben war auf die katholische Lehre ausgerichtet. Im Alltag, beim Ministrieren, im Schülerheim *Kassianeum*, im Lehrlingsheim gleich neben dem Kapuzinerkloster, in Bozen im katholischen Gesellenhaus. Diese enge Bindung ließ Karl auch in Stuttgart nicht los. Und so besuchte er, wie im Übrigen alle Südtiroler, die wie er im Stuttgarter *Kolpinghaus* wohnten, an den Sonn- und Feiertagen fleißig die heilige Messe. Sie hatten für sich eine katholische Kirche, die Marienkirche, ganz in der Nähe der Heusteigstraße ausgemacht. Der Kirchgang gehörte für sie zum Sonntag dazu. Genauso wie zu ihrem Glauben, in dem sie erzogen wurden, dem sie nahestanden. Sie vertrauten wie selbstverständlich auf den Herrgott. Darauf, dass er ihnen Schutz bot. Denn Schutz, da waren sie sich einig, hatten sie nötig. Wie leicht konnte es passieren, dass man vom rechten Weg abkam, dass man versumpfte oder verwahrloste. Allerlei Ungutes konnte einem widerfahren, weit fort von zuhause in der großen Stadt, wo man auf sich alleine gestellt war. Die vertrauten Rituale und die Gebete gaben Halt. Kirche war ihnen in gewisser Weise auch ein Zufluchtsort.

Nie im Leben wäre es ihnen in den Sinn gekommen, ein Fest auszurichten, ohne dafür den kirchlichen Segen zu erbeten. So wie sie das von zuhause her kannten, so wollten sie es auch in Stuttgart pflegen. Den Auftakt jedes profanen Festes machte sodann stets eine feierliche Messe. Vor der Kirche versammelten sich die Gläubigen in ihrer festlichen Aufmachung mit den diversen Kirchenbannern, um unter musikalischer Begleitung in die Kirche einzuziehen. Eine Zeremonie, die auf Begeisterung stieß und durchaus viele Schaulustige anzuziehen vermochte. Zunächst womöglich als Zaungäste, aber immer mehr nahmen auch an der Messfeier teil, und später sah man ihre Gesichter zahlreich auf den Festveranstaltungen.

„I komm aus Schwäbisch Hall“, antwortete sie mit schwäbischem Akzent, als Karl sie nach ihrer Herkunft fragte. Nicht, dass ihn das wirklich verwunderte, auch wenn er Ingrid, wie er ihren Namen gleich hinterher erfuhr, auf dem Südtiroler Ball kennengelernt hatte. Der Ball war ja längst zu einer Attraktion geworden, sehr begehrt auch unter den Einheimischen aus dem gesamten Schwabenland. In den vier Jahren, die Karl nun in Stuttgart lebte, hatte er durchaus den Unterschied zwischen den Schwaben und den Rheinland-Pfälzern ausmachen können. Wann immer er zu Robert, Manfred und den anderen nach Ludwigshafen fuhr, konnte er eine überaus große Herzlichkeit feststellen, mit der er von den Einheimischen dort empfangen wurde. Kaum, dass man sich kennengelernt hatte, saß man auch schon beim Feiern zusammen. Die Schwaben waren da zurückhaltender. Es konnte lange dauern, bis sie einem ihr Vertrauen schenkten. Aber wenn dies passierte, das hatte Karl schon erlebt, dann hatte man einen zuverlässigen Freund gewonnen. Nachdem Karl zunächst davon ausgegangen war, dass die junge Frau aus Schwäbisch Hall aus Freude an den Südtiroler Trachten und Volkstänzen auf dem Ball zugegen war, erfuhr er, dass Ingrid weit mehr mit Südtirol verband als nur das Vergnügen, einen angenehmen Abend in der alpenländischen Atmosphäre zu verbringen.

Ihre Eltern, erzählte sie, seien gebürtige Südtiroler, bei der *Option* nach Deutschland ausgewandert. Karl hatte natürlich von dieser Wahl gehört, vor die die Südtiroler Bevölkerung damals, zwischen dem Oktober und dem Dezember 1939, von den beiden Machthabern Hitler und Mussolini gestellt worden war. Aber eigentlich hatte man bei ihm zuhause, als er auf der Welt war, nicht mehr darüber gesprochen. Bei jenen, die die Zeit erlebt hatten, wog der Schmerz noch schwer. Was man ihnen abverlangt hatte, war aufs Äußerste grausam gewesen. Am Gehen oder Bleiben schieden sich die Geister. Wurde von den einen der Verzicht von Hab und Gut verlangt, wurden die anderen als Verräter, die sich den *Walschen* unterwarfen, beschimpft. Tiefe Gräben taten sich auf unter den Bewohnern, die ganze Dörfer trennten und Familien entzweiten. Nein, über diese schlimme Zeit wurde nicht mehr viel geredet. Keiner wollte sich daran erinnern. Und Karl hatte auch nicht viel nachgefragt. Aber bei ihm in Lengmoos war ohnehin niemand gegangen. Damals. Zumindest wusste er von keinem.

Und nun saß Ingrid vor ihm, deren Eltern optiert hatten und die daher Südtiroler Wurzeln hatte. Aber eben auch ins Schwabenland. Ihre Großmutter väterlicherseits war eine Schwäbisch Hallerin. Ingrids Großvater, der aus dem Trentino stammte und bei der K-u.-k.-Bahn gearbeitet hatte, war über seine Arbeit wohl auch nach Stuttgart gekommen. Zumindest hatte er hier seine Frau kennengelernt. Nach ihrer Heirat wählten sie Südtirol als ihr Zuhause. Hier gestalteten sie ihr Leben und schenkten fünf Kindern das Licht der Welt, von denen eines Ingrids Vater werden sollte. Als in der dunklen Zeit des Faschismus die *Option* anstand, entschied sich dieser mit seiner Frau, die aus dem Pustertal stammte, die Heimat zu verlassen. Über seine Mutter hatte er Onkel und Tanten in Schwäbisch Hall. Von ihnen wurden sie fürsorglich aufgenommen. Ihre Fürsorge ließen sie später ebenso den drei Kindern, die alle in Schwäbisch Hall zur Welt gekommen waren, angedeihen. Auch Karl erfuhr, als er Ingrids Partner geworden war, diese freundliche Zuwendung. Besonders bei Ingrids Großtante Lore hatte Karl ein Stein im Brett. Aber im Grunde waren Ingrids Verwandte in Schwäbisch Hall, wie Karl fand, allesamt gute, herzliche Leute.

Als sich zunehmend herauskristallisierte, dass Karl in Ingrid seine Lebenspartnerin gefunden hatte und über Heirat gesprochen wurde, stand auch die Frage im Raum, wo sie ihr gemeinsames Leben bestreiten wollten. Natürlich dachten sie daran, in Stuttgart eine Wohnung zu mieten. Sowohl Karl als auch Ingrid hatten ihren Arbeitsplatz in dieser Stadt. Aber irgendwie drängte sich immer auch Südtirol als Wohnort in den Vordergrund. Karl konnte ohnehin seine enge Verbindung zur Heimat nicht verleugnen, aber auch Ingrid, die über ihre Eltern noch viele Onkel und Tanten im Pustertal und Eisacktal hatte, fühlte sich stark zu Südtirol hingezogen. Nach einigem Hin und Her fiel schließlich die Entscheidung. Trotz des verhältnismäßig guten Lebens und aller positiven Zukunftsaussichten verließ Karl gemeinsam mit Ingrid nach sechs Jahren, die er in Stuttgart gelebt hatte, Deutschland, um nach Hause zurückzukehren.

So freudig ihre gemeinsame Zeit in Südtirol mit einem wunderbaren Hochzeitsfest in Lengmoos begonnen hatte, so ernüchternd war für sie beide das Erwachen im Südtiroler Alltag. Sie hatten wohl beide noch in Stuttgart eine Arbeit in Bozen zugesagt bekommen, aber der Verdienst war äußerst bescheiden. Es reichte kaum für das Nötigste. Auch die Wohnung, die sie in der Weggensteinstraße in Bozen gefunden hatten, war im Grunde nichts wert, wie Karl fand. Zu groß und zu kalt. Zu alt und ohne Komfort. Im Winter froren sie nur, im Sommer war es vor Hitze kaum auszuhalten. Ohne die Möglichkeit an den Wochenenden bei Karls Mutter auf dem Ritten der erbärmlichen Wohnsituation zu entfliehen, wären sie wohl verzweifelt. Die Anfangszeit verlangte ihnen einiges ab. Es war schwer, hier bei geringem Lohn sein Leben zu bestreiten. So konnte es nicht weitergehen. Das war es nicht, was sie sich erwartet hatten, als die Entscheidung für ein Leben in Südtirol gefallen war. Also nahm Karl sich ein paar Tage frei, setzte sich in den Zug nach Stuttgart, um dort bei ein paar Firmen vorzusprechen.

Doch Hals über Kopf alle Brücken abzureißen, um erneut zurück nach Stuttgart zu ziehen, war dann doch nicht so schnell und einfach zu bewerkstelligen gewesen. Zeit zog ins Land, und man hatte sich arrangiert. Auch wenn die Anfangszeit in Südtirol kein Zuckerschlecken war, so ging es doch konstant aufwärts. Der Einsatz der Menschen, die sich hartnäckig um die Verbesserung der Lebensbedingungen in Südtirol bemüht hatten, war nicht ohne Folgen geblieben. Wenn auch langsam, so bewegte sich doch etwas in die richtige Richtung. Mit jedem Tag lebten sich Karl und Ingrid mehr ein. Kamen mit der veränderten Lebenssituation immer besser zurecht. Und moralisch hatten sie Unterstützung von Karls Mutter, seinen Geschwistern, aber auch von Ingrids unzähligen Verwandten im Pustertal.

Es hatte etwas gedauert, aber dann hatten sie das Fremdsein überwunden und sie fühlten sich in Südtirol wirklich zuhause. *Seine Wurzeln verleugnen, geht nicht,* sinniert Karl, sich an die Zeit von damals zurückerinnernd. Nachdenklichkeit liegt in seiner Stimme, als er halblaut hinzufügt: „Heimat lässt dich nicht mehr los."

Die totale Freiheit

Christine Paugger Schanninger, Jahrgang 1946, Bozen
1963/1964 Ludwigshafen, seit 1966 Speyer

Dein unstetes Leben in Ludwigshafen können wir nicht länger dulden! Jetzt ist Schluss damit! Du packst deine Koffer und kommst zurück! Unverzüglich! Christine las die Zeilen in Vaters Brief bereits zum dritten Mal. Noch immer glaubte sie, sich verlesen zu haben. Etwas nicht richtig verstanden zu haben. Zunächst hatte sie nur der ungewöhnlich strenge Ton des Vaters irritiert, aber langsam drang auch die Bedeutung seiner Worte in Christines Bewusstsein. *Was schreibt der Vater da? Unstetes Leben? Was meint er überhaupt damit?* Und noch unglaublicher war, dass man von ihr verlangte, sie solle wieder zurück nach Hause kommen. Sogar unverzüglich! Aber, ihr ging es doch so wunderbar in Ludwigshafen. Hier hatte sie jede Menge Freunde, war überherzlich in der Rheinland-Pfalz aufgenommen worden, hatte liebe Arbeitskollegen und ihre Arbeit bereitete ihr durchaus Freude. Was die Eltern da von ihr forderten, konnte doch unmöglich wahr sein. *Ich will das nicht,* schoss es Christine durch den Kopf, während ihr die ersten Tränen über die Backen rannen. *Ich will nicht zurück nach Bozen*!

Ein Blick auf die Uhr verriet Christine, dass es bald 17 Uhr war. Sie schniefte und wischte sich mit dem Handrücken die Tränen von den Wangen. Ihr blieben nur noch wenige Minuten, ehe sie abgeholt wurde. Den Brief von zuhause hatte sie gleich geöffnet und zu lesen begonnen, nachdem sie ihre Zimmertür hinter sich geschlossen hatte. Nach der Arbeit in der Wasserzähler- und Messgerätefirma „Pollux" war sie wie jeden Tag gleich nach Hause geeilt. Die Firma lag etwas außerhalb im Industriegebiet von Ludwigshafen. Zu Fuß ging sie zunächst die Straße entlang, bis sie ein großes Stück ihres Arbeitsweges durch den schönen, großangelegten Ebertpark laufen konnte und schließlich blieben noch zwei Haltestellen mit der Straßenbahn, bis sie die Wörthstraße erreichte. Hier wohnte sie, seit sie in Ludwigshafen war, bei Frau Maier. Einer Witwe. Diese vermietete das ehemalige Zimmer des Sohnes. Einen finsteren, kleinen Raum, der ebenerdig in einen ebenso dunklen wie winzigen Vorgarten führte. In den kühleren Monaten kam zur Dunkelheit noch die Kälte, da der Raum schlecht isoliert und praktisch nicht zu heizen war. Aber Christine machte das alles nichts aus. Ihre schlechte Wohnsituation empfand sie nicht im Mindesten als solche. Im Gegenteil. Alles passte wunderbar. Dass sie kein eigenes Badezimmer hatte, sondern jenes der Hausherrin mitbenutzen musste, war ihr ebenso egal wie die Mitbenutzung der Küche. Aber diese benötigte sie ohnehin nie. An den Arbeitstagen frühstückte Christine in der Firma, sie begann ja bereits um 7.30 Uhr mit der Arbeit, und zu Mittag aß sie dort in der Kantine. An den freien Tagen und abends war sie eigentlich stets unterwegs. Mit ihrer Clique. Mit Herbert und den anderen.

Herbert teilte sich ein schönes, helles Zimmer mit eigenem Bad in einem Wohnheim, in dem nur Männer wohnten. Christine kannte bald die meisten von ihnen. In der kleinen Küche, die den Männern zur Verfügung stand, wurde ab und zu gemeinsam gekocht. Selbstverständlich durfte Christine gerne mitessen. Sie revanchierte sich, indem sie für die jungen Burschen Flickarbeiten übernahm. Einer hatte immer ein Kleidungsstück, das ausgebessert werden musste. Oder die berühmten Stoßbänder. Alle trugen sie Wollstoffhosen. Kam der Hosenstoff mit den Schuhen in Kontakt, war die Gefahr groß, dass der Hosensaum abgescheuert wurde. Um dies zu verhindern, wurde ein eineinhalb Zentimeter breites Stoßband von innen an den Hosensaum genäht. Christine war recht geschickt darin. Fleißig kürzte sie die Hosenbeine und versah sie mit je einem Stoßband, während die anderen am Kochen und Herumalbern waren. Aber öfter als ins Wohnheim gingen sie zum Essen in eine Gastwirtschaft oder sie waren eingeladen. Stets waren sie in der Gruppe unterwegs. Alles Südtiroler, genauso wie sie und Herbert.

Abends, wenn Christine gegen 16.30 Uhr von der Arbeit wieder in ihrem bescheidenen Zimmer war, musste sie sich sputen, denn praktisch an jedem Abend und an den freien Tagen gab es ein gemeinsames Vorhaben. War ein neuer Film herausgekommen, gingen sie alle zusammen ins Kino. „Winnetou“ hatten sie sich natürlich gleich angesehen, als der Film gezeigt wurde. Oder auch „James Bond – 007 jagt Dr. No“. Da waren die Burschen ganz wild darauf. Christine war es lieber, wenn auch Herz und Schmerz mitmischten, wie bei „Frühstück bei Tiffany“. Das war vielleicht ein Film! So romantisch. In der bittersüßen Liebesgeschichte hätte sich Christine glatt verlieren können. Aber vor allem die Kleider und erst der bezaubernde orangerote Mantel, den die schillernde Hauptdarstellerin trug, hatten es ihr angetan. Sofort wollte sie ihrer Mutter davon schreiben. Unbedingt musste die sich die eleganten Kleider, die Audrey Hepburn im Film trug, ansehen. Vielleicht konnte die Schneiderin in Bozen das eine oder andere Schnittmuster davon auftreiben. *Mama legt doch immer so großen Wert darauf, gut angezogen zu sein,* ging es Christine durch den Kopf. Nie verließ die Mutter die Wohnung, ohne nicht vorher eine gefühlte Ewigkeit, wie Christine fand, im Bad zugebracht zu haben. Was die Mutter so lange hinter der verschlossenen Badezimmertür machte, blieb Christine ein Rätsel, aber es interessierte sie auch nicht sonderlich. Sie selbst war da wesentlich entspannter, was ihr Aussehen betraf. Sie kam mehr nach der Großmutter mütterlicherseits. Oma Anna hat gerne gekocht, gegessen und ab und zu ein Gläschen getrunken. Auf das Aussehen hat sie nicht so großen Wert gelegt. Aber die Mama – immer wie aus dem Ei gepellt. Alles musste perfekt sein. Jedes Haar, jede Strähne musste sitzen. Genauso die Kleidung. Dabei bewies sie durchaus ein gutes Gespür für Eleganz. Kleider machen Leute, darauf hat die Mutter viel gegeben. Sie wollte einfach gepflegt sein und mit guter Kleidung Eindruck machen.

Die Anziehsachen der ganzen Familie ließen sie bei der Schneiderin nähen. Beim „Eccel" unter den Lauben, in Bozens bestem Stoffgeschäft, haben sie die Stoffe gekauft. Eine Freundin der Mutter, die dort arbeitete, verstand es gut, die Mutter immer wieder für neue Stoffe zu interessieren. Da waren sie noch gar nicht richtig bei der Tür herein, als sie ihnen schon „Anni, da schau, was ich für einen schönen Stoff für dich habe!" entgegenrief. Beim Stoffkauf hat Christine die Mutter immer gerne begleitet. Die vielen Stoffballen, die dicht nebeneinander auf den endlosen Ladentischen aufgereiht waren und sich dahinter in den vielen Regalen im Übermaß stapelten, waren nicht nur die reinste Augenweide. Wenn Christine verstohlen die Hand streckte, konnte sie die verschiedenen Stoffe regelrecht erspüren. Sie fühlte die Kühle eines Baumwollstoffes, die herrliche Geschmeidigkeit von Seide oder die unglaubliche Weichheit, die den Samtstoffen eigen ist. Da konnte man sich gleich im Kopf ausmalen, welcher Stoff am besten für dieses oder jenes Kleid geeignet war. Bei der Schneiderin schauten sie sich vorab die neuesten Kostüm- oder Kleidermodelle in den Nähzeitschriften, die haufenweise dort herumlagen, an. War das Traummodell gefunden, erklärte die Schneiderin anhand des Schnittmusters, wie viel Meter Stoff sie dafür benötigte. Dass die Mama großen Wert darauf legte, ordentlich gekleidet zu sein, kam auch dem Vater zugute und natürlich auch ihr, Christine selbst. Viele schöne Anziehsachen durfte sie sich nähen lassen. Wie das hübsche Kleid in oranger Farbe mit dem dazu passenden Jäckchen aus demselben Stoff. Oder auch die vielen Dirndlkleider, die sie alle getragen haben.

Egal, ob beim Sonntagsausflug oder bei einer Wanderung, als Mädchen ging man im Dirndlkleid. Diese Dirndln waren, im Unterschied zu jenen für die Frauen, mit kurzen Ärmeln aus Stoff genäht, ohne weiße Bluse. Dazu trug man den klassischen *Sarner Jangger*. Die graue Schafschurwolle war kratzig, und Christine trug ihn daher nicht wirklich gerne, aber zum Dirndl gehörte der *Sarner* einfach dazu. Für die Mädchen mit rotem Bündchen, für die Burschen mit grünem.

Die Mutter hat alle *Sarner* in mühsamer Handarbeit selbst gestrickt. Gar einiges Geschick ist dafür nötig. Zum einen wird die Schurwolle sehr dicht gestrickt, sodass eine ganz eigene kompakte Struktur entsteht, zum anderen verlangen die beiden Vordertäschchen, die innen gestrickt werden, und vor allem die typische Falte auf dem Rückenteil des *Sarners* akribisches Abzählen, damit die Faltbrüche auch perfekt aneinanderstoßen. Die Mama war darin eine Meisterin. Christine dagegen war nie geduldig genug gewesen, um sich beim Stricken mit der Mama messen zu können. Deren Stricksachen sahen alle aus wie gekauft. Manchmal hat die Mutter auch genäht, auf ihrer Nähmaschine mit der Handkurbel, wie Christines Erstkommunionkleid oder das eine oder andere Dirndlkleid.

Die Autohupe, laut und durchdringend, holte Christine aus ihren Gedanken zurück. Ein bisschen ärgerte sie sich jetzt darüber. Sie hatte Herbert doch gebeten, nicht mehr zu hupen, wenn er sie mit dem Auto abholen kam. *Oder hat er wieder mal einen anderen geschickt und vergessen, das Hupverbot zu erwähnen?*, versuchte sie sich eine Erklärung zurechtzuzimmern. Schon so viele Male war es vorgekommen, dass Herbert einen seiner Mitbewohner oder einen Freund mit einem saloppen „Ach, holts schnell die Christl ab!" beauftragt hatte, sie herbeizuchauffieren. Mal kam der, mal der, mal der. Manchmal saß Herbert aber auch selbst am Steuer und machte mit einem kurzen Hupton Christine darauf aufmerksam, dass er im Wagen vor dem Haus auf sie wartete. Dass sie regelmäßig, praktisch an jedem Abend, zum Ausgehen abgeholt wurde, blieb – wohl auch aufgrund der Hupgeräusche – der Hausherrin nicht verborgen. Eine Zeitlang hatte diese dem ihr unliebsamen Treiben zugesehen, hatte die jungen Männer, die da Abend für Abend mit dem Auto vorfuhren, kritisch gemustert. Als sie sich darin bestätigt fühlte, dass es sich tatsächlich um häufig wechselnde Kavaliere ihrer Untermieterin handelte, da wollte sie sich nicht länger zurückhalten.

„Also, so geht das wohl nicht, Fräulein Paugger!“, richtete Frau Maier ihre Stimme im schrillen Ton an Christine, als diese gerade aus ihrem Zimmer kam, um gleich darauf durch die Haustür nach draußen zu eilen.

„Bitte? Ich verstehe nicht?“, brachte Christine verdattert hervor, weil sie wirklich nicht verstand, worauf ihre Hausherrin hinauswollte.

„Dass Sie jeden Abend von anderen Männern abgeholt werden, das missbillige ich aufs Schärfste!“, sprudelte es samt einigen Speicheltröpfchen aus Frau Maier heraus, wobei sie sich ums Haar nicht verhaspelte, aufgebracht, wie sie war.

„D... das wird nicht wieder vorkommen“, antwortete Christine eilig und drängte sich an ihrer Hausherrin vorbei ins Freie, ehe sich diese der Schamesröte, die Christine ins Gesicht gestiegen war, gewahr werden konnte. Draußen schnaufte Christine erstmal tief durch. Doch ihren Herzschlag zu beruhigen, misslang aufgrund der Gedanken, die in ihrem Kopf pulsierten. *Das darf doch nicht wahr sein! Jetzt denkt die tatsächlich, ich gehe jeden Tag mit einem anderen aus!* Ihr wurde fast schlecht. Das hatte ihr gerade noch gefehlt, dass die Hausherrin ihr andichtete, ein leichtes Mädchen zu sein! Dabei war alles dermaßen harmlos. Sicher, sie wurde täglich von einem jungen Mann abgeholt. Und ja, das waren verschiedene Männer. Aber sie wurde von ihnen nur abgeholt und dann gleich zu den anderen gebracht. Stets waren sie alle in der Gruppe unterwegs. Selbst mit Herbert hatte es noch keinen einzigen Abend gegeben, an dem sie mit ihm alleine geblieben war. *Noch keinen einzigen!* In Christines Kopf begannen die Gedanken erneut zu pulsieren. *Worauf wartet er eigentlich?* Die Einladung für einen Abend zu zweit, nur er und sie, wäre schon längst überfällig gewesen, fand Christine. Aber Herbert schwieg beharrlich. Überspielte jedes Gefühl einer innigeren Zuneigung mit Galanterie und Lässigkeit. Dabei wartete Christine, die in Herbert längst „ihren Freund“ sah, auf dieses einschlägige Angebot. Wenn man so wollte inzwischen auch mit Sehnsucht. Schließlich war sie wegen Herbert hier. Er war es gewesen, der sie mit den Worten „Christl, du musst auch herkommen! Hier ist es so interessant, es gibt Arbeit und man lernt jede Menge Leute kennen!“ ermutigt hatte, nach Ludwigshafen zu ziehen.

Als sie Herbert in Bozen bei Frau Mahlknecht zum ersten Mal gesehen hatte, hatte Christine gleich dieses Kribbeln in der Bauchgegend verspürt, als würden Schmetterlinge flattern. Ihre Gefühle konnte sie noch nicht im Mindesten einordnen, nur, dass sie sich zu ihm hingezogen fühlte, das konnte sie spüren. Es war seine ganze Art, die ihr gefiel. Charmant, unterhaltsam und immer ein Kompliment parat. Mit dem Musizieren hatte Herbert dagegen nichts am Hut. Er war nur mitgekommen, weil er seinen Freund Peter, einen leidenschaftlichen Gitarrenspieler, begleitet hatte. Und er wollte wohl auch zuhören, wie sie gemeinsam mit Frau Mahlknechts Sohn, Herrn Heinz, wie er von allen genannt wurde, musizierten. Seit Herr Heinz, der in Südafrika lebte, für mehrere Monate nach Bozen zurückgekommen war, wurde im Hause Mahlknecht Musik gemacht. Um ihn, einen Virtuosen auf der Jazzgitarre, und seinen Bozner Freund, der hervorragend Hawaiigitarre spielte, gruppierte sich eine Reihe Gitarrebegeisterter. Auch Christine wurde in ihren Bann gezogen und begann, selbst Gitarrenunterricht bei Herrn Heinz zu nehmen. Wenngleich Christine bei den gemeinsamen

Musiktreffen zwar immer nur Begleitung spielte, so hatte sie dank fleißigen Übens das Gitarrenspiel doch recht passabel erlernt und dabei entdeckt, welch große Freude ihr dieses Instrument bereitete. Als Herr Heinz wieder zurück nach Südafrika gefahren war, hörten zwar die Musikzusammenkünfte bei Frau Mahlknecht auf, aber die Gitarre hatte Christine fortan bei privaten Gelegenheiten dabei. Wenn der Moment gekommen war, wurde zuverlässig gemeinsam gesungen „Hoch auf dem gelben Wagen sitz ich beim Schwager vorn'. Vorwärts die Rosse traben, lustig schmettert das Horn", und Christine begleitete die Lieder auf der Gitarre. Aber nicht nur Volkslieder, sondern auch Schlager wie „Marina" gehörten zum Repertoire, „Bei Tag und Nacht denk ich an dich Marina. Du kleine zauberhafte Ballerina (...)", gerne auch in der italienischen Version „Marina, Marina, Marina, ti voglio al più presto sposar. O mia bella mora, no, non mi lasciare, (...)."

Alle Lieder kannten sie auswendig. Dafür reichte es, häufig solche Sender im Radio zu hören, die die Schlager und Hits auf und ab spielten. Dass das Radio praktisch in der Endlosschleife zuhause lief und Christine die Lieder mitträllerte, störte die Eltern nicht im Geringsten. Vielmehr sahen sie mit Genugtuung, wie ihre Tochter sich für die Musik und das Gitarrenspiel begeisterte. Insgeheim hatten sie auf diesen Effekt gehofft, als Christine mit dem Wunsch herausrückte, ob sie bitte eine Gitarre haben könne. Die Anschaffung war nicht billig gewesen. Bei „Musik Plaschke" in der Bozner Bindergasse hatten sie eine schöne Stange Geld dafür hinblättern müssen. Aber das war es ihnen wert, wenn Christine dadurch nur wieder zur Besinnung kam und von ihrer allzu intensiv betriebenen Frömmigkeit, wie sie fanden, abließ.

Denn, als der diesbezügliche Eifer ihrer Tochter in der Offenbarung gipfelte, sie wolle ins Kloster gehen, war ein Punkt erreicht, der schließlich das Fass zum Überlaufen und den Vater zur Weißglut gebracht hatte.

Angefangen hatte alles im Grunde damit, dass sie endlich von dieser kleinen, dunklen Wohnung in der Bozner Gerbergasse ausziehen und in die geräumige, helle Wohnung im Pfarrheim wechseln konnten, gleich gegenüber der Bozner Pfarrkirche. Diese Nähe brachte es mit sich, dass Christine viel Zeit in den katholischen Einrichtungen zubrachte. In der Kirche selbst – an Ostern und Weihnachten kam sie aus der Kirche praktisch gar nicht mehr heraus –, aber auch in der Katholischen Jungschar und später, als sie 13 Jahre alt war, in der Katholischen Jugend. Beide Organisationen waren in Räumen des Pfarrheims untergebracht. Christine brauchte somit nicht mal das Haus zu verlassen, um an einem Gruppentreffen teilzunehmen. Und sie war fleißig dabei. Christine fand es schön, wieder irgendwo dazuzugehören. Ihr gefiel es, gemeinsam bei der Messgestaltung mitzuwirken und sich an den Sonntagen für Wanderungen zu treffen. Im Dirndl und mit Rucksack starteten sie nach der gemeinsamen Messe zu Fuß hinauf nach Kohlern, Glaning, Mölten oder auf eines der Schlösser rund um Bozen, Burg Maultasch, Burg Greifenstein, Schloss Rafenstein, Schloss Runkelstein. Die Gruppe tat Christine gut. Im Kreise der Kirche fühlte sie sich wohl und geborgen. Ihren Eltern jedoch, die vielleicht sonntags der Messe beiwohnten, aber ansonsten keine übermäßig fleißigen Kirchgänger waren, war Christines zunehmender Glaubenseifer bald suspekt. Vaters abschätziges „Was machst du nur ständig in der Kirche?“ hallte wiederholt hinter ihr her, während sie von einer Messe in die nächste eilte. Dass Christine plötzlich so angetan war vom katholischen Glauben, war ein gutes Stück weit auch das Verdienst ihres Religionslehrers in der Mittelschule. Dieser engagierte Pfarrer verstand es, Lehre wie Gemeinschaftsgefühl zu vermitteln. Der Eintritt in die Mittelschule fiel in etwa zeitgleich mit dem Wohnungsumzug ins Pfarrheim zusammen. Dass Christine in den Kreisen der katholischen Kirche Anschluss gefunden hatte, wurde von den Eltern anfangs noch begrüßt. War ihnen doch durchaus bewusst, dass die Rückkehr nach Bozen zwar für sie, beide gebürtige Südtiroler, herbeigesehnt war, für ihr einziges Kind aber mitnichten einfach gewesen war.

Ihre ersten sieben Lebensjahre hatte Christine in Amras bei Innsbruck, wo sie auch geboren worden war, gelebt. Direkt im Schloss Ambras hatten sie gewohnt. Sie, Christine, mit der Mutter Anna und dem Vater Johann. Als Anna 1945 als 23-Jährige gemeinsam mit ihrem um zwölf Jahre jüngeren Bruder Josef, eigentlich Peppi, ausgezehrt und völlig erschöpft bei ihrer Tante in Amras angekommen war, hatte diese die Nichte und den Neffen noch in deren Wohnung im Schlosskeller aufgenommen. Als es dann auch Johann einige Monate nach Kriegsende gelungen war, sich irgendwie nach Innsbruck zu seiner Ehefrau durchzuschlagen, erhielten sie, die Eheleute, eine eigene kleine Wohnung im Schlosskeller. Mehr als eineinhalb Jahre waren vergangen, seit sie am 24. April 1944 in Leitmeritz nördlich von Prag, damals noch *Sudetenland*, geheiratet hatten. Es war ein strahlend schöner Tag gewesen und Anna eine wunderschöne Braut, die in der Kutsche zur Kirche gebracht wurde, wo Hans auf seine Anni gewartet hatte, um sie vor den Altar zu führen.

Für die Hochzeit hatte Hans Fronturlaub bekommen und durfte sich einige Tage von seinem Einsatz an der Ostfront erholen. Inzwischen diente er beim deutschen Heer. Zehn Jahre Militärdienst bei den Italienern hatten ihm gereicht. Als er am 9. Juli 1911 im Bozner Stadtteil Gries geboren wurde, gehörte Südtirol noch zu Österreich. Nach dem Ersten Weltkrieg änderte sich dies mit der *Annexion Südtirols* durch Italien. Hans bekam als Bub alle Facetten des Faschismus zu spüren, erlebte die Zwangsitalianisierung seiner Heimat, das Verbot seiner Kultur und Sprache. Mit 18 Jahren wurde er zum italienischen Militär eingezogen. Nachdem 1935 vom faschistischen Machthaber Benito Mussolini der *Abessinienkrieg* angezettelt worden war, wurde auch Hans nach Ostafrika in den Krieg geschickt. Als sich mit der *Option* die Möglichkeit bot, sich gegen Italien auszusprechen, wurde er zum deutschen Staatsbürger und wechselte fast übergangslos vom italienischen zum deutschen Heer, während er weiterhin im *Afrikafeldzug* stationiert blieb. Mit dem Überfall auf die Sowjetunion im Juni 1941 führten die Deutschen auch einen Krieg gegen Russland. Und als im Juli 1942 die große Sommeroffensive und der Vormarsch auf Stalingrad begannen, versetzte man viele Soldaten, die vormals in Nordafrika gekämpft hatten, an die Ostfront. Auch Hans wurde abgezogen und kämpfte von da an bis zum Kriegsende in den Reihen der deutschen Wehrmacht gegen die Rote Armee. Unterbrochen nur von gelegentlichen Fronturlauben.

Anna hatte, nachdem der Vater bei der *Option* für die ganze Familie für Deutschland gestimmt hatte, mit ihrem Bruder Peppi und den Eltern, ihren Heimatort Eppan verlassen, und war gemeinsam mit ihnen nach Leitmeritz ausgewandert. Nordböhmen, wo Leitmeritz liegt, gehörte einmal zum Habsburger Reich und fiel an die Tschechoslowakei, als Österreich-Ungarn 1918 zerbrach. Als der NS-Staat das *Sudetenland* 1938 annektierte, wurde auch Leitmeritz zu einem deutschen Städtchen, das, so wie die meisten der knapp drei Millionen Sudetendeutschen, den Einmarsch der Wehrmachtstruppen überwiegend begrüßte. Als Anna und die Eltern samt Bruder in Leitmeritz eintrafen, war sie 18 Jahre, Peppi sechs Jahre alt. Es gab noch weitere Geschwister. Die Zwillinge, die schon lange vor der *Option* verstorben waren, und Annas großen Bruder Hansi, an dem sie sehr hing. Dass er an die Front eingezogen worden war, stimmte sie traurig. An der Nachricht, er werde im Krieg vermisst, hat sie viele Jahre lang gelitten. Die Vermisstenmeldung erreichte sie in Leitmeritz. Anna und ihre Eltern hatten sich da gerade eingelebt. Dennoch brachte ihnen allen das Leben hier ein Stück weit Normalität inmitten der Kriegswirren. Als sie bei strahlend schönem Sonnenschein im April 1944 ihre Hochzeit feierte, fühlte sich Anna im siebten Himmel.

Dass ihr Glück nur von kurzer Dauer war, konnte oder wollte sie nicht wissen. Auch wenn aufgrund der zensierten Berichterstattung kaum unliebsame Nachrichten über die regulären NS-Sender verbreitet wurden, so sickerten immer häufiger Meldungen über den wahren Kriegsverlauf durch. Das, was sie zu hören bekamen, beunruhigte aufs Äußerste. War das Überschreiten der deutschen Westgrenze durch die Alliierten im Oktober 1944 besorgniserregend, so verbreitete die Nachricht über das unaufhaltsame Vordringen der Roten Armee Richtung Berlin Furcht und Schrecken. Gerüchte von Plünderungen, Erschießungen und Vergewaltigungen der sowjetischen Soldaten auf ihrem Vormarsch verbreiteten sich in Windeseile. Meldungen wie „Die Russen kommen!" lösten Panik aus und führten zu einer enormen Fluchtbewegung in den Wintermonaten 1944/45. Bei Schnee und Kälte, zumeist zu Fuß mit Handwagen, machten sich die Menschen auf, um sich vor den Rotarmisten in Sicherheit zu bringen. Wer von der schnell vorrückenden Roten Armee eingeholt wurde, dem drohten Misshandlung, Vergewaltigung und Ermordung.

Um ihre Chance aufs Durchkommen zu erhöhen, trennten sie sich. Die Eltern versuchten auf eigene Faust nach Südtirol zu gelangen, während sich Anna gemeinsam mit dem elfjährigen Peppi zur Tante nach Innsbruck durchschlagen sollte. 500 Kilometer zu Fuß von Leitmeritz nach Innsbruck. Es war bitterkalt, sie waren müde und hatten Hunger. Nicht überall gab man ihnen gerne etwas zu essen. Oft wurden sie gar angefeindet und von Haus und Hof vertrieben, wenn sie frierend und ausgezehrt um einen Schlafplatz bettelten. Anna, eine junge Frau von 23 Jahren, schutzlos und in Not, war zudem den lüsternen Blicken der Männer ausgesetzt. Ganz egal, wie ausgemergelt und entkräftet sie daherkam, egal, wie schmutzig sie selbst und wie verdreckt ihre Kleidung auch war, vor dem begierigen Ansinnen musste sie sich so lange schützen, bis sie endlich, nach mehreren Wochen, mit dem Bruder an der Hand, in Amras an die Tür der Tante klopfen konnte. Überglücklich, es geschafft zu haben, in Sicherheit zu sein. Die überaus traumatischen Erlebnisse ihrer Flucht aber wollte sie ganz tief in ihrem Bewusstsein vergraben und nie auch nur ein einziges Wort darüber erzählen. Niemals.

Nun, nach Kriegsende und eineinhalb Jahre nach ihrer Heirat war Anna und Hans erstmals so etwas wie ein Eheleben vergönnt. Mit der Geburt von Tochter Christine im Jahr darauf hielt auch der Familienalltag Einzug. Von den Irrungen und Wirrungen, denen ihre Eltern zur Zeit des Krieges und noch lange danach ausgesetzt waren, bekam ihre Tochter nicht das Geringste mit. Das Leben in Amras empfand Christine – soweit sie sich zurückerinnern kann – stets nur wunderbar! Die ebenerdige Wohnung, die sie mit ihren Eltern bewohnte, war klein, aber gemütlich. Es gab den großen Raum mit der Glastür direkt ins Freie, der als Küche und als Stube diente. Hier stand auch das Sofa, auf dem Christine schlief. Ein eigenes Zimmer hatte sie nicht. Es gab auch kein Badezimmer, und die Toilette auf dem Flur wurde von anderen mitbenutzt. Aber die bescheidenen Lebensumstände hatte Christine in diesem Alter überhaupt nicht als solche wahrgenommen. Da mochte die Mutter später noch so oft „Ach, Gott, was warst du arm!" jammern, sie, Christine, fühlte sich wohl und glücklich. Kann schon sein, dass sie sich nicht alles leisten konnten, vielleicht musste die Mutter auch mit den Lebensmitteln gut haushalten, aber Christine war immer satt geworden.

Die meiste Zeit über war sie mit der Mutter alleine. Der Vater hatte Arbeit beim Tunnelbau gefunden und war häufig unter der Woche außer Haus. Aber wenn er kam, dann brachte er immer viel Zeit für Christine mit. Dann zogen sie mit dem Leiterwagen, den sie Furkl nannten, gemeinsam los in den Wald, um Holz und Reisig zu sammeln. Für das Feuer im Herd und zum Heizen im Ofen, damit sie es schön warm hatten. Das Allerschönste aber war, dass im Schlosskeller mehrere Familien wohnten, und alle hatten sie Kinder.

Jede Menge Spielkameraden, mit denen man in dem weitläufigen Schlosspark wunderbar herumtollen und sich austoben konnte. Im Winter, wenn Schnee lag, konnten sie mit ihren Schlitten direkt vor ihren Haustüren aufsitzen und losrodeln. Geradezu paradiesische Zustände für ein Kind! Ständig war sie mit ihren Freunden draußen. Mit den Zwillingen, mit Hansi und vor allem mit Rosmarie. Ihrer besten Freundin. Rosmarie, die drei Jahre älter war, hat auf Christine aufgepasst, hat sie überall hin mitgenommen, ihr alles gezeigt. In Rosmarie sah Christine auch die Schwester, die sie nicht hatte, die sie aber so sehr haben wollte. Alle Kinder im Schlosskeller hatten Geschwister. Nur sie war ein Einzelkind. Aber, wann immer Christine damit anfing, dass sie sich ein Geschwisterchen wünsche, wurde sie von ihrer Mutter mit einem abschlägigen „Ach, Geschwister streiten doch immer!" ausgebremst. Später, als sie etwas älter war, da traute sie sich darauf, „Lieber streiten, als immer so alleine sein!" zu erwidern, aber dank der vielen Nachbarskinder verlor der Wunsch nach Geschwistern meist schnell wieder an Heftigkeit. Sie spielten Fangen und Verstecken, kletterten auf Bäume und genossen die Freiheit des Augenblicks.

Als Christine im Herbst 1952 eingeschult wurde, lief die ganze Kinderschar gemeinsam den Weg hinunter nach Amras, und alle hatten dabei einen Mordsspaß. Anfangs ging die Mutter mit durch den Schlosspark runter zur Schule, aber Christine zog es bald vor, den viertelstündigen Weg gemeinsam mit den andern zu bewältigen. Da konnte sie sein, wie sie war, frei und glücklich. Ohne Mama war alles viel entspannter und ungezwungener, weil dann Mutters häufiger Trübsinn nicht alle und alles mit Unbehagen erfüllte.

Die Mutter war in Amras zutiefst unglücklich, und daraus machte sie keinen Hehl. Sie litt unter den ganzen Umständen. Daran, dass die Mittel knapp waren. Daran, dass sie viel alleine war, obwohl sie genügend nette Nachbarn hatten. Daran, dass sie ständig furchtbare Angst hatte, sie könnten überfallen werden. Die primitive Glastür ins Freie, die ihr nicht im Geringsten Sicherheit bot, regte vielmehr ihre Fantasie an, und sie konnte sich die scheußlichsten Szenen ausmalen. Die schlimmen Erlebnisse auf ihrer Flucht im letzten Kriegswinter mögen dafür den Ausschlag gegeben haben, Tatsache blieb, dass sie sich schrecklich fürchtete. Auch behagte ihr nicht, dass sie in der Abgeschiedenheit des Schlosses wohnten. Rundherum nur Park und Wald. Was Christine gerade herrlich fand, war der Mutter, ein ausgesprochener Stadtmensch, der reinste Graus. Innsbruck war von Amras aus mit der Straßenbahn zu erreichen, und manchmal fuhren sie auch mit dem Rad in die Stadt. Aber das war für die Mutter alles nicht dasselbe. Sie wollte wieder weg aus Nordtirol, wo sie nie heimisch geworden war. Seit sie wusste, dass ihre Mutter und ihr Vater nach der Flucht aus Leitmeritz in Bozen Arbeit und Wohnung gefunden hatten, da plagte sie auch noch das Heimweh. Sie wollte zu ihren Eltern, sie wollte wieder zurück nach Südtirol.

„Hoppe, hoppe Reiter, wenn er fällt, dann schreit er“, trällerte der Vater, der sich Christl auf den Schoß gesetzt hatte, und während er sie an den Händen festhielt, imitierte er die Bewegung des Pferdes durch das Auf- und Abwippen der Knie im Takt.

„Schneller, *Tati!*“, quietschte Christine vor Ausgelassenheit, die die Vorfreude auf das Runterplumpsen am Ende der Strophe, wenn der Vater „macht der Reiter plumps“ singen wird, nicht verbergen konnte.

„Hans, ich bin todunglücklich, das weißt du! Ich will endlich weg von hier!", zerstörte die Mutter einmal mehr mit einer gramerfüllten Äußerung die ungezwungene Stimmung.

„Da, schau, wie's der Christl gut gefällt!", versuchte der Vater ihre Aufmerksamkeit auf die quicklebendige Tochter zu lenken, die – auf das Kniereitspiel konzentriert – vom ganzen Trübsinn der Mutter nichts mitbekommen hatte.

„Aber ich, ich halt's hier nicht mehr aus! So viel allein in dieser Einöde, wo uns durch diese schreckliche Glastür jeder von außen beobachten kann." Verächtlich zerrte sie am dünnen Vorhang, den sie abends notdürftig vor die Scheiben zogen, und sah dabei ihren Mann herausfordernd an.

„Ich weiß, du willst nach Bozen", versuchte Hans es nun mit Verständnis, „dir fehlt deine Mutter, das verstehe ich. Aber so eine Rückkehr will vorbereitet sein. Und jetzt mitten im Schuljahr? Da kannst du dem Kind den Wechsel doch nicht antun?" Resigniert hob er Christl von seinen Knien. Diese Gespräche, die sie schon so oft geführt hatten, waren zermürbend. Dass seine Frau hier unglücklich war, bedrückte auch ihn, aber so einfach, wie Anna sich das vorstellte, war die Übersiedelung auch nicht, weshalb er zu bedenken gab: „Wo sollen wir wohnen? Wovon wollen wir leben?"

„Meine Mutter hat schon bei ihrer Arbeit in der ‚Madonna Apotheke' nachgefragt, sie würden mich als Hilfe im Lager nehmen", spielte Anna nun ihren Trumpf aus und setzte mit der ebenfalls von der Mutter erhaltenen Zusicherung einer Bleibe gleich noch einen drauf, „wohnen können wir in der Gerbergasse. Da ist im dritten Stock eine Wohnung frei geworden."

Im Frühjahr 1954, inmitten des Schuljahrs, wenige Wochen vor Christines Erstkommunion waren sie bepackt mit ihren wenigen Habseligkeiten nach Bozen aufgebrochen. Schweren Herzens hatte Christine sich von ihren Freunden im Schlosskeller verabschiedet und war tränenüberströmt in Rosmaries Armen gelegen. Erst als diese wiederholt versprach, Christl dürfe in den Ferien immer zu ihr kommen, und erst als die Eltern verbindlich zusagten, dass diese Einladung auch schon für die kommenden Sommerferien gelte, ließ Christine ihre Lieblingsfreundin los. Wischte sich tapfer die Tränen mit den Handrücken von den Wangen und trottete hinter ihren Eltern her, während sie noch einmal ihren Blick durch den großzügigen Schlossgarten gleiten ließ, der ein einziger wunderbarer Spielplatz für sie gewesen war.

Der Einzug in die Wohnung im dritten Stock in der Bozner Gerbergasse war für die naturverwöhnte Christine ein grausames Erwachen. Klein und dunkel waren die Räume. Es gab nur wenige Fenster, und die Küche, stellte Christine mit Entsetzen fest, hatte gar keines. Überall sah sie nur Mauern, keinen Garten, keinen Wald. Christine fand es einfach nur schrecklich, hier wohnen zu müssen. Sie brauchte Luft und Weite. An diesem Ort bekam sie fast Platzangst. Und sie war viel alleine. Die Mutter arbeitete in der Apotheke, und der Vater, der gelernter Maurer war, hatte sich in Bozen selbstständig gemacht. Er war viel außer Haus, übernahm Maurerarbeiten und sonstige handwerkliche Aufträge, tätigte Reparaturen oder er ging den Bauern zur Hand. Wenn sie so alleine in der engen Wohnung war, vertrieb sie sich die Zeit mit Putzarbeiten, oder sie streifte lautlos durch die wenigen Räume, mied die scheußliche fensterlose Küche, warf aber einen Blick aus dem Fenster im Elternschlafzimmer hinunter auf die Weintraubengasse und sah den Leuten zu, die im Gasthof „Garbislander“,

der sich ebenerdig in ihrem Haus befand, ein- und ausgingen. Der zweite Raum, der ein Fenster hatte, das ebenfalls auf die Weintraubengasse rausging, war die Stube. Das war auch der Ort, wo Christine auf dem Sofa schlief. Ein eigenes Zimmer hatte sie immer noch nicht. Dafür hatte diese Wohnung ein kleines Badezimmer mit fließendem Wasser, Sitzbadewanne und Boiler für das warme Wasser. Aber wäre ihre Großmutter nicht gewesen, Christine wäre regelrecht trübsinnig geworden in dieser für sie fremden Stadt.

Die Oma war eine lustige, lebensfrohe Frau. Mit viel Humor, den auch Max Liebl, ihr Arbeitgeber in der „Madonna Apotheke" unter den Bozner Lauben, schätzte. Immer war sie zu einem Späßchen aufgelegt. Wie hatte Christine es genossen, von ihr in den kleinen Bestellaufzug gesetzt zu werden, der sie hinunter in den Verkaufsraum der Apotheke brachte. Alle waren in schallendes Gelächter ausgebrochen, als sie nichts ahnend die Holzklappen des Aufzugs geöffnet hatten und anstelle der bestellten Medikamente eine bis über beide Ohren spitzbübisch grinsende Christl vorgefunden hatten. Wie lustig war das gewesen! Christine war so gerne bei der Oma in der Apotheke. Bei ihr im Labor in den oberen Stockwerken gab es immer so viel zu entdecken. Stundenlang konnte sie der Oma zusehen, wie diese den berühmten „Maikurtee" zusammenstellte und diese Teemischung in die eigenen Tüten abfüllte. Die Oma hat auch Salben und Cremen angerührt, Pulver abgewogen, Flüssigkeiten abgemessen und die Medikamentenpackungen aus den verschiedenen Schubladen und Regalen zusammengesucht, die als Bestellung auf einen Zettel geschrieben und mit dem Aufzug heraufgeschickt oder einfach nur durch den Aufzug „Anna, bitte zwei Packungen ‚Togal'!" heraufgerufen worden waren. Mit der Oma war noch ein Arbeiter im Labor. Die Mama dagegen arbeitete hinter dem Verkaufsraum der Apotheke als Hilfskraft. Sie hat Messbecher und Tiegel ausgewaschen und sterilisiert, Kartone ausgepackt und entsorgt, für Ordnung gesorgt und Putzarbeiten erledigt. Bei der Mama „unten, hinten drin" war Christine nicht so gerne. Die Gefahr, dass sie einem die Laune verdarb, war stets gegeben. Sicher, die Mutter lachte auch mal, aber ihre Stimmung konnte leicht kippen. Dann war sie wieder mit allem unzufrieden. Damit, dass ihr Mann „nur" ein Maurer war, dass sie nie eine Ausbildung bekommen hatte und nun „nur" Hilfsarbeiten machen konnte, und sie nörgelte an allem herum. So lange, bis Christine wieder ein schlechtes Gewissen hatte, wenn sie fröhlich war und es der Mama so schlecht ging. Auch mochte sie es gar nicht, wenn die Mutter über ihre Zeit in Amras lamentierte, alles sei so unmöglich primitiv und sie so arm gewesen, damit redete sie Christine ihre schönen Erinnerungen an die Zeit in Amras schlecht. Aber es war besser, dies der Mama nicht so deutlich zu sagen. Das erzählte sie lieber der Oma, die nahm sie dann in den Arm, wiegte sie und holte sie ab und zu zum Übernachten zu sich in die Wohnung. Das mochte Christine. Sie war gerne bei Oma und Opa.

In der Beda-Weber-Straße, in einem Haus, das Max Liebl gehörte, hatten die Großeltern eine Wohnung bekommen. Im dritten Stock oben direkt unterm Dach. Nachdem sie aus Leitmeritz wieder zurück nach Südtirol gekommen waren, waren sie dort eingezogen, und hatten auch Peppi von Amras zu sich nach Bozen geholt. Der hatte es auch nicht leicht. In der Zwischenkriegszeit geboren, während der Kriegswirren aufgewachsen. Die Schulbildung in deutscher Sprache war in Leitmeritz zwar gut gewesen, wurde aber durch den verlorenen Krieg und die Flucht jäh abgebrochen. Mit zwölf Jahren, als er nach Bozen zu seinen Eltern gekommen war, war es nicht so einfach gewesen, wenigstens die Pflichtschule zu beenden. Ohne Schulabschluss war auch eine Lehre schlecht möglich. Um seinen Eltern in der kleinen Wohnung nicht länger zur Last zu fallen, ging er mit 14 Jahren als Knecht auf einen Bauernhof in der Nähe von Bozen. Ein Schicksal, das in dieser Zeit viele in Südtirol ereilte, die – wie Peppi – aufgrund eines fehlenden Schulabschlusses keine Berufsausbildung machen oder sich diese aus Kostengründen schlicht nicht leisten konnten.

Ihrer Tochter sollte es nicht so ergehen wie ihrem Bruder oder wie ihr selbst, weshalb Christine unbedingt eine gute Schulausbildung erhalten sollte. In dem Punkt waren sich Christines Mutter und der Vater einig. Nach fünf Jahren Grundschule sollte sie für die restlichen drei Jahre Schulpflicht in die Mittelschule wechseln und im Anschluss eine zweijährige kaufmännische Ausbildung in der Handelsschule erhalten. Übergangslos war Christine sodann von der Volksschule in Amras in die Bozner Cairolischule – die spätere Goetheschule – gewechselt. Es war Frühjahr 1954, und Christine saß inmitten neuer Mitschüler in der zweiten Klasse und wurde auf ihre anstehende Erstkommunion vorbereitet. Die Mutter hatte sie dafür alle schick eingekleidet. Sie selbst trug ein elegantes Kostüm, der Papa bekam einen feschen Mantel über den festlichen Anzug und Christine sah entzückend aus in ihrem von der Mutter selbst genähten weißen Erstkommunionkleid. Aber dies alles konnte Christine nicht darüber hinweg täuschen, dass sie diesen bedeutsamen

Tag mit ihr völlig fremden Kindern in einer völlig fremden Umgebung feiern musste. Fast noch schlimmer aber war für Christine, dass sie kein Wort Italienisch sprach. In Bozen hatten ihre Mitschüler natürlich bereits Italienischunterricht erhalten. Nicht so Christine. Nicht in Amras und auch nicht in Innsbruck hatte man je ein Wort auf Italienisch gehört. Diese Sprache war ihr vollkommen fremd.

Wie verdattert saß sie in ihrer Schulbank und hätte sich am liebsten in Luft aufgelöst. Nichts verstand sie, gar nichts, was die Italienischlehrerin da erzählte. Verstohlen sah sie sich um, und es hatte den Anschein, dass die anderen alle wussten, wovon die Lehrerin sprach. Es war schrecklich! Niemand machte sich die Mühe, ihr etwas zu erklären. Alles musste sie sich mühsam selbst aneignen. Ihre Eltern konnten natürlich Italienisch. Ihr Vater sogar so gut, dass er als Übersetzer fungieren konnte, damals als er in Nordafrika im Krieg war. Aber auch die Mutter. Diese war 1922 geboren und hatte ihre ganze Schulausbildung während des Faschismus und somit ausschließlich auf Italienisch absolviert. Aber um Christine zu helfen, fehlte jedem die Zeit. Der Vater kam immer müde und spät nach der Arbeit nach Hause, da wollte er seine Ruhe haben. Auch die Mama war den ganzen Tag bei der Arbeit. Über Mittag kam sie kurz heim, kochte schnell ein einfaches Mittagessen und verschwand dann für eine gefühlte Ewigkeit im Bad. Frisch frisiert, mit etwas Lidschatten über den Augen und dezentem Lippenstift verließ sie kurz vor 15 Uhr wieder die Wohnung, um nach der Mittagspause pünktlich bei der Arbeit in der „Madonna Apotheke“ zu sein. Christine blieb alleine zurück. Saß vor ihren Schulaufgaben, büffelte Italienisch und sehnte sich zurück nach Amras, nach dem

Schlossgarten, nach ihren Freunden und vor allem nach Rosmarie. Sie konnte es kaum erwarten, bis es endlich Sommer war und sie die Ferien in Amras verbringen durfte. Rosmaries Eltern haben Christine gerne aufgenommen in den Sommermonaten sowie während der Weihnachtsferien. Da rodelten sie wieder wie damals die Hänge hinunter, und im Sommer brachten sie sich oben in dem See bei Aldrans gegenseitig das Schwimmen bei. Erst als Rosmarie anfing zu arbeiten und damit nicht mehr die gesamte Ferienzeit frei hatte, hörte es allmählich auf, dass Christine in den Ferien nach Amras kam. Aber da war sie bereits in die Mittelschule gewechselt und wohnte auch nicht mehr in der Gerbergasse.

Dass sie aus der kleinen, dunklen Wohnung in der Gerbergasse ausziehen konnten, war eine glückliche Fügung nach einem ernstzunehmenden Ereignis. Der Vater erkrankte 1957 an einem Lungenabszess. Ganze drei Monate lag er im Krankenhaus, und es stand eine ganze Weile nicht wirklich gut um ihn. Aber er wurde operiert und kam zurück nach Hause. Nur, seine Arbeit wieder aufzunehmen, wurde ihm verboten. Diese schweißtreibenden Maurer- und Handlangerarbeiten, sagten die Ärzte, seien nun viel zu anstrengend. Er müsse sich nach einer weit weniger kräftezehrenden Tätigkeit umsehen. Und so nahm er die Stelle als Hausmeister im Pfarrheim, die er über Verwandte vermittelt bekam, dankbar an und wechselte samt Frau und Tochter in die für diese Tätigkeit bereitstehende Hausmeisterwohnung im ersten Stock des Pfarrheims. Diese Wohnung war hell und geräumig. Es gab ausreichend Fenster in jedem Raum, und Christine hatte erstmals auch ein eigenes Zimmer. Aus den Wasserhähnen floss heißes Wasser und die Räume wurden über eine

Zentralheizung beheizt. Es schien aufwärtszugehen, davon war schließlich auch die Mutter überzeugt, als sie das Angebot für einen beruflichen Aufstieg, das man ihr machte, annahm. Die Chefin der „Antonius Apotheke" auf dem Zwölfmalgreiner Platz hatte sie mit einer attraktiveren Stellung abgeworben. Fortan hatte die Mutter nicht mehr Hilfsarbeiten zu tätigen, sondern war für den Verkauf eingestellt worden.

Das Pfarrheim bot viele Annehmlichkeiten. Ihre „große" Wäsche zum Beispiel. Als Hausmeisterfamilie durften sie diese in die hauseigene Wäscherei bringen, die zum Schülerheim gehörte, das im letzten Stockwerk des Pfarrheims untergebracht war. Die Wäscherei mit den großen, altmodischen Waschmaschinen war das Reich von Frau Cavagna. Einer kleinen, beredten Italienerin, die auch ein paar Brocken Deutsch sprach. Christine hielt sich mitunter oben in der Wäscherei auf, wenn sie den großen Korb mit Schmutzwäsche hinaufbrachte oder die gewaschene und gebügelte Wäsche wieder abholte.

Für Christine brachte nicht nur der Umzug in die schöne Wohnung eine Veränderung zum Positiven mit sich. In ihrem neuen Zuhause gleich gegenüber der Pfarrkirche fand sie Anschluss an die Kirche und die Katholische Jungschar, und auch der Wechsel von der Grundschule in die Mittelschule bescherte ihr viele neue Freundinnen. Besonders zu Zita, einem Mädchen aus der im Gadertal gelegenen Gemeinde St. Vigil in Enneberg, pflegte sie eine sehr enge Verbindung. In den Sommerferien durfte Christine auch mal für ein paar Wochen auf Besuch ins Gadertal. Dort, bei Zita auf dem Bauernhof, hat es Christine sehr gefallen. Die Tiere, die Natur und die ganze Familie. Zita hatte noch 13 Geschwister, die aber nicht mehr alle auf dem Hof lebten, und war überaus liebenswürdig. Etwas leid tat es Christine, dass es mit der Verständigung nicht ganz so einfach war, denn bei Zita zuhause sprach man ladinisch, so wie heute noch im Gadertal. Mit ihr sprachen Zitas Geschwister zwar deutsch, aber untereinander redeten sie nur ladinisch, und Christine verstand kein Wort. Was Christine aber sehr imponierte, war der tief verwurzelte Glaube der Familie, der auch im Alltag eng gelebt und gepflegt wurde. Bald machte Christine das friedvolle Miteinander in Zitas Familie und die Harmonie untereinander an deren innerlichen Verankerung zur christlichen Lehre fest. So harmonisch ging es bei ihr zuhause nicht zu.

Ihre Eltern stritten sich viel. Was eigentlich stets an Mamas Unzufriedenheit lag. Sie war wohl beruflich aufgestiegen, aber ihre neue Tätigkeit im Verkauf in der „Antonius Apotheke“ forderte sie auch sehr. Ohne je eine entsprechende Ausbildung erhalten zu haben, sah sie sich nun in der Verantwortung, Rezepte richtig zu lesen, hatte aufzupassen, dass sie bei der Medikamentenausgabe nichts durcheinanderbrachte und keine falschen Auskünfte gab, wenn sich Kunden eine fachmännische Beratung zu allerlei körperlichem Unbehagen von ihr erwarteten. Natürlich wollte sie sich keine Blöße geben und häufig genug überspielte sie ihre Unsicherheit mit Gejammer über zu viel Arbeit. In jeder Grippewelle, die anrollte, erkannte sie epidemieartige Auswüchse, worüber sie mit „Ich rutsche von einer Epidemie in die nächste!“ ein Lamento nach dem anderen anstimmte. Ihre Überforderung führte schließlich zu einem Magengeschwür, was für weitere Gereiztheit sorgte. Hinzu kam, dass ihr auch die Arbeit ihres Mannes nicht behagte. Viel lieber wäre ihr eine gesellschaftlich angesehenere Position gewesen. Da es in ihrem Fall dafür zu spät war, lag sie Christine damit in den Ohren, unbedingt einen Arzt heiraten zu müssen, nur so könne sie einen sozialen Aufstieg erlangen, wenn schon keinen Mediziner, so doch auf jeden Fall einen Akademiker. Und so weiter und so fort. Christine, die der Mutter schon eine Titelsucht unterstellte, suchte immer öfter das Weite. Auch weil sich die Mama so stark an sie klammerte, wie Christine fand. Ständig verlangte die Mutter, dass sie an ihrer Seite war, überallhin hatte sie sie zu begleiten. Mit Aussagen, wie „Wenn du nicht mitgehst, dann gehe ich auch nicht" setzte sie Christine unter Druck. Das war eine Belastung. Christine fühlte sich eingeengt und sah zu, dass sie viel Zeit außer Haus verbrachte.

Um dem Gezanke der Eltern zu entkommen, ließ Christine die Haustür hinter sich ins Schloss fallen und machte sich auf den Weg hinüber in die Pfarrkirche. Die Ruhe, die sie dort umfing, schenkte ihr augenblicklich ein Stück weit Frieden. Ihr Bedürfnis nach Harmonie und Geborgenheit fand sie hier gestillt, in der Gemeinschaft der Kirche, in der Jungschargruppe und vor allem auch in den Gesprächen mit Zita. Wenn es zuhause wieder einmal Unfrieden gegeben hatte, ertappte sich Christine immer öfter beim Gedanken, *dann gehe ich eben ins Kloster*. Mit Zita hatte sie sich – sie besuchten beide die dritte Klasse der Mittelschule – auch schon in den Zug nach Meran gesetzt, um sich dort mit einem Pfarrer über ihre Absichten, Nonne zu werden, zu unterhalten. Dass es für Christine, auch zur Freude der Eltern, nicht so weit kam, hing mit dem Wechsel von der Mittelschule in die Handelsschule, mit ihrem neuen Freundeskreis bei Frau

Mahlknecht und mit ihrer neu entdeckten Leidenschaft für das Gitarrenspiel zusammen. Ihre gute Freundin Zita dagegen ist tatsächlich in ein Kloster eingetreten, aber das sollte Christine erst Jahre später erfahren, als sich ihre Wege schon lange getrennt hatten.

Christine war 14 Jahre alt, als sie im Herbst 1960 nach der Pflichtschule mit ihrer kaufmännischen Ausbildung in der Handelsschule begann. Wenn auch Zita weiterhin mit ihr die Schulbank drückte, so hatte Christine nun in Erika eine Freundin gefunden, die weit weltlicher eingestellt war. Es kam öfter vor, dass Christine ihre Freundin in Wolfsgruben auf dem Ritten, wo diese zuhause war, besuchte und so lernte sie weitere Rittner kennen. Wie Rudi, der nicht wie Erika täglich mit der *Rittner Bahn* nach Bozen fuhr, sondern unter der Woche bei einer gewissen Frau Mahlknecht in der Bozner Kapuzinergasse wohnte. Das sei so eine liebe ältere Dame, erzählte Rudi, und Christine möge ruhig gerne mal vorbeikommen, erst recht, wo sie doch nur einen Katzensprung von der Kapuzinergasse entfernt wohne. Sobald Christine die Einladung angenommen hatte, wurde sie zum Dauergast. Frau Mahlknecht war eine gute Zuhörerin, der es Freude bereitete, sich der Sorgen und Nöte der jungen Leute anzunehmen. Mit einem aufgeschlossenen „Ach, Christl, jetzt machen wir uns einen Kaffee, dann setzt du dich her und erzählst mir alles von Anfang an!“ bekundete sie ihr aufrichtiges Interesse an Christines Leben, und Christine, die dergleichen Anteilnahme von zuhause gar nicht recht gewöhnt war, sah in Frau Mahlknecht bald eine mütterliche Vertraute. Ihr erzählte sie auch vom Skilager auf der Seiser Alm, das von der Katholischen Jugend im darauffolgenden Winter organisiert wurde.

Da müsse sie unbedingt hin, weil sie das Skifahren so gerne erlernen wolle. Aber, fügte sie resigniert hinzu, ihre Eltern hätten schon nein gesagt, weil die Skiausrüstung zu teuer sei. Wenn es ihr Herzenswunsch sei, das Skifahren zu erlernen, hatte Frau Mahlknecht nur gemeint, dann könne Christine sich doch das Geld bei einem Ferienjob selbst verdienen. Und genau das hat Christine dann tatsächlich in die Tat umgesetzt.

Im Sommer 1961 jobbte sie für drei Monate auf dem Campingplatz „Marina" in Jesolo. Das war vielleicht eine Schufterei, dort in der Tabaktrafik. Christine hatte wahnsinnig viel zu tun mit dem Verkauf von Tabakwaren, dem Einräumen der Zeitschriften und Zeitungen, dem Auffüllen des Ständers für die Ansichtskarten. Gearbeitet wurde ohne freien Tag. Es war stickig heiß und das Herumhetzen in dem Laden war einfach nur anstrengend. Aber unter den Arbeitskollegen hatten sie auch jede Menge Spaß. Abends gingen sie nach der Arbeit zum Schwimmen ins Meer, saßen noch lange in der lauen Nacht am Strand und machten sich über die Eigenheiten der Campinggäste lustig. Hauptsächlich waren es bundesdeutsche Urlauber, die sich auf dem Campingplatz tummelten. Weshalb sie auch täglich mit kiloweise Zeitungen und Zeitschriften aus Deutschland beliefert wurden. Diese auszupacken, zu sortieren und einzuräumen gehörte zu den ersten Aufgaben am Morgen. So auch am frühen Morgen des 12. Juni. Christine war gerade mit etwa 40 Exemplaren der „Bild-Zeitung" auf dem Arm unterwegs, als sie von einer wildgewordenen Horde fast zerdrückt worden wäre. Richtig mit der Angst bekam sie es zu tun, als sie – gefühlt von allen Bewohnern des Campingplatzes – bedrängt wurde. Jeder versuchte, ihr eine Ausgabe zu entreißen. Christine verstand die Welt nicht mehr. *Hilfe! Spinnen die alle?*, ging es ihr durch den Kopf, während sie versuchte, sich vor den gut hundert Menschen um sie herum in Sicherheit zu bringen. Beim kurz erhaschten Blick auf die Titelseite las sie in großen Lettern etwas von 37 gesprengten Strommasten in Südtirol, aber was genau es damit auf sich hatte, konnte Christine nicht einordnen. Ein ausgeprägtes Interesse an Politik hatte sie damals in keiner Weise, was vielleicht auch daran lag, dass dergleichen Reden bei ihr zuhause von der Mutter immer sofort abgeblockt wurden. Wann immer ihr Vater, ein doch sehr politisch interessierter Mensch, ein Gespräch dazu beginnen wollte, wies ihn die Mutter augenblicklich mit „Ach, Hans, sei ruhig! Fang nicht wieder damit an!" in die Schranken. Da zog es der Vater vor, über Politik nicht mehr zuhause, sondern nur mehr am Stammtisch zu diskutieren. Von den Beweggründen, die zur *Feuernacht* führten, erfuhr Christine so auch erst später, als sie über Herbert Männer kennengelernt hatte, die mit dem *BAS*, dem Befreiungsausschuss Südtirol, sympathisierten und sich aus Angst vor den angedrohten Repressalien der Italiener vorsichtshalber ins Ausland abgesetzt hatten.

Herbert war Christine bei Frau Mahlknecht begegnet, da war sie im zweiten und letzten Jahr in der Handelsschule gewesen. Mit ihm, der auf dem Ritten zuhause, aber in Bozen bei „Teppich-Eccel" unter den Bozner Lauben als Verkäufer arbeitete, traf sich Christine regelmäßig, seit sie einander kennengelernt hatten. Zunächst noch als Schülerin und dann, nachdem sie im Juni 1962 ihren Abschluss gemacht hatte und ihre erste Arbeitsstelle als Sekretärin bei den Rechtsanwälten, den Herren Vinschger, unter den Bozner Lauben angetreten hatte. Von Anfang an war ihre Beziehung von gegenseitiger Sympathie geprägt. Herbert verstand es gut, Christine zwar zu umgarnen und ihr zu schmeicheln, dabei aber seine Grenzen stets zu wahren. Was Christine zu einem späteren Zeitpunkt als allzu lahm und unverbindlich in Bezug auf sein Verhalten ihr gegenüber empfinden wird, war ihr in diesen Monaten, in denen sie mit ihrer Arbeit bei den Rechtsanwälten begonnen hatte, gerade recht.

Die Rechtsanwälte Vinschger waren Vater und Sohn. Christine war hauptsächlich mit dem Abtippen der von den Herren diktierten Schriftsätze beschäftigt. Einmal diktierte ihr der Vater einen Text, dann wieder der Sohn. Meist tippte Christine das Diktat direkt in die Maschine. Sie fand diese Juristensprache fürchterlich trocken, und vom harten Anschlag auf der Schreibmaschine, da man doch immer viele Durchschläge für die Protokolle anzufertigen hatte, schmerzten ihr die Finger. Das war richtig harte Arbeit. Aber sie bekam mit 20.000 Lire keinen schlechten Lohn. Von ihrem ersten Gehalt erfüllte sie sich einen langersehnten Wunsch und kaufte sich die elegante grüne Lederhandtasche mit dem schönen Henkelzug. Die hängte sie sich ganz weltmännisch über die Schultern, wenn sie vormittags runter ins Café ging, um der italienischen Gepflogenheit, einen Espresso oder Macchiato zu trinken, nachzukommen. Oder wenn sie von ihren Arbeitgebern beauftragt wurde, Zigaretten holen zu gehen, was zwei- bis dreimal am Tag vorkam. Beide Herren waren Kettenraucher. Der Vater noch konsequenter als der Sohn. Nicht eine Minute, in der er ohne brennende Zigarette an seinen Fingern ausgekommen wäre. Ständig war er am Rauchen. Im Sommer bei geöffneten Fenstern bekam es Christine nicht richtig mit, dass sie praktisch permanentem Qualm ausgesetzt war. Von den drei Räumen der Kanzlei hatten zwei, das Büro des Vaters und der Vorraum, wo Christines Schreibtisch stand, ein Fenster auf die Laubengasse hinaus. Das Büro des Sohnes hatte dagegen nur ein Fenster nach innen in einen Lichtschacht. Kam der Vater, ein hagerer Herr, zu Christine, um ihr einen Schriftsatz zu diktieren, stand er mit brennendem Glimmstängel dicht bei ihr. Mit der fast aufgerauchten Zigarette zündete er sich gleich die nächste an. Und so ging das den ganzen Tag. Griff auch der Sohn zur Zigarette, wurde Christine von beiden Seiten eingeräuchert. Ihre Kleidung stank. Ihre Haare stanken. Und sie bekam stechende Kopfschmerzen. Als Herbst und Winter kamen, wurde der Dauerqualm zur regelrechten Belastung für sie.

Im Sommer, vor geöffneten Fenstern sitzend, hatte sich Christine mehr damit beschäftigt, wie sie es am besten anstellen konnte, die Mittagspause für einen Besuch im Lido, dem städtischen Freibad von Bozen, zu nützen. Punkt 12 Uhr hörte sie mit dem Tippen auf, glättete ihr bürotaugliches Sommerkleid, nahm die Tasche mit den Badesachen und stöckelte in ihren spitz zusammenlaufenden Halbschuhen oder Sandaletten mit den Pfennigabsätzen los. Wenn sie sich ranhielt, konnte sie die Strecke in einer halben Stunde schaffen. Selbst bei den brütend heißen Temperaturen. Vom wolkenlosen Himmel stach die Sonne, die auf dem Boden den Asphalt zum Flimmern brachte. Mehr als einmal war ihr ein Schuh mit dem Absatz in dem vor Hitze aufgeweichten Teer steckengeblieben, sodass sie ums Haar hingefallen wäre. Völlig verschwitzt kam sie im Lido an. Aber schon der erste Sprung ins kühle Nass entschädigte sie für den langen, schweißtreibenden Fußmarsch. Nach der Abkühlung war sie auch schon raus aus dem Wasser und legte sich in die pralle Sonne. Zum Braunwerden. Das war überhaupt das Allerwichtigste! Nichts war anziehender als sonnengebräunte Haut, das fanden alle, wusste Christine. Und so harrte sie aus, bis es erneut Zeit für den Rückweg war. Frisch geduscht und herrlich erfrischt verließ sie das Freibad, hechtete zurück in die Kanzlei, um pünktlich, wenn auch erneut durchgeschwitzt, um 16 Uhr wieder an ihrem Schreibtisch zu sitzen.

Nachdem der Sommer und mit ihm die warmen Tage, an denen man bei geöffneten Fenstern arbeiten konnte, zu Ende gegangen war, quälte Christine der andauernde Zigarettenqualm immer mehr. Als sie im Januar 1963 von einem Klienten der Kanzlei, dem Herausgeber der Wochenzeitung „Südtiroler Nachrichten", angesprochen wurde, ob sie nicht Lust hätte, bei ihm im Büro der Redaktion zu arbeiten, wechselte sie, da ihr auch eine Gehaltserhöhung zugesagt worden war, die Arbeitsstelle. Die Redaktion befand sich in unmittelbarer Nähe des Pfarrheims, in der Eisackstraße. Der Arbeitswechsel vollzog sich in etwa zeitgleich mit Herberts ersten Andeutungen, er wolle gerne nach Deutschland gehen. Für seine Arbeit im Teppichgeschäft war er stark an einer fundierten Ausbildung interessiert, und eine solche war in Südtirol nicht zu bekommen, schon gar nicht in deutscher Sprache. Aber in Deutschland, da habe er sich schon informiert, gebe es Möglichkeiten. Sein Bruder lebte zu dem Zeitpunkt schon in Ludwigshafen, und von ihm wusste er von dem großen Teppichhaus in Mannheim. Dort könne er als Verkäufer anfangen. Auch die Finanzierung einer Ausbildung in Nagold, südlich von Stuttgart, habe er schon zugesagt bekommen.

Die nächsten Monate verliefen für Christine sehr gedämpft. Sie vermisste Herbert und war bei ihrer neue Arbeit in der Redaktion der „Südtiroler Nachrichten“ recht unglücklich. Es gab zwar keinen quälenden Zigarettenrauch mehr, aber Christine war mit Herrn Benedikter, ihrem Arbeitgeber, ständig alleine. Sie machte Telefondienst und tippte Texte für ihren Chef. Die Arbeit war eintönig und langweilig. Mit Herbert blieb sie aber im ständigen Austausch. Sie schrieben einander Briefe. Und gelegentlich hörten sie sich auch am Telefon. Herbert konnte, wenn Herr Benedikter außer Haus war, in der Redaktion anrufen oder Christine meldete sich bei ihm. Zuhause hatten sie noch keinen Telefonapparat, aber gleich gegenüber vom Pfarrheim war die Telefonzentrale. Alles sei so wunderbar hier, schwärmte Herbert in einer Tour. Sie müsse unbedingt auch nach Deutschland kommen. Herbert wusste bestens Bescheid vom Klammergriff der Mutter, der Christine arg zu schaffen machte. Mit „Sie klammert und lässt mir keine Luft zum Atmen“ lag sie ihm mehr als einmal in den Ohren. Umso stärker versuchte er, sie zu einem Tapetenwechsel nach Deutschland zu überreden. Im tiefsten Inneren hatte Christine bereits seit Herberts Fortgang gewusst, dass auch sie von zuhause weggehen wird. Es war nicht das Land, die politische Situation, nein, sie wollte weg von den Streitereien, weg vom Klammern. *Ich,* hatte sie in ihren Gedanken längst entschieden, *will einfach mehr Freiheiten!*

„Das kommt ja überhaupt nicht in Frage!“, hatte der Vater prompt geantwortet, als Christine mit ihrem Wunsch, Herbert nach Deutschland zu folgen, herausgerückt war.

„Ach, *Tati,* bitte lass mich doch. Nur für ein paar Monate, das wäre doch mal was anderes", flehte Christine und hoffte auf die Einsicht des Vaters, der durchaus wusste, dass sie bei den „Südtiroler Nachrichten" nicht sonderlich glücklich war.

„Wenn du gehst, bring ich mich um! Ich sag dir's, ich bring mich um!", schaltete sich da auch die Mutter ein. Dass ihre Tochter so weit wegwollte, würde sie nie zulassen. Das konnte, das durfte nicht sein!

„Geh, bitte, *Tati",* wandte sich Christine unbeirrt weiter an den Vater. Die Mama, das wussten beide, dramatisierte gerne und schreckte auch vor Erpressung nicht zurück, wenn es ihrer Sache diente. Weshalb Christine, an den Vater gewandt, fortfuhr, „nur für ein paar Monate. Lass es mich doch probieren. Damals in Jesolo hat das ja auch gepasst."

„Dann, in Gottes Namen, gehst du halt", resignierte der Vater und fügte – sich augenblicklich seiner Vaterrolle besinnend – hinzu, „aber nur für ein paar Monate! Dann bist du wieder da!"

Überglücklich über die erhaltene Erlaubnis informierte Christine Herbert, er möge bitte eine geeignete Arbeitsstelle für sie finden. „Ich komme nach Ludwigshafen!" Sie war auch deshalb so glücklich, weil sie, sie konnte es nicht mehr leugnen, sich inzwischen nicht mehr nur zu Herbert hingezogen fühlte, sondern sich in ihn verliebt hatte. Sicher, als er noch in Bozen war, da wollte er sich noch nicht so recht festlegen, blieb immer etwas unverbindlich, was ihr Verhältnis zueinander betraf. Aber, so war Christine überzeugt, sein Einsatz sie nach Deutschland zu holen, konnte doch nur bedeuten, dass er sie um sich haben wollte. Dass er sie ebenso vermisste. Und das machte sie einfach nur glücklich.

Als Christine von Herbert, der für sie Arbeit und Unterkunft gefunden hatte, Bescheid bekam, an welchem Tag sie in der Firma „Pollux" für ihren Arbeitsantritt erwartet wurde, begann Christine ihre Abreise zu organisieren. Sie kündigte bei den „Südtiroler Nachrichten", verabschiedete sich von Frau Mahlknecht und packte einen übergroßen Koffer voll mit den Sachen, die sie mit nach Deutschland nehmen wollte. Einen Tag vor ihrer Abreise nahmen die Eltern sie mit zu einem Abschiedsausflug nach Schloss Sigmundskron. Vor einem blühenden Apfelbaum stellten sie Christine hin, um sie mit einem Lachen auf dem Gesicht in ihrem hübschen Kleid mit der Perlenkette und dem karierten Übergangsmantel abzulichten. Dieses Foto, sagten die Eltern, „ist zur Erinnerung, und dass du bald wieder bei uns bist".

Es war schon dunkel an diesem Abend Ende April 1963, als sich Christine mit ihrem großen, schweren Koffer in Begleitung ihres Vaters auf den Weg zum Waltherplatz machte. Von dort sollte der Direktbus nach Stuttgart, der für die stetig steigende Zahl an Gastarbeitern aus Italien eingerichtet worden war, abfahren. Die Fahrkarte hatte sie sich schon besorgt. Beim Verstauen des sperrigen Koffers half der Vater, dann stieg sie in den schon fast bis auf den letzten Platz voll belegten Autobus. Vorwiegend Männer saßen da, die zum Arbeiten von Italien nach Deutschland fuhren. Christine erspähte einen freien Platz am Fenster, ließ sich auf den Sitz plumpsen und war voller Vorfreude. Als der Bus sich in Bewegung setzte, schenkte sie ihrem am Bordstein stehenden Vater noch einen letzten Blick und winkte ihm zum Abschied. Eine lange Fahrt lag vor ihr. Auf der Landstraße werden sie Richtung Norden fahren, den

Brennerpass passieren, ganz Tirol durchqueren und dann über Westbayern nach Baden-Württemberg gelangen. Nach der durchfahrenen Nacht sollten sie am nächsten Tag zur frühen Stunde Stuttgart erreichen. Dort, so hatte Herbert ihr mitgeteilt, werde sein Bruder sie auf dem Busbahnhof erwarten, um sie mit dem Auto nach Ludwigshafen zu bringen. Das sei ab Stuttgart ja gar nicht mehr weit, wie er betonte. Christines Herz begann bei dem Gedanken an Herbert augenblicklich zu klopfen. Verträumt wandte sie ihr Gesicht dem Fenster zu. *Bald werde ich ihn wiedersehen.* Schon nur der Gedanke an ihn stimmte sie zuversichtlich. Nun konnte endlich ein neues Leben beginnen! Eines, das ihr weit weg von den Sorgen zuhause ein Leben in Freiheit versprach.

Sie erreichten Stuttgart in den frühen Morgenstunden. Mit großen Augen sah Christine durch die Fensterscheibe auf das bereits pulsierende Leben dieser Stadt. So viele Autos, Motorräder, Straßenbahnen. Geschickt lenkte der Chauffeur den Bus durch die breiten Straßen, links und rechts gesäumt von dicht aneinandergereihten, viele Stockwerke hohen Wohn- und Kaufhäusern. Immer wieder wurde der Bus an Kreuzungen durch eine rote Ampel zum Anhalten gezwungen, und Christine konnte die vielen Menschen dabei beobachten, wie sie trotz der frühen Stunde schon in großer Zahl eilig auf den Fußgängerübergängen die Straßenseiten wechselten. Schließlich hielt der Autobus an der Haltestelle vor dem Hauptbahnhof. Sie waren angekommen. Christine erhob sich, streckte ihre Glieder und reihte sich in die aussteigende Menschenschlange ein. Während sie noch darauf wartete, ihr Ungetüm von Koffer aus dem Gepäckraum gehievt zu bekommen, hörte sie, wie ihr Name gerufen wurde. Sie hob den Kopf und sah einem Mann in die Augen, der sich als Herberts Bruder vorstellte. Nach einer kurzen Begrüßung nahm er ihr den Koffer ab und bugsierte sie zu seinem Fiat 600 Jagst. Dort wartete bereits ein weiterer Südtiroler, dem die Mitfahrt nach Ludwigshafen versprochen war. Die beiden Männer saßen auf den Vordersitzen, während Christine sich den engen Raum auf dem Rücksitz mit ihrem Riesenkoffer teilte. Viel Platz blieb ihr wahrlich nicht mehr. *Nicht so schlimm*, fand Christine, die sich auf Herberts Beteuerung „Von Stuttgart ist man ja gleich hier!" verließ.

Der Wagen wurde gestartet, und Herberts Bruder lenkte ihn aus der Stadt hinaus in Richtung Autobahn. Als er auf diese auffuhr, erhöhte er augenblicklich das Tempo. Da wurde Christine das erste Mal stutzig. Die 20 Minuten, mit denen sie als Fahrtzeit insgesamt bis Ludwigshafen gerechnet hatte, hatten sie mit der Fahrt heraus aus der Stadt bereits überschritten, und nun waren sie auf einer Straße gelandet, auf der man mit hohem Tempo zweispurig dahinbrauste und auf der das Anhalten überhaupt verboten war. Erst, wenn man bei einer Ausfahrt abfahre, könne man wieder anhalten, hatte man ihr erklärt, davor nicht. Eigenartig. Von so einer Straße hatte Christine noch nie gehört. Zunächst vertrieb sie sich die Zeit, indem sie ihr Augenmerk auf die vorbeirasende Landschaft richtete. Sie fuhren und fuhren. Nach eineinhalbstunden Autobahnfahrt in unverminderter Geschwindigkeit beschlich sie immer deutlicher ein befremdliches Gefühl, das ein Gedankenkarussell auslöste: *Was soll das? Wo bringen die mich hin? Das gibt es doch gar nicht, dass das so weit ist! Davon hat Herbert nichts gesagt!* Und als sie realisierte, dass sie im Grunde mit zwei ihr völlig Fremden im Wagen saß, brachte das ihren Puls endgültig zum Ansteigen. Sie wollte schon erste Stoßgebete zum Himmel schicken, als sie einen deutlichen Rückgang der Geschwindigkeit wahrnahm. Sie blickte auf und sah am rechten Straßenrand ein Schild auftauchen, das die Abfahrt nach Ludwigshafen am Rhein anzeigte. Sie waren auf dem richtigen Weg. *Gott sei Dank!* Christine entfuhr ein Seufzer der Erleichterung. Alles war gut.

Als sie die Autobahn verließen, begannen Christines Gefühle sogleich in eine andere Richtung auszuschlagen. Sie spürte dieses Kribbeln im Bauch, das sich zunächst ganz sachte bemerkbar machte und immer stärker anschwoll, je näher sie dem Ziel kamen. Der erste Halt sollte ihre Unterkunft in der Wörthstraße bei Frau Maier sein, ließ man sie von den Vordersitzen wissen. *Gleich treffe ich Herbert!*, schoss es Christine durch den Kopf, die sich sicher war, dass er bestimmt dort auf sie warten werde. Sofort wollte sie ihm alles erzählen, von ihrer langen Anreise durch die Nacht, wie sie überrascht war von der Größe Stuttgarts, dass sie befürchtet hatte, sein Bruder könne sie nicht finden, und wie dann doch alles gut geklappt hatte. Und, dass er ihr ruhig hätte sagen können, dass es ganz schön weit ist von Stuttgart nach Ludwigshafen, das würde er von ihr auch zu hören benommen. Da war sie sich sicher. Sobald sie allerdings in Ludwigshafen in die Wörthstraße eingebogen waren und vor dem Haus von Frau Maier hielten, da war weit und breit kein Herbert zu sehen.

„Herbert muss noch arbeiten, aber er holt dich später ab, zum Mittagessen“, sagte sein Bruder, während er Christine aussteigen ließ und ihren Koffer auf der Straße absetzte. Sogleich saß er wieder hinterm Steuer und brauste mit seinem Bekannten davon. Da stand sie nun auf dem Bürgersteig.

In ihrem Bauch vernahm sie ein komisches Ziehen, das sich bis herauf in den Kehlkopf bemerkbar machte. Nicht, dass sie traurig war, das nicht, aber doch enttäuscht. Sie hatte wirklich angenommen, hier endlich werde sie Herbert treffen. Und nun musste sie feststellen, er hatte sie versetzt. Aber, klar. Es war ein Wochentag. *Herbert muss natürlich arbeiten*, suchte sie nach einer Erklärung, ohne der Tatsache, dass das wohl auch auf seinen Bruder und dessen Bekannten zutreffen musste, weitere Beachtung zu schenken. Beherzt läutete sie beim Namensschild Maier und schleppte sich, als der Türöffner ertönte, mit ihrem Koffer ins Haus.

Frau Maier, die schon Bescheid wusste, führte Christine in ihr Zimmer, zeigte ihr Badezimmer und Küche, die sie mitbenutzen konnte, und überließ sodann ihre neue Untermieterin sich selbst. Ein paar Stunden blieben Christine noch, bis es Zeit für das Mittagessen war. Sie begann ihren Koffer auszupacken und legte sich, als sie damit fertig war, aufs Bett, weil sie doch spürte, wie ihr die Müdigkeit langsam in alle Glieder fuhr. Die Nacht war lang und ihr Schlaf kurz gewesen. Ein Autohupen schreckte sie hoch. Sie war eingenickt, aber nun sofort hellwach. Der erste Gedanke, der ihr in den Kopf schoss, war: *Herbert ist da!* Sie sprang auf, nahm Mantel und Tasche und lief hinaus auf die Straße.

Ein strahlender Herbert erwartete sie am Steuer seines Opel Kadett. Lässig hob er seine Hand zum Gruß und deutete Christine, deren Herz inzwischen bis zum Anschlag klopfte, auf dem Beifahrersitz Platz zu nehmen. Da Herbert bei „Pollux“ zugesagt hatte, noch am Nachmittag Christine zum Vorstellen in die Firma zu bringen, war die Zeit für die Mittagspause knapp, und sie fuhren in eine nahegelegene urige Pfälzer Wirtschaft. Das Lokal war wenig einladend und die Küche bescheiden. Als Tagesgericht gab's Rindsleber. Christine, die keine Leber mochte, wollte nicht kompliziert sein. Weil Herbert das Tagesgericht bestellte, tat sie es ihm gleich. Generell war Christine keine allzu gute Esserin und an diesem Ankunftstag – aufgeregt neben Herbert – war ohnehin zweifelhaft, ob sie überhaupt etwas essen können würde. Als man ihr den Teller mit Leber und Salzkartoffeln servierte, war klar, von diesem Gericht würde sie keinen Bissen herunterbekommen. Die Leber, zäh wie Schuhsohle, schmeckte scheußlich. Während Herbert seinen Teller leerlöffelte, stocherte Christine nur lustlos in der Soße und zerdrückte die eine oder andere Salzkartoffel. Dabei fühlte sie sich aber über alle Maßen glücklich. Es war einfach nur herrlich! Sie war tatsächlich in Ludwigshafen und saß Herbert gegenüber. Und die Glückshormone, von denen ihr Körper gerade geflutet wurde, ließen sie auf Wolke sieben schweben.

Als Herbert den letzten Bissen verspeist und die Bedienung ihre Teller abgeräumt hatte, nicht ohne vor Christines praktisch unberührtem Teller die Nase zu rümpfen, machten sie sich auf den Weg in das Industriegebiet von Ludwigshafen. In der Wasserzähler- und Messgerätefirma „Pollux" wurde Christine schon erwartet. Nach einer kurzen Umarmung zum Abschied und dem Versprechen, dass sie am Abend gemeinsam mit den anderen etwas unternehmen werden, ließ Herbert Christine in der Obhut ihrer neuen Arbeitsstätte zurück. Während er an seinen Arbeitsplatz im Teppichhaus in Mannheim zurückfuhr. Um dorthin zu gelangen, brauchte er nur die Brücke über den Rhein zu überqueren. Denn Mannheim und Ludwigshafen liegen sich direkt gegenüber.

Bei „Pollux“ wurde Christine zunächst in jeder Abteilung herumgeführt und allen als „die Neue aus Südtirol“ vorgestellt. Man sagte, dass sie als Schreibkraft in die Abteilung von Alfons Schanninger kommen werde, aber als sie durch die Abteilung des Prokuristen Falk geführt wurde, beanspruchte dieser sie unvermittelt für sich.

„A, des bassd schee zamme! – Das trifft sich ja wunderbar!“, rief Herr Falk sofort im urigsten Pfälzisch aus seinem Büro, „die Fräälein Paugger kimmt zu mir! – das Fräulein Paugger kommt zu mir!“ Seine Sekretärin habe gerade ein Kind zur Welt gebracht und falle daher für mehrere Monate aus, da habe er Bedarf. Christine, der alles recht war, hatte dagegen nichts einzuwenden.

Doch als sie tags darauf voller Erwartung ihren Dienst antreten wollte, da wurde sie auch schon wieder fortgeschickt. Bevor sie mit ihrer Arbeit beginnen könne, benötige sie noch diverse Dokumente, namentlich: Arbeitserlaubnis, Gesundheitspass und Aufenthaltsbewilligung, bekam sie vorgezählt und auch die Ämter, die die erforderlichen Dokumente ausstellten, wurden ihr genannt, samt der verschiedenen Straßenbahnhaltestellen. Christine brauchte einen Moment, um zu verstehen, dass sie die Wege in die verschiedenen Ämter alleine bewältigen musste. Die Firma „Pollux“ lag etwas außerhalb, die Ämter dagegen befanden sich alle in der Innenstadt. Die liebe Dame, die Christine alles erklärte, hatte im Schnelldurchlauf Straßenbahnnummern und Adressen heruntergespult, so als wäre es das Normalste von der Welt zu wissen, wo sich das Gesundheitsamt in Ludwigshafen befindet und mit welcher Straßenbahn man zum Meldeamt kommt. Aber das war für Christine alles überhaupt nicht einfach. Gänzlich neu in dieser Stadt, die ihr mit 175.000 Einwohnern riesig erschien, war Christine alles unbekannt. Anfangs fühlte sie sich geradezu verloren, so ganz alleine auf sich gestellt. Aber wenigstens war alles auf Deutsch. Das war schon eine große Erleichterung. Tapfer machte sie sich auf den Weg. Fragte sich durch zum Arbeitsamt, erreichte wohlbehalten das Gesundheitsamt und fand auch im Meldeamt den richtigen Schalter, um sich die Aufenthaltsbewilligung ausstellen zu lassen.

Als Christine schließlich alle Scheine zusammengetragen hatte, konnte endlich ihr Arbeitsalltag in der Firma beginnen. Es lief gemütlich an. Sie wurde in der Abteilung von Herrn Falk den Mitarbeitern vorgestellt, man wies ihr einen Schreibtisch zu und machte sie mit ihren Aufgaben vertraut. Als der Zeiger allmählich auf halb zehn vorrückte, sah sich Christine verstohlen um, um zu verstehen, wie das hier funktionierte mit dem vormittäglichen Kaffeetrinken. Das war in Bozen ein absolutes Muss. Vormittags traf man sich in der Bar, wie Kaffeehäuser gemeinhin genannt werden, um einen anständigen Espresso, Macchiato oder Cappuccino zu trinken und sich mit anderen Angestellten oder auch mit seinen Arbeitskollegen auszutauschen. Christine ging davon aus, dass diese Tradition überall auf der Welt so gepflegt wurde. Also wartete sie voller Ungeduld, bis sie endlich jemand zum Kaffeetrinken aufforderte. Als aber immer mehr Zeit verging und keiner diesbezüglich Anstalten machte, da wagte Christine ihre Frage „Und wo geht man hier einen Kaffee trinken?" in den Raum zu stellen. Anstatt einer Antwort wurde sie von allen Anwesenden mit großen Augen ungläubig angestarrt, so als hätte sie etwas Unanständiges gefragt. Nach einem Moment der Stille wurde sie mit „Nirgendwohin“ belehrt, dass man außer Haus ging, um Kaffee zu trinken, sei hier grundsätzlich nicht üblich. Es gab wohl eine Pause am Vormittag, da konnte man gerne sein mitgebrachtes belegtes Brot verzehren, aber vom Kaffeehausflair, wie Christine es von Bozen gewohnt war, musste sie sich vorläufig verabschieden.

Neben den unterschiedlichen Arbeitsgepflogenheiten hatte Christine sich aber auch an einen neuen Dialekt zu gewöhnen. Die meisten ihrer Kolleginnen und Kollegen hatten beim Sprechen wohl eine gewisse lokale Färbung in der Sprache, aber damit wäre Christine bald zurechtgekommen. Nicht so beim Prokuristen Falk. Dieser sprach ausnahmslos im extremen Pfälzisch. Von diesem starken Dialekt verstand Christine anfangs nicht nur überhaupt kein Wort, sie musste sich auch daran gewöhnen, dass die Pfälzer eine überaus emotionale Sprechweise an den Tag legen und dass es ein „zu laut“ im Pfälzischen praktisch nicht gibt.

„Pälzisch isch superemotional! – Pfälzisch ist sehr emotional!“, rief ihr Herr Falk in ohrenbetäubender Lautstärke schon von Weitem entgegen, während er sich selbst vor Lachen kaum halten konnte. Dass diese Art aber nichts mit Rohheit oder Grobschlächtigkeit zu tun hatte, damit kam Christine nur langsam zurecht. In der Anfangszeit, wenn Herr Falk sie mit „Määdsch, kummde mol zum Diggdadd – Fräulein, kommen sie bitte zum Diktat“ zu sich ins Büro rief, da traten Christine schon Schweißperlen auf die Stirn. Sie verstand ja überhaupt nichts von dem, wovon Herr Falk sprach. Und so wusste sie sich nicht besser zu helfen, als dass sie einfach wortwörtlich alles so mitstenografierte, wie sie es hörte. Ihr

Stenogramm tippte sie dann in die Schreibmaschine und legte die Reinschrift auf den Schreibtisch von Herrn Falk. Dieser las: *Wänn de Mingel net innerhalwe vo sechs Munade nochem Eekauf gemäldet werd, gehd mer davo uus, dass de Verkääf fär de Mängel verantwortlich isch. Drum träät de Verkääf die Bewiislascht in disem Zeitrum: Er miett Bewiise vobringe, dass er ned fär den Mangel isch verantwordlich.*

„Zum Dunnerwedder nochemol! Fräälein Paugger, wos hennern Sie do zammegetippt? Soll des Deitsch sei? – Zum Donnerwetter nochmal! Fräulein Paugger, was haben sie da nur geschrieben? Soll das Deutsch sein?“, schrie Herr Falk in seiner emotionalen Art, während er mit der Reinschrift in der Hand auf dem Weg zum Schreibtisch von Christine war.

„Herr Falk, ich habe alles so geschrieben, wie Sie das gesagt haben“, antwortete Christine kleinlaut. Wenngleich sie schon auf einen Wutausbruch gefasst war, hoffte sie doch, Herr Falk möge sich ihrer erbarmen. Sie verstand ihn einfach nicht. Aber anstelle einer Schimpftirade begann dieser nur herzhaft zu lachen. Er konnte sich gar nicht mehr einkriegen, als er verstand, dass Christine alles genau so zu Papier gebracht hatte, wie sie es aufgrund seiner Aussprache verstanden hatte. Er half ihr dann mit der Reinschrift, sodass Christine zu Papier bringen konnte: *Wird der Mangel innerhalb von sechs Monaten nach dem Kauf geltend gemacht, gehen wir davon aus, dass der Verkäufer für den Mangel verantwortlich ist. Folglich trägt der Verkäufer die Beweislast in diesem Zeitraum: Er muss Beweise vorbringen, dass er nicht für den Mangel verantwortlich ist.* Aber nach diesem Erlebnis hat sich Herr Falk dann doch etwas mehr bemüht bei seiner Aussprache. Zumindest ein ganz kleines bisschen.

Christine lebte sich immer besser in Ludwigshafen und bei ihrer Arbeit ein. Mit ihren Eltern zuhause stand sie im regen Austausch. Über Briefe und Telefongespräche waren der Vater und die Mutter über alle wichtigen Schritte in Christines Leben informiert. Natürlich hatte sie auch von der großen Firma erzählt, bei der sie beschäftigt war, und ließ auch den Namen „Pollux" nicht unerwähnt. Als allerdings ihre Eltern eines späten Vormittags, es war ein überaus heißer Sommertag, plötzlich vor ihrem Schreibtisch standen, da glaubte sie ihren Augen nicht zu trauen.

„Mama? *Tati?* Wie seid ihr denn hergekommen?", brachte Christine völlig verdattert hervor. Aber noch ehe diese antworten konnten, hatte Herr Falk schon den Überraschungsbesuch aus Südtirol ausgemacht.

„Fräälein Paugger, heid mache ma enna druff! Heit is Feier! Mir gehn riewer in de Bieraggademie uff ä Gebräu odder ä Woischorle un ä Saumache! – Fräulein Paugger, heute feiern wir richtig! Wir sperren zu und gehen rüber in die Bierakademie auf ein Bier oder eine Weinschorle und einen *Saumagen*!", rief er laut aus seinem Büro kommend, während er Christines Eltern herzlich lachend zur Begrüßung die Hände drückte. Diese spontane Einladung zu einem Besuch im Biergarten war zweifellos gastfreundlich und großzügig, aber Christine wäre dennoch vor Scham am liebsten im Boden versunken, kannte sie doch Mutters ständiges Bemühen um gute Manieren. Nicht, dass diese Herrn Falks Pfälzer Art als grobschlächtig auslegte und womöglich pikiert die Nase rümpfte. Das wäre ihr erst recht peinlich gewesen.

Christine selbst hatte sich an das mitunter unverhältnismäßig Laute inzwischen längst gewöhnt und machte sich nicht mehr allzu viel daraus, wenn Herr Falk, ein Mann von großer, kräftiger Statur, an heißen Tagen zu ihr in den Vorraum kam und sich vor das Waschbecken hinter ihrem Schreibtisch stellte. Drückte die Hitze besonders arg, drehte er den Wasserhahn gleich zur Gänze auf und ließ das Waschbecken bis obenhin mit kaltem Wasser volllaufen, zog sein Sakko aus, krempelte die Ärmel hoch bis unter die Achseln und platschte mit den nackten Unterarmen kraftvoll ins kalte Wasser. Alles schwappte hoffnungslos über, der ganze Fußboden unter dem Waschbecken war vollgespritzt und sah aus wie unter der Dusche. Das erste Mal hatte Christine nur entsetzt geschaut und geglaubt, jetzt sei er völlig übergeschnappt. Herr Falk aber hatte nur herzhaft gelacht und lautstark „Ach, schee kalt! Des deit guad! – Ach, schön kalt! Das tut gut!" gerufen. So war er. Ein sehr bodenständiger Mann, sehr emotional, dabei aber stets freundlich und immer unkompliziert. Wollte Christine mal etwas früher gehen, dann war das nie ein Problem, mit einem „Gehen Se bloß a bizzel frier! – Gehen Sie ruhig etwas eher!" hatte er ihr stets die Erlaubnis erteilt, ohne von ihr je das Nachholen der versäumten Arbeitszeit zu fordern.

Als die Sekretärin aus ihrem Mutterschaftsurlaub zurückkam, bedeutete dies für Christine, dass sie ihren Schreibtisch beim Prokuristen Falk räumen musste. Sie hatte sich in der Zwischenzeit dort sehr wohl gefühlt, auch hatte es ihr gefallen, dass Herr Falk sie dazuholte, wenn er bei Gesprächen mit Gastarbeitern aus Italien Hilfe bei der Übersetzung vom Deutschen ins Italienische und umgekehrt benötigte. Das hat Christines Selbstwertgefühl gut getan. Auch deshalb sammelte sie nun schweren Herzens ihr Zeug und wechselte in die Abteilung von Sachbearbeiter Schanninger.

Die Arbeit in der neuen Abteilung hat Christine gleich gar nicht gefallen. Wäre nicht die überaus nette Lilo gewesen, die die Position einer Art Obersekretärin der gesamten Abteilung innehatte, es hätte Christine bestimmt regelrecht missfallen. Aber Lilo, sie war wesentlich älter als Christine und seit Jahrzehnten verheiratet, nahm Christine wohlwollend auf und kümmerte sich um jedes Problem. Mit allen Nöten und Sorgen konnte Christine zu ihr kommen. Ihr konnte sie alles erzählen. Und Christine hatte so viel zu erzählen.

An keinem Abend, an dem sie nicht unterwegs gewesen wäre. Inzwischen hatte sich Christine den Gepflogenheiten in der Rheinland-Pfalz angepasst und damit begonnen, Alkohol zu trinken. „E Schoppe Waisewoi", wie man hier zu einem Glas Weißwein sagt, gehörte längst zu ihren Lieblingsgetränken. Und was sie auch besonders mochte, das war die Maibowle. Dieser fruchtige Durstlöscher aus Wein und Sekt, mit Waldmeister versetzt, vom dem sodann die typische grünliche Färbung stammte, hatte ihr gleich hervorragend geschmeckt, als sie ihn zum ersten Mal bei Doktor Gerlach, einem großen Südtirolfreund, probiert hatte. Gemeinsam mit Herbert und den anderen waren sie häufig Gäste bei ihm und seiner Frau draußen im 50 Kilometer westlich von Ludwigshafen gelegenen Enkenbach. Herbert kam selbst oder schickte einen seiner Mitbewohner nach Christine und dann fuhren sie zusammen los, bewältigten die Strecke nach Enkenbach in einer guten Dreiviertelstunde und verbrachten einen gemütlichen Abend in angenehmer Gesellschaft. Frau Gerlach erwartete sie meist mit einer kalten Platte und dazu floss reichlich Alkohol. Vom irren Spaß, den sie dabei hatten, erzählte sie am nächsten Morgen ausführlich Lilo, beschrieb jeden, der mit von der Partie gewesen war, und schwärmte von der Maibowle, die beim Trinken so herrlich prickelte.

Natürlich erfuhr Lilo auch umgehend von der Horrorfahrt, als sie mitten im Winter auf der Autobahn unterwegs gewesen waren. Es schneite stark. Doktor Gerlach hatte sie zu einem gemütlichen Abend nach Enkenbach eingeladen, weshalb sie ungeachtet des Winterwetters trotzdem losgefahren waren. Christine saß neben Herbert in seinem Opel Kadett und auf der Rückbank drängten sich noch drei weitere Freunde. Von der Stadt waren sie ganz gut herausgekommen. Doch als sie auf die Autobahn auffuhren, verdichtete sich der Schneefall und schließlich schneite es so heftig, dass der Schnee auf der Fahrbahn liegen blieb. Herbert geriet mit dem Wagen ins Rutschen. Einen Moment lang schien es, als wäre das das Ende ihres Ausflugs nach Enkenbach. Aber da kam den kühnen Burschen eine geniale Idee. Wenn der Wagen genügend Gewicht auf die Hinterräder bekäme, dann dürfte das mit dem Rutschen kein Problem mehr sein. Gesagt, getan. Einer setzte sich auf den Kofferraumdeckel, um den Wagen zu beschweren, und Herbert manövrierte den Opel geschickt durch die verschneite Nacht. Um den Helden auf dem Kofferraumdeckel bei der eisigen Kälte vor dem Erfrierungstod zu bewahren, wechselten sich die drei Männer tapfer ab.

Christine war noch ganz aufgeregt, als sie am nächsten Morgen alles haargenau Lilo erzählte. Dabei wurde ihr selbst erst so richtig bewusst, wie absurd gefährlich diese nächtliche Fahrt nach Enkenbach gewesen war. Gott sei Dank waren sie fast unentwegt das einzige Auto auf der gesamten Autobahn geblieben. Und natürlich war sie wieder erst in den frühen Morgenstunden ins Bett gekommen. Wie so oft.

Christine stöhnte und überlegte, ob sie Lilo um eine Kopfschmerztablette bitten sollte. Aber das Pochen im Kopf würde aufhören, wie sie inzwischen bemerkt hatte, sobald sie ein paar Bissen gegessen und ein Glas Wasser getrunken hatte. Nicht so die Müdigkeit. Die wird sie, je weiter die Arbeitsstunden vorrückten, immer stärker quälen. Den Vormittag würde sie noch irgendwie bewältigen, aber ihr neuer Chef, Herr Schanninger, hatte die Angewohnheit, sie gerne nach dem Mittagessen zum Diktat zu bitten. Bei dieser Arbeit hatte man sich immer so höllisch zu konzentrieren, wie sie wusste, und auch, dass es ihr, übernächtig wie sie war, in den Nachmittagsstunden immer schwerer fiel, sich wach zu halten. Erst unlängst, als sie bei Herrn Schanninger mit Schreibblock und Stift im Büro saß, wäre sie um ein Haar eingenickt. Mitten im Diktat! Kurz bevor ihr der Stift aus der Hand fiel, konnte sie sich noch rechtzeitig hochreißen. Augenblicklich wies sie sich selbst zurecht: *Heute Abend nicht! Heute gehst du nicht aus! Heute gehst du früh ins Bett!* Aber da hatte sie die Rechnung ohne den Wirt gemacht, denn just an diesem Abend hatte Herr Schanninger ihr angeboten, sich gemeinsam nach der Arbeit noch auf ein Getränk in ein Wirtshaus zu setzen. Teils aus Höflichkeit, teils, wie sie inzwischen aus Erfahrung wusste, weil die Müdigkeit nach der Arbeit irgendwie verflog und sie sich die Aussicht auf eine erfrischende Weinschorle nicht entgehen lassen wollte, sagte Christine zu.

Dass Herr Schanninger auf sie aufmerksam geworden war, merkte Christine vor allem daran, dass Lilo nicht mehr aufhörte, ihr von Alfons in den höchsten Tönen vorzuschwärmen – bewusst Herrn Schanningers Vornamen verwendend. Was er doch für ein adretter Kerl sei, so sympathisch, zuverlässig und anständig. Von ihm selbst wisse sie, hatte ihr Lilo vielsagend bei einem Schwätzchen unter vier Augen anvertraut, dass ihm Christine durchaus gefalle und dass er sie gerne nach Speyer einladen wolle, um ihr seine Heimatstadt zu zeigen. Sicher, er gefiel Christine, auch wenn er schon ein paar Jahre älter war als sie, und noch dazu war er ihr Chef. Und als Lilo nicht mehr lockerließ, sie davon zu überzeugen, Alfons' Angebot, ihr Speyer zu zeigen, nicht auszuschlagen, nahm Christine seine Einladung an.

An diesem freien Samstag war es Alfons Volkswagen, der vor dem Haus von Frau Maier hielt, um Christine abzuholen. Nach etwa einer halben Stunde erreichten sie Speyer. Während der Fahrt erzählte Alfons von seiner Heimatstadt. Christine hörte genau zu und freute sich schon, all die Sehenswürdigkeiten mit eigenen Augen zu sehen. Aber als sie die Stadt erreichten, da fuhr Alfons nicht in die Innenstadt, auch nicht in die Straße zu dem mehrstöckigen Haus seiner Eltern, wo er lebte, sondern – Christine glaubte ihren Augen nicht zu trauen – Alfons steuerte den Parkplatz eines Rummelplatzes an. *Wirklich? Karussell fahren?* Christine rümpfte etwas die Nase. Für dergleichen Jahrmarktsattraktionen war sie nicht wirklich zu begeistern. Alfons dagegen war überzeugt gewesen, dass er ihr einer Riesenfreude machen würde. Alle in seiner Umgebung waren verrückt nach Riesenrad und Ringelspiel inmitten von Bratwurst- und Zuckerwattedüften. Ein wenig Enttäuschung konnte sie Alfons durchaus ansehen, als er bemerkte, dass er Christine mit dem Vergnügungspark wenig Vergnügen bereitete. Aber er trug es galant mit Fassung und entschied kurzerhand, dass es ohnehin an der Zeit wäre, etwas zu essen. So verließen sie den Rummelplatz und saßen bald in einem gepflegten Lokal bei erlesenen Gerichten. Das Ambiente gefiel Christiane durchaus, und das Essen war vom Feinsten, aber dass ihr von ihrem Chef der Hof gemacht wurde, versetzte sie dermaßen in Aufregung, dass sie keinen Bissen hinunterbrachte. *Oh Gott,* konnte sie nur denken*, jetzt glaubt er bestimmt, dass mir das Lokal auch wieder nicht passt.* Aber Alfons machte auch daraus keine große Sache, bezahlte und fragte vielmehr, was sie davon halte, in ein Tanzlokal zu gehen. Das war nun etwas ganz nach Christines Geschmack!

Sie hatte schon immer gern getanzt. Schon als Mädchen hatte sie zuhause mit ihrer Mama das Tanzen geübt. Sie hatten das Radio angemacht, hatten sich an Schultern und Händen gefasst und sich im Rhythmus gemeinsam durch die Wohnung gedreht. Gerne gingen sie auch auf Tanzveranstaltungen in Gastlokale oder auf Wald- und Wiesenfeste, wo sie sich auf dem Tanzboden austoben konnten. Walzer, Fox, Landler, Polka. Die Mama tanzte ja für ihr Leben gern, genauso Christine. Eigentlich hatte sie mit keinem Tanz Schwierigkeiten. Wenn sie von einem guten Tänzer geführt wurde, konnte sie praktisch alles tanzen. Nun war Alfons nicht der Spitzentänzer, den sich Christine gewünscht hätte, aber eine sehr gute Band sorgte mit ihrer Livemusik für eine ausgezeichnete Stimmung im Lokal, sodass Christine begeistert war. Fast ohne Unterbrechung tanzte sie zu den Schlagern, die ihr praktisch alle gefielen: „Unter fremden Sternen", „Die Gitarre und das Meer" oder „Junge, komm bald wieder" von Freddy Quinn oder „Rote Lippen soll man küssen" von Cliff Richard, genauso wie „Ich will 'nen Cowboy als Mann" von Gitte. Christine wirbelte durch den Saal, war ausgelassen und fühlte sich wunderbar. Es ging auf 23 Uhr zu, die Stimmung war perfekt und die Liveband kam gerade so richtig in Fahrt, als Alfons sich zu Christine herüberbeugte und ihr ins Ohr rief, er werde sie jetzt nach Ludwigshafen zurückfahren. Er müsse am nächsten Tag früh raus, wegen eines Tischtennisspiels. Christine lachte auf. *Der macht einen Scherz!,* war das Erste, das ihr in den Sinn kam. Als Alfons aber nicht in ihr Lachen einstimmte, war sie überzeugt, sie habe sich verhört. Es konnte doch nicht sein, dass ein triviales Tischtennisspiel, wie sie fand, das zudem jederzeit ausgetragen werden konnte, einem tollen Tanzabend mit ihr vorgezogen wurde. Aber Alfons hatte keinen Scherz gemacht. Er war ein leidenschaftlicher Tischtennisspieler, spielte seit Jahren aktiv in einer Mannschaft und nahm seinen Sport sehr ernst. Für Christine war es aber noch viel zu früh, um schon nach Hause zu gehen. Das war sie gar nicht gewohnt. Da ihr aber keine Wahl blieb, fügte sie sich, nahm Tasche und Mantel und verließ artig, wenn auch etwas enttäuscht, das Lokal. Auf der Rückfahrt nach Ludwigshafen kam ihr zwar in den Sinn, dass es eigentlich gar nicht so früh war, wenn man bedachte, dass Alfons die 25 Kilometer ja auch wieder zurück nach Speyer fahren musste. Aber dennoch, so ganz konnte sie dieses Argument dann doch nicht überzeugen.

So abwechslungsreich und angenehm der Tagesausflug nach Speyer und vor allem der Tanzabend gewesen waren, so blieb Christine mit ihrem Herzen doch Herbert zugewandt. In ihn hatte sie sich ja schwer verliebt. Er war ihre erste große Liebe. Und wegen ihm war sie, seinem Drängen folgend, doch überhaupt erst nach Ludwigshafen gekommen. Aber dann, als sie in freudiger Erwartung, sie würden endlich ein Liebespaar werden, angereist war, da blieb ihr Verhältnis weiterhin rein freundschaftlich. Nie eine Umarmung und schon gar keinen Kuss. Alles blieb unverbindlich. Das hatte sie, das musste sich Christine eingestehen, doch ein Stück weit gekränkt. *Verdammt noch mal, er könnte mir jetzt auch mal zeigen, dass er mich mag*. Aber anstatt sich zu innigeren Gefühlen zu bekennen, schickte Herbert stets andere vor. Beauftragte Hinz und Kunz mit dem Abholen von Christine. Und so hatte sie, vielleicht anfangs noch ein bisschen aus Trotz, öfters Alfons Einladungen angenommen und war mit ihm ausgegangen. Die Folge war, dass sie sich immer stärker zu Alfons hingezogen fühlte. Und damit begann ihr Dilemma. Da waren ihre Gefühle für Herbert und da waren jene für Alfons. Natürlich verschwieg sie Herbert, dass es da noch einen gab, dass sie längst begonnen hatte, mit Alfons auszugehen. Davon sollte Herbert selbstverständlich nichts wissen. Schließlich wollte sie doch auch mit ihm zusammen sein. Und dann wieder doch mehr mit Alfons. Es war zum Verzweifeln. Christine fand sich hin- und hergerissen. Mal zog es sie mehr zu Herbert hin, dann war sie wieder lieber bei Alfons.

Lilo war für die Zwickmühle, in der Christine steckte, nicht die rechte Ansprechpartnerin. Da diese eindeutig für Alfons eine Lanze gebrochen hatte, war anzunehmen, dass sie wenig Verständnis zeigen würde, wenn mal wieder Herberts Unverbindlichkeit mehr schmerzte. Aber alles alleine mit sich ausmachen, das war auch nicht Christines Art, und so schrieb sie schließlich in den Briefen an ihre Eltern, was sie in Ludwigshafen bewegte. Natürlich nicht allzu offen und allzu direkt, aber sie erzählte von den allermeisten Erlebnissen. Sie berichtete von Herbert, den die Eltern ja schon von Bozen her kannten, und erwähnte all die anderen Südtiroler, die längst ihre Freunde geworden waren. Sie erzählte von den Ausflügen, die sie in der Clique an den Abenden unternahmen, und davon, was sie bei der Arbeit erlebte. Wie ungern sie in die neue Abteilung gewechselt war und auch, dass sie sich so gut mit der ersten Sekretärin und guten Seele der Abteilung verstand. Schließlich fiel öfters auch der Name Alfons. Sie beschrieb, dass er ihr neuer Chef sei, dass sie in seiner Abteilung als Schreibkraft arbeite, dass er sehr sympathisch sei und dass sie begonnen habe, ihn auch privat zu treffen. Christine wollte ihre Eltern teilhaben lassen an ihrem Leben in Ludwigshafen, das sie so überaus genoss, das sie sprichwörtlich als die totale Freiheit empfand, grad so, als lebe sie im Paradies. Ihre Offenherzigkeit aber haben die Eltern ganz gehörig in den falschen Hals bekommen.

Der Brief der Eltern, in dem ihr die unverzügliche Rückkehr nach Bozen befohlen wurde, traf Ende April 1964 ein. Noch schlimmer als die Tatsache, dass die Eltern sie nach Hause beorderten, war aber der Grund, warum sie das taten. *Dein unstetes Leben*, rumorte es in ihrem Kopf, und sie konnte sich ihren Vater, der ärgerlich „Alfons, Alfons, Alfons. Wer ist das jetzt schon wieder? Das geht so nicht! Das sind viel zu viele Männer! Schluss! Die Christl muss zurück!" vor sich hin brummte, lebhaft vorstellen. Und ihr war durchaus bewusst, dass ihr die Eltern die Erlaubnis im Ausland zu bleiben, lediglich für ein paar Monate gegeben hatten. Von einer wesentlich längeren Zeit war nie die Rede gewesen. Christine hatte die Rückkehr stets durch geschickte Einwände hinauszögern können, weil es ihr hier so gut gefalle, sie habe einen lieben Freundeskreis gefunden, sei bei einer ordentlichen Firma beschäftigt und verdiene zudem außerordentlich gut. Aber nun, das war sonnenklar, würde der Vater sich nicht mehr erweichen lassen. Christine fügte sich, folgsam wie sie war, und akzeptierte den Wunsch der Eltern widerspruchslos.

Als sie ihre Kündigung bei der Firma „Pollux" einreichte, war Lilo regelrecht entsetzt. Aufgebracht tat sie ihrem Unmut kund, indem sie „Du kannst nicht einfach gehen und alles abbrechen!" klagte und beim Gedanken an ihren Chef, für den sie sich doch bei Christine so ins Zeug gelegt hatte, wurde sie richtig böse. Ausgerechnet jetzt, wo es mit Alfons gerade so gut angefangen habe, warf sie Christine mehrfach vor, da könne sie doch nicht so einfach fort, und versuchte schließlich mit „So einen lieben Mann bekommst du nie wieder!" Christine vom Bleiben zu überzeugen. Zu gehen oder zu bleiben war aber mitnichten eine Entscheidung, die Christine zu treffen gehabt hätte. Und dem Vater zu widersprechen, hätte sie niemals gewagt.

In den Sommermonaten war Christine bepackt mit ihrem großen Koffer wieder bei ihren Eltern eingezogen. Zeitgleich, als sie zuhause über die Türschwelle getreten war, war dieses Gefühl von totaler Freiheit, das sie in Ludwigshafen verspürt hatte, dem altbekannten Druck, als Einzelkind ihren Eltern verpflichtet zu sein, gewichen. Um sich nicht gänzlich zu grämen, hatte sich Christine eilig darum bemüht, in Bozen eine Arbeit zu bekommen. Sie hatte Glück und wurde schnell fündig. Beim „Amonn", gleich gegenüber dem Bozner Rathaus, wurde sie als Sekretärin für den Ein- und Verkauf in der Spritzmittelabteilung eingestellt.

Sobald sie mit viel Elan ihre neue Stelle angetreten hatte, wurde sie gleich wieder ausgebremst, als ihr jäh bewusst wurde, dass sie praktisch kein Italienisch mehr konnte. Zumindest nicht auf dem Niveau, das ihr Chef, Herr Martinelli, von ihr benötigte. Den Ein- und Verkauf der Spritzmittel tätigte die Firma ausschließlich auf dem italienischen Markt. Sämtliche Geschäftsbriefe waren auf Italienisch zu schreiben. Dasselbe galt für die Kundentelefonate, die auf Italienisch geführt werden mussten. Deutsch wurde im Büro eigentlich nur untereinander gesprochen, und natürlich war unten im Geschäft, wo Schreibwaren verkauft wurden, Deutsch die Hauptsprache. Dass aber ihre Sprachkenntnisse so schnell wieder verschwinden würden, hätte sich Christine nicht gedacht. Sicher, wirklich viel hatte sie diese Sprache nach der Schule nicht gebraucht. Bei den Rechtsanwälten Vinschger war nur äußerst selten ein Schriftsatz auf Italienisch zu schreiben gewesen und in der Redaktion bei den „Südtiroler Nachrichten“ war ohnehin alles nur mehr auf Deutsch. Selbst in Jesolo auf dem Campingplatz, wo fast alle Gäste aus der Bundesrepublik gekommen waren, hatten sie viel mehr deutsch als italienisch gesprochen. Und in Ludwigshafen? Die wenigen Übersetzungsdialoge beim Prokuristen Falk für die italienischen Gastarbeiter fielen ja nicht mal ins Gewicht. Aber Herr Martinelli hatte eine Engelsgeduld mit Christine beim Diktieren der italienischen Geschäftsbriefe. Seine ruhige, besonnene Art bewog Christine dann auch dazu, sich schnellstmöglich die Sprachkenntnisse wieder anzueignen. Schließlich war sie wieder so fit, dass ihr nicht nur das Tippen der Geschäftsbriefe auf Italienisch nichts mehr ausmachte, sie war auch wieder geübt darin, das Diktat auf Italienisch zu stenografieren. Was Christine aber sogleich wieder gefiel, als sie zurück nach Bozen gekommen war, war die Lebensweise. Sie genoss es, am Vormittag mit den Arbeitskollegen in die Bar zu gehen, um einen anständigen Kaffee, wie sie fand, zu trinken. Und abends nach der Arbeit fuhren sie mit den Kollegen ins Überetsch, sprangen zum Schwimmen in den Kalterer See und setzten sich danach auf ein Glas Wein in eine Weinschenke. Diesen Möglichkeiten, den Tag zu verbringen, die sich doch deutlich von jenen in Ludwigshafen unterschieden, besonders was die Gestaltung der Sonntage betraf, war Christine sehr zugetan. Und dann war da noch Herbert.

Herbert hatte, als er von Christine erfahren hatte, dass sie auf Geheiß des Vaters unverzüglich Ludwigshafen zu verlassen habe, ebenfalls seine Koffer gepackt und war zurück nach Südtirol gekommen. Über das Warum seiner Rückkehr ließ er Christine aber eigenartigerweise im Ungewissen, und sie hätte es niemals gewagt, von sich aus nachzufragen. Also machten sie da weiter, wo sie in Ludwigshafen aufgehört hatten. Ungeachtet dessen, dass Herbert ihr nach wie vor keine innigeren Gefühle gestand, ging sie dennoch darauf ein, ihn weiterhin zu treffen. Sie setzten sich nach der Arbeit auf ein Getränk in ein Gasthaus oder sie verabredeten sich im Winter zum Skifahren. Als Christine im Skianzug, beladen mit Skiern und Skischuhen nach einem gemeinsamen Skitag mit Herbert zuhause die Wohnungstür öffnete und die Stube betrat, glaubte sie ihren Augen nicht zu trauen. Am Tisch neben ihren Eltern saß Alfons. Er war den weiten Weg von Speyer nach Bozen gefahren, um Christine zu besuchen. Sie war verblüfft, weil er nichts von seinen Absichten hatte verlauten lassen, und gleichzeitig war sie erfreut, ihn wiederzusehen. Anscheinend hatte Alfons, der ansonsten kein allzu großer Charmeur war, es wunderbar zuwege gebracht, ihre Eltern um den Finger zu wickeln. Denn sie waren von Alfons begeistert. Auf jeden Fall schätzten sie ihn von Anfang an weit mehr, als sie das je für Herbert empfunden hatten. Herbert, der in ihren Augen ein Luftikus war, verstand es zwar, der Mama Komplimente zu machen, was dieser gefiel. Aber sein Verhalten ihrer Tochter gegenüber war den Eltern suspekt. Das häufige Ausgehen, die vielen Treffen, das gemeinsame Skifahren. Er hatte ihrer Tochter den Kopf verdreht, war dann aber nie bereit gewesen, Nägel mit Köpfen zu machen und eine feste Bindung mit ihr einzugehen. Das hatte ihnen wenig imponiert.

Nicht so Alfons. Sehr zuverlässig. Sehr höflich. Sehr korrekt. Sehr anständig. Sehr großzügig. Und dass er eine gute Position bei seiner Arbeit hatte, einschließlich eines guten Verdienstes, das sagte den Elter natürlich zu. Sie hatten dann auch nichts dagegen, dass Alfons ein paar Tage in Bozen blieb. Allerdings wurde ihm kein Schlafplatz in der Wohnung angeboten. Wenn die Eltern auch sehr großzügig waren, aber das wäre ihnen doch zu weit gegangen. Gemeinsam gingen sie hinüber zu Frau Mahlknecht und fragten, ob sie ein Zimmer frei hätte. Worauf Frau Mahlknecht einging, denn einem Bekannten ihrer guten Freundin Christine gewährte sie gerne Unterkunft. Allerdings blieb es nicht bei diesem einem Mal. Fortan quartierte sich Alfons immer bei Frau Mahlknecht ein, wenn er auf einen Kurzbesuch nach Bozen zu Christine kam.

Alle fünf bis sechs Wochen war Alfons nun Gast in Bozen. Er unternahm viel mit Christine, aber auch mit ihren Eltern. Besonders zu Christines Vater hat er einen sehr guten Draht bekommen. In ihm fand er auch einen Fürsprecher bei seinen Bemühungen um Christine. Zwischen seinen Besuchen rief Alfons Christine fleißig an. Und sie schrieben sich Briefe.

Stapelweise Briefe hat Christine von Alfons bekommen. Natürlich hat auch sie ihm geschrieben. Denn Alfons gefiel ihr immer besser. Er war so anders als Herbert. Auf ihn konnte man zählen, auf ihn konnte man sich verlassen. Alles schien sich in die richtige Richtung zu entwickeln, wenn da nicht diese unleidigen Gefühle gewesen wären. Christine hatte ja Herbert immer so gemocht, das ließ sich nicht so einfach abstellen wie ein Radiogerät. Aber Alfons hat nicht lockergelassen. Immer wieder kam er nach Bozen. War es früher Christine, die bei Frau Mahlknecht ihr Herz ausschüttete, so war es nun Alfons, der sie zu seiner Vertrauten machte. Ihr erzählte er von seinen Gefühlen für Christine, dass aber alles so kompliziert sei. Frau Mahlknecht verstand es immer aufs Neue, ihn mit einem „Alfons, das wird schon, wirst sehen, ganz sicher" aufzumuntern. Und so blieb Alfons weiter hartnäckig.

Christine wollte schließlich Gewissheit und konfrontierte Herbert, als er sie einmal mehr nach der Arbeit abgeholt hatte und sie gemeinsam in einem Lokal saßen, mit der Tatsache, dass es da noch einen Mann in ihrem Leben gab. Schon mehrere Monate würde sie Alfons treffen. Das habe im Grunde bereits in Ludwigshafen, wo er bei „Pollux" ihr Chef gewesen war, begonnen. Und nun, seit sie wieder in Bozen lebte, würde er sie regelmäßig besuchen. Erwartungsvoll sah Christine zu Herbert. Wie würde er auf ihr Bekenntnis reagieren? Aber als er sie nur neutral ansah, tat, als würde ihn dies nicht weiter berühren, und sie sogar zu ihrer neuen Beziehung beglückwünschte, da zog Christine in ihrem Herzen die Konsequenzen.

Alfons Beharrlichkeit begann indes bei Christine immer mehr Früchte zu tragen. Doch als sie spürte, dass ihre Gefühle für Alfons so stark geworden waren, dass sie sich für ihn entscheiden wollte, saß sie wieder in der Zwickmühle. Sie liebte Alfons, aber eine Heirat mit ihm hätte auch bedeutet, dass sie Südtirol verlassen und nach Speyer ziehen müsste. Und das wollte sie nun wiederum ihren Eltern nicht antun. Vor allem ihre Mutter hätte diese, dann endgültige Trennung, nicht ertragen wollen. So vergingen viele Monate, in denen die sich Liebenden Pläne schmiedeten, wie sie Christines Eltern dazu bringen könnten, ihrer Verbindung doch noch ihren Segen zu geben. Alfons sah schließlich nur eine Möglichkeit. Er versicherte Christines Eltern hoch und heilig, dass er, im Falle ihrer Zustimmung zur Hochzeit, mit Christine zuverlässig in sehr regelmäßigen Abständen die Wochenenden in Bozen verbringen würden. Die Eltern, die längst von Alfons Ehrlichkeit wie Zuverlässigkeit überzeugt waren, wussten, darauf konnten sie sich verlassen. Zu hundert Prozent.

Silvester 1965 war Alfons in Bozen bei Christine, und sie feierten gemeinsam mit den Eltern und Freunden Verlobung. Jetzt war klar, dass Christine nun auch bald nach Speyer ziehen würde. Sie kündigte beim „Amonn“, und Alfons hatte in der Zwischenzeit für Christine Arbeit in Speyer bei der Firma „Grünzweig und Hartmann“ gefunden. Im Frühjahr 1966 verließ sie erneut Bozen und fuhr über den Brenner nach Rheinland-Pfalz. Nur diesmal saß sie im Wagen auf dem Beifahrersitz neben Alfons und war wesentlich entspannter als noch bei ihrer ersten Fahrt mit dem Bus voller Gastarbeiter. In Speyer bezog sie ein kleines Zimmer im letzten Stock des Gasthofs „Zum Wartturm“. Das Bad teilte sie sich mit anderen Gästen, aber Christine fühlte sich dennoch sehr wohl. Bald lernte sie die Familie, die den Gasthof führte, kennen und genoss viele Freiheiten. Sie durfte sich im ganzen Haus benehmen, als gehöre sie zur Familie. Abends kam Alfons vorbei und sie saßen gemeinsam in der Gaststube. Sie aßen eine Kleinigkeit oder trafen sich einfach nur auf ein Bier. Häufig setzten sich auch die Wirtsleute dazu. Dieser Gasthof befand sich an der Ecke der Straße, wo Alfons Elternhaus steht. Nun galt es, die Hochzeit vorzubereiten. Zuallererst wollte Alfons das Haus umbauen, um es für sich und Christine herzurichten. Er wollte eine eigene Wohnung haben, ohne dass sich die Mutter und seine Schwester, die ebenso im Haus wohnten, gestört fühlten. Weil Alfons nichts dem Zufall überlassen wollte und auch eine genau Vorstellung davon hatte, wie sein neues Zuhause aussehen sollte, nahm der Umbau doch einige Zeit in Anspruch.

Von Anfang an hielt Alfons das den Eltern von Christine gegebene Versprechen. Sehr regelmäßig fuhren beide übers Wochenende nach Bozen. Das war ein überaus anstrengendes Unterfangen, wie Christine fand. Freitagabends gegen 17 Uhr setzten sie sich ins Auto und fuhren los. Sie nahmen die Strecke über den Fernpass. Aber die Fahrt führte in die tiefe Nacht hinein, weshalb sie sie in zwei Etappen bewältigten. In Nassereith in Tirol hatten sie bald ihr Stammhotel, das sie spät abends zum Übernachten ansteuerten. Zeitig in der Früh ging es dann weiter nach Bozen, um schon am Vormittag bei Christines Eltern zu sein. Ans Ausruhen war da nie zu denken. Die Eltern hatten meist schon Pläne für das gemeinsame Wochenende gemacht, und am späteren Nachmittag nahm der Vater Alfons mit zum Stammtisch, während Christine und die Mutter zuhause dafür sorgten, dass das Abendessen auf den Tisch kam. Für den Sonntag war meist noch ein Ausflug geplant, ehe Christine und Alfons sich wieder auf den Weg nach Speyer machten. Sie starteten bereits am Nachmittag, um die Strecke ohne Zwischenstopp zu bewältigen. Denn am Montagmorgen begann für beide zeitig ein neuer Arbeitstag. Diese Turbofahrten an den Wochenenden waren äußerst anstrengend. Zumindest für Alfons und Christine. Aber sie ließen alles über sich ergehen, weil sie wussten, anderenfalls würden Christines Eltern ihren Segen zur Hochzeit niemals geben. Und ohne elterlichen Segen hätte Christine nie geheiratet. Niemals. Ihre Zuverlässigkeit und Hartnäckigkeit wurden schließlich mit dem Segen der Eltern belohnt. Für die Hochzeit sind es dann die Eltern gewesen, die nach Speyer gekommen sind, wo die Hochzeitsglocken für Christine und Alfons geläutet haben, im Mai 1968.

Christine lebt bis heute mit Alfons in Speyer am Rhein und fühlt sich in der Pfalz mit ihren aufgeschlossenen und kontaktfreudigen Menschen sehr wohl, ohne die Liebe zu ihrer Südtiroler Heimat je verloren zu haben. Die Spannungen in ihrer Familie lösten sich durch die häufigen gegenseitigen Besuche und die zeitweise wochenlangen Sommeraufenthalte ihrer Eltern in Speyer weitgehend auf.

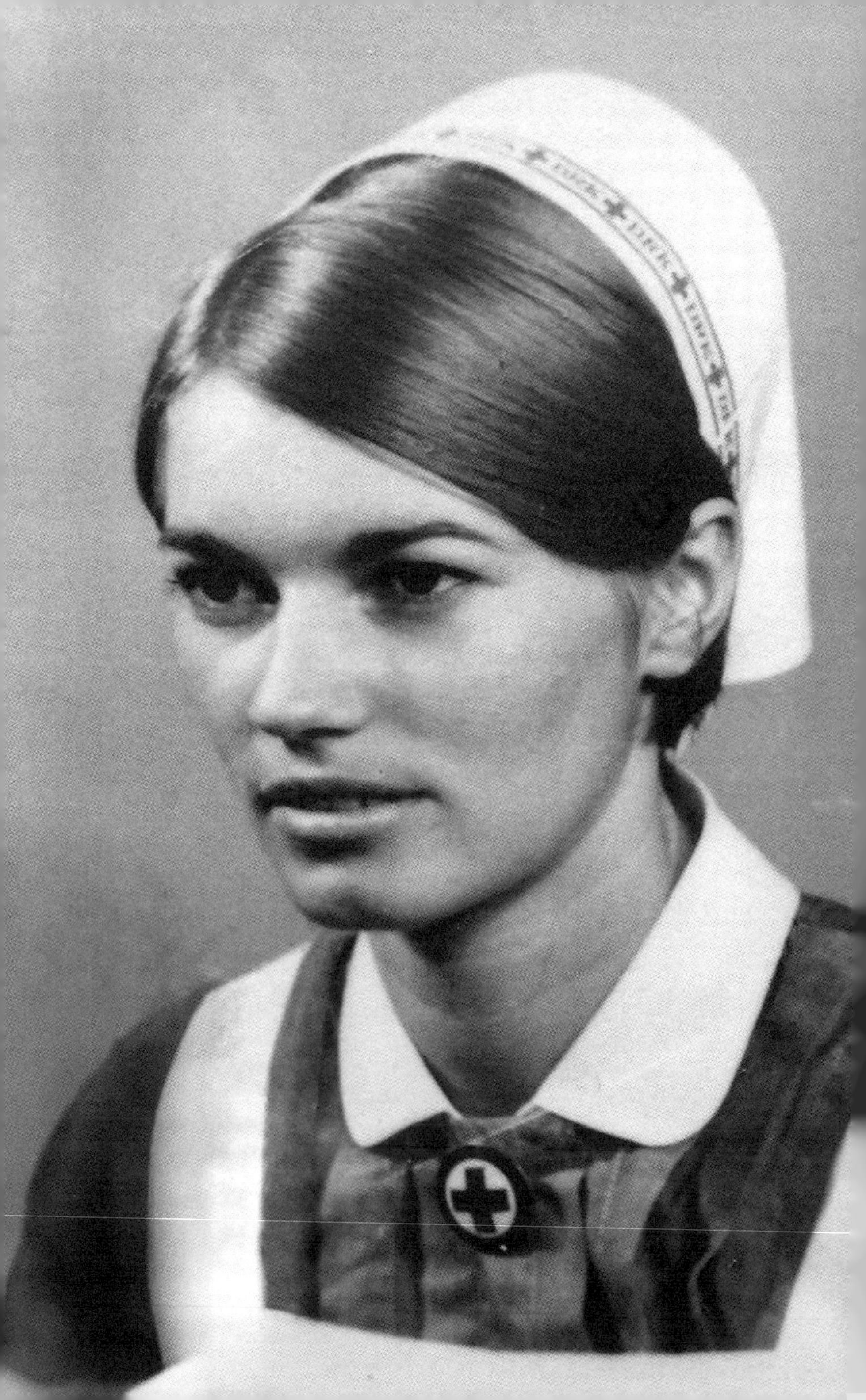

Im Kriegseinsatz

Luzia P., Jahrgang 1947, Pustertal
1965–1989 München, 1969/70 Vietnam,
1987/88 Saudi-Arabien, 1989–2014 Dänemark

Es war beschlossene Sache. *Ich will nach Vietnam,* war sich Luzia nun sicher. Ganz in ihren Gedanken versunken, die sich um den gemeinsam mit ihrer Freundin Käthe geplanten Kriegseinsatz als Rotkreuzschwestern auf dem Hospitalschiff *Helgoland* drehten, verrichtete Luzia an diesem Vormittag des 2. Mai 1969 routinemäßig ihre Arbeit im Operationssaal im RK II, einer der Kliniken der Rotkreuzschwestern in München. Zum Klinikverbund gehörte das Haupthaus auf dem Rotkreuzplatz, das Rotkreuzklinikum RK I, sowie jenes in der Lazarettstraße, das RK II, die Polyklinik in der Pettenkoferstraße, das ehemalige Lazarettkrankenhaus in Oberföhring, die Frauenklinik „Taxisstraße München" und das Otto-Gessler-Krankenhaus in Lindenberg. Als Luzia sich nach dem Abschluss ihrer Ausbildung zur Rotkreuzschwester entschieden hatte, in der Schwesternschaft zu bleiben, hatte sie das RK II für ihren künftigen Arbeitsplatz gewählt.

Seit ihrem Examen im Oktober 1968 arbeitete sie nun dort im Operationssaal unter der Leitung von Sr. Borgia. Die *RK*-Schwesternschaft war zwar ein weltlicher Bund, aber von seiner Organisation und Struktur her orientierte er sich nach wie vor an einer religiösen Klostergemeinschaft. So wurde die Leiterin der Schwesternschaft „Oberin" genannt, es gab ein Mutterhaus und die Berufsbezeichnung der

Krankenpflegerinnen war, wie bei den Nonnen, „Schwester". Als Luzia allerdings 1965 mit ihrer Ausbildung in München begonnen hatte, war zwar noch der Eintritt in den weltlichen Orden erforderlich, aber man durfte seinen Rufnamen behalten. Luzia wurde auch schon während der dreijährigen Ausbildung von allen „Schwester Luzia" genannt. Sr. Borgia, die leitende OP-Schwester im RK II, dagegen gehörte, so wie die meisten Erzieherinnen und Lehrerinnen während Luzias Ausbildung, noch zur alten Garde. Sie hatten beim Eintritt in die Schwesternschaft ihren weltlichen Namen ablegen müssen und trugen einen Schwesternnamen.

Sr. Borgia war bereits als Rotkreuzschwester während des Zweiten Weltkriegs im Fronteinsatz gewesen. Genauso wie Sr. Gotelinde, Sr. Benigna oder die Generaloberin Helmine Held. Alle hatten sie ihren Dienst in den Lazaretten an der Westfront oder Ostfront verrichtet oder sie waren mit dem Panzergeneral Erwin Rommel in Afrika gewesen. Diese Frauen waren durch eine harte, zehrende Schule unter den widrigsten Umständen gegangen, hatten zerfetzte und zerschundene Soldaten wieder gesund gepflegt und waren, den Männern gleich, auf Gehorsam und Aufopferung gedrillt worden. Das hatte sie gestählt. Nach dem Krieg genossen diese Rotkreuzschwestern ein hohes Ansehen. Sie wurden geachtet und hofiert. Stand hoher Staatsbesuch an, war Sr. Helmine, die Generaloberin von 1945 bis 1982 der *BRK*-Schwesternschaft in München, die bürgerlich Johanna Charlotte Held hieß, immer in der ersten Reihe unter den geladenen Ehrengästen. Durch Zucht und Ordnung waren sie zu unerschrockenen Frauen geworden, Zucht und Ordnung hatte, nach ihrer Auffassung, nach wie vor in ihrer Schwesternschaft zu herrschen.

In der Krankenpflegeschule, in den Schwesternwohnhäusern, auf den Stationen ihrer Krankenhäuser. *Die reinsten Feldwedel in der Leitung ihrer Abteilung, wenn nicht noch strenger*, fanden die Schwesternschülerinnen während ihrer Ausbildung. Was hatten sie, die angehenden Rotkreuzschwestern, während ihrer Ausbildung gelitten unter dieser Härte. Wie viele Tränen hatten sie vergossen, weil sie sich gedemütigt fühlten und meinten, durch das Tagespensum überfordert zu sein. Ein Arbeitstag war nicht selten 15 oder 16 Stunden lang. Die Zeit der Ausbildung brachte sie oft an ihre körperlichen, aber auch psychischen Grenzen.

Der Tag in den Schwesternwohnhäusern begann während ihrer Ausbildung mit der Frühmesse um 6 Uhr. Alle mussten bereits in ihrer Arbeitstracht, bestehend aus einem grauen Kleid mit weißen Bündchen an den Ärmeln und weißem Kragen, einer weißen Schwesternschürze mit Latz, einem weißen Häubchen und der runden Brosche mit dem roten Kreuz auf weißem Grund, die mittig in den Kragen platziert werden musste, erscheinen. Nach der Messe hatte man geordnet im Frühstückssaal Aufstellung zu nehmen. Eine jede hatte stramm vor ihrem Sitzplatz zu stehen und ihr Gesicht musste Richtung Eingang gerichtet sein. Lautlos hatten sie stillstehend auszuharren, bis die Generaloberin den Frühstückssaal betrat. War die Generaloberin, Sr. Helmine Held, an ihrem Platz angelangt, hatte eines der Mädchen den Morgenspruch aufzusagen. Hinsetzen durfte man sich im Anschluss aber erst, sobald die Generaloberin Platz genommen hatte. Dasselbe galt für den Löffel, die Tasse, das Brot, die Butter. Den ersten Griff, egal zu welchem Gegenstand, hatte die Generaloberin. Das war die Reihenfolge, die es akribisch einzuhalten galt. Ließ sich eines der Mädchen zu einem voreiligen Handgriff verleiten, wurde dies beanstandet. Nach dem Frühstück hatte man zur Arbeit auf den diversen Stationen, in die man eingeteilt wurde, anzutreten. Die Oberschwestern, die in den Abteilungen das Sagen hatten, führten diese auch mit strenger Hand. Wurde nicht richtig gespurt, konnte man eine sofortige Standpauke erwarten. Den Argusaugen der Oberschwestern schien nichts zu entgehen. Kein Staubkorn in der Ecke, kein Tropfen Suppe, der beim Essen versehentlich auf einem Patientenlaken gelandet war, kein noch so kleiner Blutfleck auf dem gesprenkelten Steinfußboden. Alles hatte sauber und hygienisch einwandfrei zu sein. Alles hatte perfekt zu funktionieren. Und zwar exakt so, wie die „alten" Schwestern das gewohnt waren. So wollten sie es haben und nicht anders! Da gab es keinen Spielraum.

Von dieser scharfen Behandlung waren die Patienten auf den Stationen selbstverständlich ausgenommen. Deren bestmögliche Versorgung stand an erster Stelle. Erst wenn alle Arbeit auf den Stationen erledigt war, wenn die Patienten nach dem Abendessen noch mit Tee und, wenn nötig, mit entsprechenden Medikamenten versorgt waren, durften sich die Mädchen hinsetzen, um sich noch weiteren Arbeiten zu widmen. Dazu zählten beispielsweise, die gewaschenen Mullbinden auszuziehen und diese zu handlichen Ballen aufzurollen, die gewaschenen Tupfer zu legen oder OP-Handschuhe zu pudern und für die Sterilisation klarzumachen. Müde und erschöpft kamen sie oft spätabends zurück in ihre Unterkünfte.

Im ersten Ausbildungsjahr wohnten die jungen Frauen zu viert in den Zimmern, mit einem Gemeinschaftsbad auf der Etage. Alles war sehr spartanisch. Ein Tisch. Vier Betten. Vier Stühle. Vier Schränke. Das war's. Aber viele Anziehsachen brauchten sie ohnehin nicht. Bei der Arbeit trugen sie ihre Schwesterntracht. Die allerdings musste akribisch gepflegt werden. Genauso hatten die weißen Latzschürzen vor Sauberkeit zu strahlen, und die Häubchen mussten exakt gefaltet sein. Darauf wurde größter Wert gelegt. Schlampigkeit und Unordnung wurden in keiner Weise geduldet. Nicht auf der Station. Nicht bei der Kleidung.

Mit Anneliese, Maria, die alle Mary nannten, und ihrer besten Freundin Käthe bewohnte Luzia ein Zimmer im Schwesternwohnheim in der Nymphenburger Straße.

„Mei, ten me de Feeß weeh!“ – „Mein Gott, was tun mir die Füße weh!“, hörten sie schon Marys Stimme, sowie diese die Tür ins gemeinsame Zimmer öffnete und sich gleich darauf völlig erschöpft auf ihr Bett fallen ließ.

„Diese Oberschwestern! Die reinste Qual! Ich halte das nicht länger aus“, tat Anneliese umgehend ihren Ärger kund, wobei sie, müde und ausgelaugt, ihre Tränen schon nicht mehr zurückzuhalten vermochte.

„Diese Ausbildung ist unmenschlich und barbarisch! Nie, nie werden wir das durchhalten! Das ist ganz unmöglich!“, waren sie sich einig.

„Die verlangen viel zu viel, viel zu viel“, pflichtete Luzia ihren Zimmergenossinnen bei, während ihr die Augen bereits zufielen, und im Halbschlaf brachte sie noch ermutigend, wenn auch bereits schwach hörbar hervor, „aber wir halten durch. Wir machen weiter. Wir geben nicht auf. Wir dürfen nicht aufgeben“, ehe sie vollends im Tiefschlaf versank.

Die Ausbildung zur Rotkreuzschwester bestand neben dem Dienst auf den Stationen auch aus dem Unterricht in der Krankenpflegeschule. Dafür gab es eigene Schultage, in denen die Theorie vermittelt wurde. Keinem der 19 Mädchen, mit denen Luzia in der Klasse saß, gefiel der Schulbesuch. Nicht im Geringsten! Das strenge Regiment, das die Rotkreuzschwestern auf den Stationen und in den Wohnheimen walten ließen, galt auch in der Schule. Alle waren sie zu Beginn der Ausbildung mehr oder weniger im selben Alter, 17 oder 18 Jahre alt. In ihrer Klasse war Luzia die Einzige aus Südtirol. Die anderen kamen hauptsächlich aus Bayern, so wie ihre beste Freundin Käthe, die aus Franken stammte, aber im Grunde waren Mädchen aus ganz Deutschland zugegen.

Alle Anwärterinnen, die die Schule besuchten, mussten auch im Schwesternheim wohnen. Das war die Bedingung. Parallel zur Schule galt es, die verschiedenen Stationen zu durchlaufen, die man sich allerdings nicht aussuchen durfte, sondern denen man zugewiesen wurde. Luzia wurde zunächst auf die Hals-Nasen-Ohren-Abteilung geschickt, dann folgte die Gynäkologie und Frauenheilkunde, die Säuglingsstation, die Innere Medizin, die Chirurgie, das Labor und schließlich der Operationssaal. Wie rigide die Station geführt wurde, hing im Wesentlichen von der Oberschwester ab. Luzia hatte auf ihrer ersten Station, der Hals-Nasen-Ohren-Abteilung, eine einigermaßen verständige Oberschwester. Aber bei Käthe, die der Orthopädie zugeteilt worden war, herrschte eine Oberschwester, die noch Methoden aus ihrem Fronteinsatz im Zweiten Weltkrieg anwandte. Unbeugsam. Unerbittlich. Käthe litt dermaßen, dass sie mehr als einmal die Ausbildung schmeißen wollte. Nur das gute Zureden, die Unterstützung und Aufmunterung ihrer Kommilitoninnen ließ sie weitermachen. Aber das galt im Grunde für sie alle. Keine von ihnen hätte den Tag ihres Examens erlebt, wenn sie nicht füreinander dagewesen wären. Nur, weil sie einander gestützt haben, haben sie überhaupt durchgehalten. Die ganze dreijährige Ausbildung hindurch, die so unheimlich streng, erschöpfend und zermürbend gewesen war.

Wenn Luzia ehrlich war, dann gab es – was sie betraf – noch einen weiteren Grund, warum sie nie im Leben die Ausbildung in München bei den *BRK*-Schwestern abgebrochen hätte. Warum sie allen Schikanen und aller Härte zum Trotz durchgehalten hatte. Das war ihr starker Wille und nicht zuletzt ihr Stolz.

„Nie im Leben hältst du das durch!“, hatte sie von allen Seiten zu hören bekommen, als sie sich im Herbst 1965 von den Dorfnachbarn in Ehrenburg, einer Fraktion von Kiens, wo sie aufgewachsen war, verabschiedete. Sie wolle in die bayerische Hauptstadt, um sich zur Rotkreuzschwester ausbilden zu lassen, hatte sie dabei erklärt. Zwar liegen zwischen Ehrenburg und München gute 250 Kilometer, und auch wenn die Krankenpflege zu der Zeit in Südtirol noch überwiegend den katholischen Ordensfrauen oblag, so wusste man doch Bescheid über die *RK*-Schwesternschaft und deren rigides Regelwerk, das in der gesamten Organisation und vor allem in der Ausbildung herrschte. Und da Luzia in ihrem Heimatdorf allen als lebenslustiges Mädchen bekannt war, das das Feiern liebte und auf den Tanzböden zuhause war, konnte sich niemand wirklich vorstellen, dass sie sich dem strengen Regiment der Rotkreuzausbildung beugen könnte.

„Das wirst du schon sehen, da bist du schnell wieder zuhause!", hörte sie auch von allen in ihrer Familie. Vom Vater, von der Mutter, von ihrer geliebten Tante Loise, der Schwester ihrer Mutter, und von ihren beiden größeren Brüdern Erich und Hermann sowieso. Selbst der Pfarrer hatte ihr mit lachendem Gesicht zwar die Hand gedrückt, aber gesagt: „Da brauchst du dich nicht lange zu verabschieden, du bist ohnehin schneller wieder zurück, als du fürs Verabschieden brauchst!" Nun, mehr hatte Luzia wirklich nicht zu hören brauchen, um zu wissen, dass sie eines ganz sicher tun wird, nämlich: durchhalten. Komme, was da wolle, denn die Schadenfreude, die ihr anderenfalls entgegengeschlagen wäre, hätte sie den anderen nicht gegönnt. Vielmehr hätte sie sich in Grund und Boden geschämt, ohne Examen wieder nach Hause zurückzukehren. Dabei resultierte die Überlegung, Rotkreuzschwester zu werden, bei Luzia ursprünglich nicht aus dem Wunsch heraus, einen Pflege- und Heilberuf auszuüben, sondern weil sie darin die einzige Möglichkeit gesehen hatte, von ihrem Vater die Erlaubnis zu bekommen, ins Ausland zu gehen. Denn dahin wollte sie. Unbedingt. Weit fort von zuhause. Weit fort von der ständigen Kontrolle. Der Aufsicht. Der Einmischung.

Die Eltern hatten Luzia und ihre Geschwister liebevoll, aber streng erzogen. Besonders sie, Luzia, das erste Mädchen nach zwei Buben, bekam die behütende Fürsorge stark zu spüren. Was auch daran gelegen haben mag, dass sie ein langersehntes Mädchen war. Von Erich, ihrem ältesten Bruder, trennten sie sechs Jahre, und Hermann war fünf Jahre älter als sie. Der Altersunterschied war, wie in vielen Familien in jener Zeit, kriegsbedingt. Jeder wehrfähige Mann in

Südtirol, der im Herbst 1939 für die *Option* nach Deutschland gestimmt hatte, konnte von da an in den deutschen Kriegsdienst eingezogen werden. Wer sich fürs Bleiben entschieden hatte, konnte mit dem Kriegseintritt Italiens an der Seite Deutschlands am 10. Juni 1940 ebenso einberufen werden – allerdings zum italienischen Heer. Einzig Verheiratete konnten anfangs noch verschont werden.

Nachdem Luzias Eltern, David und Johanna, 1940 geheiratet hatten, gehörte der Frischvermählte sodann nicht zu den Ersten, die rekrutiert wurden. Als sich die Kriegsereignisse aber, spätestens mit dem Überfall auf die Sowjetunion im Juni 1941 und der Katastrophe in Stalingrad im Winter 1942/43, zuspitzten und enorm hohe personelle Verluste zu beklagen waren, wurde der Bedarf an Soldaten übermäßig groß. Auf Alter und Ehe konnte keine Rücksicht mehr genommen werden. Auch David ereilte der Einberufungsbefehl. Sogar in Windeseile. Von heute auf morgen hatte er einzurücken. Für einen langen Abschied blieb keine Zeit und erst recht nicht, um Vorkehrungen zu treffen für Johanna und die beiden kleinen Söhne.

Eine Zeit der Ungewissheit brach für die junge Mutter an, die mit den Buben im Schlepptau das Notwendigste zusammenraffen musste, um sich vor dem Bombenhagel der alliierten Luftstreitkräfte in Sicherheit zu bringen. Diese hatten es auf die Eisenbahnlinie abgesehen, die quer durch das Pustertal führt. Mit dem Ziel, die Nachschublinie zu zerstören, fielen Bomben auch auf Kiens. Der Zweite Weltkrieg, der bis dahin in sicherer Entfernung – weit weg in Russland, an der Westfront oder im fernen Afrika – verlaufen war, war damit auch in Südtirol angekommen. Darauf hoffend, dass ihr Ehemann den Krieg überleben würde, harrte Johanna mit Erich und Hermann aus. Ihr Warten wurde belohnt. 1945, ein paar Monate nach Kriegsende, kehrte David abgekämpft, aber unversehrt zu seiner Frau und seinen inzwischen vier- und dreijährigen Söhnen zurück in ihr gemeinsames Zuhause, nahe dem Elternhaus von Johanna.

Johannas Eltern führten in Ehrenburg die Gemischtwarenhandlung „Neumair". Als sie und David geheiratet hatten, war Johannas älterer und einziger Bruder Franz bereits in den Kriegsdienst eingezogen worden, und so hatte Johannas Mutter, die da schon Witwe war und dringend Hilfe im Geschäft benötigte, nichts dagegen, dass Johanna und ihr Ehemann die Geschäftsführung übernahmen. Mit David hatte Johanna einen Mann geehelicht, der zwar nicht wie sie in einem Geschäft aufgewachsen war, der sich aber den Handel mit allerlei Waren selbst beigebracht hatte. Auf den Schmugglerpfaden im hintersten Ahrntal über die Zillertaler Alpen nach Österreich und zurück. Geschmuggelt haben sie hauptsächlich den begehrten Süßstoff Saccharin. Aber auch Tabak, Zigarettenpapier, Alkohol. In der Zwischenkriegszeit herrschte im Land die blanke Not. Wer kein Hoferbe war, musste selbst zusehen, wie er über die Runden kam. Handwerksbetriebe, um eine ordentliche Berufsausbildung zu erhalten, waren rar, dafür gab es auf den Höfen der Großbauern Arbeit genug, nur zu verdienen gab es nichts. Davids Kindheit unterschied sich bezüglich Not und Entbehrungsreichtum in nichts von den unzähligen anderen armen, kinderreichen Bauernfamilien in Südtirol. Und das, obwohl sein Vater ein großes Erbe angetreten hatte. Sie waren nur zwei Söhne gewesen und ihr Vater, Luzias Urgroßvater, ein vermögender Großbauer. Davids Onkel erhielt den Heimathof, sein Vater wurde großzügig ausbezahlt. Mit dem erhaltenen Erbe konnte er sich einen schönen Hof in Montal, einer Fraktion in Tallage von St. Lorenzen, kaufen. Das Arbeiten hatte er, der Sohn eines Großbauern, aber nie richtig gelernt, ging lieber auf die Jagd und überließ die Bewirtschaftung des erworbenen Hofes seiner Frau, genauso wie die Erziehung seiner 17 Kinder, die sie zur Welt gebracht hatte. Das unstete Leben des Vaters führte schließlich zu hoher Verschuldung und endete in der Zahlungsunfähigkeit. Der große Hof in Montal musste wieder verkauft werden. Den Löwenanteil vom Erlös bekamen die Gläubiger. Der Rest reichte noch für ein bescheidenes Höflein in Ellen, einer kleinen Fraktion von St. Lorenzen, oben am Berg.

Spätestens ab diesem Zeitpunkt hatte die Not die Familie fest im Griff. Er habe den Magen seine ganze Kindheit über nie richtig gefüllt bekommen, hatte Luzia mehr als einmal von ihrem Vater zu hören bekommen. Und auch, dass er und seine Geschwister schon sehr früh von zuhause wegmussten, um als Kinderknechte und Kindermägde bei Großbauern zu arbeiten. David selbst war schon mit neun Jahren nach Hofern, einer Fraktion von Kiens, in den Dienst gekommen. Sein ganzes Hab und Gut hatte er in einem Taschentuch untergebracht, als er sich von zuhause aufmachte, um für Kost und Logis schwerste Arbeit im Stall und auf den Feldern zu verrichten. Sein Bauer hatte ihn bereits in der vierten Klasse von der Schule genommen, weil ihm Davids Arbeitseinsatz auf dem Hof mehr nützte, als wenn der Bub in der Schulbank saß. Es galt zwar die Schulpflicht, und das Fernbleiben sollte durchwegs bestraft werden, aber der Bauer kannte die Not des schlecht bezahlten Lehrers, der froh war um alles, was er extra bekam. Für ein paar Kilo Butter hatte der gerne Stillschweigen bewahrt. In der Zeit der Wirren nach dem Ersten Weltkrieg, als die Niederlage des österreichischen Kaiserreichs die *Annexion Südtirols* durch Italien zur Folge hatte, galt die den Kindern verwehrte Schulbildung als geringes Vergehen. Und so hatte sich auch in Davids Fall niemand über das unkorrekte Vorgehen beschwert. Dafür hatte David, im Gegensatz zu seinem Vater, das Arbeiten gelernt. Durch Fleiß und Beharrlichkeit hatte er es sogar zum ersten Knecht gebracht. Das war durchaus das, was man die Karriereleiter erklimmen nennen konnte. Auf den Höfen genoss der erste Knecht eine hohe Stellung. Er war der erste Ansprechpartner für den Bauern, und der Rest der Belegschaft hatte vor ihm zu kuschen. Aber der Verdienst blieb doch weiterhin dürftig, also sah David zu, sich etwas dazuzuverdienen. Die diesbezüglichen Möglichkeiten waren äußerst begrenzt. Nicht zuletzt wegen der fehlenden Schulbildung.

Und so griff David nach dem Strohhalm, der sich ihm bot. Das Schmuggeln. Eine zwar illegale, aber dafür durchaus einträgliche Tätigkeit. Wenngleich das Geld wahrlich hart verdient war. Die Pfade über die Berge waren lang, unwegsam und riskant. Um den Patrouillen diesseits wie jenseits der Grenze nicht in die Arme zu fallen, wählten die Schmuggler nicht selten äußerst gefahrvolle Steige und waghalsige Übergänge, die sie mitunter selbst in Gefahr brachten. Auch, weil sie, den Schutz der Dunkelheit ausnutzend, bevorzugt nachts losmarschierten. Um keinen Verdacht auf sich zu lenken, musste man sich tagsüber auf den Feldern blicken lassen, ehe man aufbrach. Und dann galt es, sich zu beeilen, um tags darauf wieder um 5 Uhr in der Früh bei den Tieren im Stall zu sein. Die Arbeit auf dem Hof durfte schließlich nicht vernachlässig werden. Aber David war jung, voller Kraft und Tatendrang, sein bescheidenes Leben durch ein Zubrot aufzubessern. Und das Schmuggeln brachte ergiebige Erträge, weshalb es sich durchaus lohnte.

Als David nach der Hochzeit 1940 zu Johanna nach Ehrenburg gezogen war, war sein tatkräftiges Zupacken nicht nur im Geschäft sehr willkommen, sondern er konnte auch seine Kenntnisse einbringen, die er sich beim Schmuggeln angeeignet hatte. Nur, inzwischen nicht mehr illegal, sondern ganz regulär als Wanderhändler. Er schulterte allerlei Waren auf seinem Rücken, begab sich vollbepackt auf lange Touren und konnte auf diese Weise auch entlegene Höfe erreichen, wo er nicht selten voll Ungeduld erwartet wurde. Um seine Ware gut transportieren und ansprechend anpreisen zu können, hatte David sich einen eigenen Rückentragekasten aus Holz zimmern lassen, eine „Tatlkrume". Tatl steht dabei für Schublade, und die Krume kann vom Krämer, dem Verkäufer von Kramwaren, hergeleitet werden. In den kleinen und größeren Schubladen ließen sich die verschiedensten Kurzwaren sauber separiert verstauen. Mit dem Wanderhandel und der Gemischtwarenhandlung in Ehrenburg deckten Johanna und David ihr Einzugsgebiet gut ab. Die Geschäfte liefen prächtig und auch ihre Familie hatte Zuwachs bekommen. Wenngleich 1946 noch ein schmerzhafter Verlust zu beklagen war, ein Söhnchen hatten sie nach der Nottaufe verloren, so war im Jahr darauf mit Luzia ihre langersehnte Tochter zur Welt gekommen. Alles hatte sich günstig entwickelt. Die beiden Buben, Erich und Hermann, waren zu Schulkindern herangewachsen, Johanna und David waren mit Arbeit im Geschäft und beim Wanderhandel gut eingedeckt und bei der Versorgung der Kinder half Tante Loise, Johannas Schwester, überall mit, wo sie gebraucht wurde. Alles hätte ruhig so weiterlaufen können. Das Schicksal jedoch hatte andere Pläne.

Am 25. Februar 1950 war Franz, Johannas einziger Bruder, der an der Ostfront gekämpft hatte und in russische Gefangenschaft geraten war, nach Hause zurückgekehrt. Fast fünf Jahre nach dem Ende des Zweiten Weltkriegs. Die längste Zeit hatten sie nicht gewusst, was mit Franz geschehen war, ob er verwundet, verschollen oder gar gefallen war. Dann, es war bereits zwei Jahre nach Kriegsende, hatten sie mit dem Erhalt einer Postkarte aus einem sowjetischen Kriegsgefangenenlager endlich Gewissheit erhalten. Gott sei Dank, Franz war noch am Leben. Aber recht viel mehr, als dass es ihn noch gab und dass es ihm gut ging, war der Postkarte nicht zu entnehmen. Schon gar nicht war der Karte zu entnehmen, wann Franz nach Hause durfte. Keine Gewahrsamsmacht hat ihre Gefangenen nach dem Zweiten Weltkrieg so lange zurückbehalten wie die Sowjetunion. Mit der Begründung, dass die Kriegsverlierer aufbauen sollten, was sie während des Krieges auf russischem Territorium kaputt gemacht hatten, kam es in den ersten Jahre nach 1945 nur vereinzelt zu Entlassungen. Als Ende der 40er-Jahre die anderen Siegermächte ihre Kriegsgefangenenlager bereits wieder geleert hatten, wurde der Druck auf die Sowjetunion immer größer. Schließlich erlaubte auch Russland die Heimfahrt einer größeren Anzahl von Gefangenen. Darunter auch Franz.

Die Freude über seine Rückkehr war groß. Besonders die Mutter dankte es dem Herrgott, dass er ihren einzigen Sohn verschont und – wenn auch nach fast fünfjähriger Kriegsgefangenschaft – wieder in den Schoß der Familie zurückgebracht hatte. Zunächst ging es darum, den leidgeprüften Sohn wieder aufzupäppeln. Denn Hunger hatten sie gelitten all die Jahre in den russischen Lagern. Großen Hunger. Zunächst war auf den vom Krieg zerstörten Böden und durch das fehlende Saatgut kein Bestellen der Felder und Äcker möglich gewesen, dann folgten zwei Jahre hintereinander Missernten. Die Zivilbevölkerung hatte genauso an Hunger gelitten wie sie, die Gefangenen in den Lagern. Nur waren sie auch noch eingesperrt gewesen. Zusammengepfercht auf engstem Raum. Epidemien brachen aus. Zu essen gab es nie genug. Hart arbeiten mussten sie vom ersten Tag der Ankunft in den Lagern. Berge von Leichen gab es zu beklagen. Aber viel erzählt hat Franz nie von seinen Erlebnissen in der Gefangenschaft. Seine Mutter jedoch verstand auch so, dass ihr Sohn durch die Hölle gegangen war. Er hatte jetzt ihre ganze Unterstützung verdient. Weshalb es sich für sie von selbst verstand, dass Franz, jetzt, wo er wieder zurückgekommen war, auch sein Erbe antreten durfte. Und damit ihr Wunsch auch bei allen anderen gut verstanden wurde, ließ sie immer öfter ihr Mitleid gegenüber Franz verlauten. Dass er ein so schreckliches Schicksal erdulden müsse. Dass er so viel Unerträgliches mitgemacht habe. Dass er seine ganze Jugend an Krieg und Gefangenschaft verloren habe. Dass er jetzt mit rein gar nichts dastehe.

Ihr Wehklagen blieb von niemandem ungehört. Und selbstverständlich verstanden Johanna und David den Wink mit dem Zaunpfahl. Franz war der Sohn und damit der Erbe. Da gab es nichts zu rütteln. Egal, wer bisher für den Fortbestand des Geschäfts gesorgt hatte. Egal, dass Johanna eine Familie zu ernähren hatte. Aber Johanna war eine geschäftstüchtige Frau und sie hatte einen ebenso geschäftstüchtigen Gatten an ihrer Seite. Nach eingehender Beratung beschlossen die Eheleute, gegenüber dem Geschäft „Neumair“ ein neues Haus zu bauen, in dem sie ihr eigenes Geschäft, die Gemischtwarenhandlung „*Negozio*-Handlung P.“, eröffnen konnten. Vom Sortiment her sollten sich die beiden Geschäfte nicht sonderlich in die Quere kommen, denn David hatte seinen Schwerpunkt längst auf Stoffe und Kurzwaren gelegt.

Dennoch erhielt man beim „P.“ praktisch alles. Beim Betreten des Ladens fand man auf einer Seite aufgereiht die Regenschirme, daneben hingen die *Kaminwurzen* herunter, darunter standen Büchsen voll mit Samenöl, auf der anderen Seite befanden sich die verschiedenen Stoffballen und die diversen Kurzwaren, die Schachteln mit den Nachthemden, mit der Unterwäsche, mit den Miedern, und hinter der Theke fand man alles, was abgemessen, abgewogen oder portionsweise verkauft wurde.

Ihre ganze Pflichtschulzeit hindurch hatte Luzia zuhause im Geschäft der Eltern mitgearbeitet. Als sie noch in die Grundschule ging, war das ohnehin kein großes Problem, da Luzia immer eine gute Schülerin war und die Schule sich nicht weit von ihrem Zuhause entfernt befand. Nach fünf Jahren Volksschule folgte sie dem Vorbild ihrer Brüder und wechselte in die kaufmännische Vorbildung nach Bruneck. Obwohl das obligatorische Bildungsalter in Italien bereits seit 1923 bei 14 Jahren lag und es auch die Möglichkeit gab, von den acht Pflichtschuljahren fünf in die Grundschule zu gehen und dann für die restlichen drei Jahre in eine weiterführende

Schule zu wechseln, so war es mitnichten üblich, dass alle Schulkinder diese differenzierte Ausbildung bekamen. Was auch daran lag, dass es solche weiterführenden Schulen ausschließlich in den Städten gab. Aber Luzias Eltern konnten sich zum einen die Schulbildung ihrer Kinder auch „außer Haus" leisten, zum anderen wollte Luzia in dieser Hinsicht dem Beispiel ihrer Brüder folgen. Besonders Erich, der 1941 geboren war, bewies einen großen schulischen Ehrgeiz. Nach der Volksschule in Ehrenburg und der kaufmännischen Vorbildung in Bruneck hatte er sich für die Handelsschule in Brixen entschieden. Obwohl damit auch der Wechsel ins Internat verbunden war. Aber Erich hatte schon mit elf Jahren gewusst, dass er im Anschluss an die kaufmännische Vorbildung in die Handelsschule gehen wollte, und eine solche Schule gab es, im Unterschied zu Brixen, zu der Zeit noch keine in Bruneck.

Hermann konnte, was den schulischen Ehrgeiz betraf, seinem um ein Jahr älteren Bruder nicht das Wasser reichen. Sicher, nach den fünf Jahren Volksschule wechselte er wohl noch in die kaufmännische Vorbildung, aber er entschied sich, diese in Bruneck zu absolvieren, wohin er täglich mit den Zug fahren konnte. Hermann war nie viel an guten schulischen Leistungen gelegen. Er war ein Lebemensch und Lebenskünstler. Lustig, vif, gut aussehend. Das zeichnete sich schon ab, als er 13, 14 Jahre alt war. Mit der Folge, dass er bereits im zweiten Jahr in Bruneck von der Schule flog, und somit auch nie einen Schulabschluss erzielte. Viel lieber war er mit Freunden unterwegs, war in Gasthäusern anzutreffen und auf Wald- und Wiesenfesten. Über Wasser hielt er sich mit Gelegenheitsjobs. Mal war er da als Handlanger tätig, mal half er dort vorübergehend aus. Er war ein harter Arbeiter, der gut zupacken konnte. Nur lange ausgehalten hat er es nirgendwo. Er war ein Tausendsassa, aber auch ein Luftikus. Hermann ließ sich auf nichts festnageln und zu nichts zwingen, denn er liebte seine Freiheit und das Feiern viel zu sehr. Die Sorge der Eltern war besonders groß, wenn Hermann bei seinen feuchtfröhlichen Streifzügen mit seinem Auto, das er sich gleich nach der bestandenen Fahrprüfung zugelegt hatte, unterwegs war.

Wenngleich Luzia auch ein paar für dieses Alter nicht unerhebliche Jahre von ihren Brüdern trennten, so liebte sie diese doch sehr und war bestrebt, ihnen nachzueifern. Deshalb stand es außer Frage, dass sie 1958, nach Abschluss der Grundschule, wie ihre Brüder nach Bruneck in die kaufmännische Vorbildung wechselte. Es waren zu jener Zeit nicht viele aus Ehrenburg, die diese Schulbildung wählten. Für Luzia hieß es nun einen längeren Schulweg anzutreten. Zu Fuß stapfte sie vom Dorfkern, wo ihr Zuhause stand, hinunter zum Zugbahnhof, fuhr mit dem Zug täglich ostwärts nach Bruneck, dem Hauptort im Pustertal, und kehrte erst nachmittags wieder zurück. Wenn Luzia auch weiterhin keine nennenswerten Schwierigkeiten hatte, dem Unterricht zu folgen und gute Leistungen zu erzielen, so hielt sich ihr diesbezüglicher Ehrgeiz doch in Grenzen. Als sie 1961, kurz vor ihrem 14. Geburtstag, die Pflichtschule mit dem Abschluss der dritten Klasse beendete, da hatte sie dann auch genug vom Unterricht, und ein weiterer Schulbesuch, nach Erichs Vorbild, stand für Luzia außer Frage. Als sie ihren Entschluss zuhause mitteilte, wurde der anstandslos akzeptiert. Mehr noch. Sie erhielt für ihre Entscheidung sogar Zustimmung, die sich in den Worten: „Für ein Mädchen ist es auch nicht so wichtig, dass es weiter zur Schule geht", manifestierten.

Um sich darüber klar zu werden, in welche berufliche Richtung sie sich orientieren wollte, half Luzia vorerst, nun aber Vollzeit, zuhause im Geschäft mit. Die Arbeit ging ihr leicht von der Hand und machte ihr sogar Spaß. Auch fühlte sich Luzia in ihrem Elternhaus sehr wohl. Wenige Jahre zuvor hatte sie noch zwei Geschwister bekommen. 1955 war ihr Bruder Walter zu Welt gekommen und 1956 kam mit Elisabeth, die von allen Lissa genannt wird, noch ein weiteres Mädchen. Selbstverständlich benötigte die Mutter, die vorwiegend im Laden beschäftigt war, im Haushalt, aber vor allem bei der Kinderbetreuung Hilfe. Soweit sich Luzia zurückerinnern konnte, hatten sie immer junge Mädchen bei sich im Haus, die sich um sie und dann besonders um den jüngeren Bruder und die jüngere Schwester kümmerten. Häufig waren es Verwandte. Cousinen, Töchter von einem der vielen Onkel und Tanten väterlicherseits. Aber sie hatten auch Mädchen von den kinderreichen Bauernhöfen.

Darüber hinaus war es vor allem Mutters Schwester Loise, die auf den Namen Aloisia getauft war, die sich sehr um Erich, Hermann, Luzia, Walter und Lissa kümmerte. Besonders zu den beiden ältesten Buben hatten sie und ihr Ehemann ein inniges Verhältnis aufgebaut. Ihre Ehe war kinderlos geblieben und so standen sie Johanna schon zur Seite, als Luzia noch gar nicht auf der Welt und David im Krieg war. Sowohl Loise wie ihr Mann waren sehr gebildete Menschen. Ihr Mann zudem sehr musikalisch. Als Organist spielte er die Orgel in der Kirche, und ihm war sehr daran gelegen, dass er diese Fertigkeit auch weitergab. Und so brachte er den beiden

Größeren das Klavierspielen bei. Erich bekam sogar Unterricht im Orgelspielen. Aber Tante Loise kümmerte sich um sie alle. Sie sah zu, dass sie, die Kinder, etwas Gescheites lernten und dass aus ihnen etwas Ordentliches wurde. Als Luzia bereits ein ganzes Jahr im Laden mitgearbeitet hatte, zunehmend unzufriedener wurde und bei Tante Loise öfters verlauten ließ, dass sie eigentlich auch mal wo anders arbeiten wolle, am liebsten weiter weg von zuhause, da hatte Tante Loise sich umgehört und in Erfahrung gebracht, dass in der Gemischtwarenhandlung „Tempele“ in Winnebach, unmittelbar an der Grenze zu Österreich, über den Sommer eine Mithilfe im Geschäft gesucht wurde. Es war der Sommer 1962, als Luzia sich entschloss, das Angebot von Tante Loise anzunehmen.

Richtig aufgeregt war Luzia, als sie ihre Koffer packte. Da das tägliche Pendeln wegen der Distanz nun nicht mehr möglich war, würde sie das allererste Mal in ihrem Leben außerhalb ihres Elternhauses arbeiten und wohnen. Und das war höchst an der Zeit, wie Luzia fand. Längst hatte sie ihr behütetes Zuhause nicht mehr nur ausschließlich als angenehm wahrgenommen. Vielmehr hatte sie immer öfter das Gefühl, als würde man es bei ihr besonders genau nehmen, und sie empfand sich als zu streng „unter Aufsicht“. Im Juni hatte sie ihren 15. Geburtstag gefeiert. Bei den Zusammenkünften mit den gleichaltrigen Mädchen aus dem Dorf wurde nun auch gelegentlich über Burschen getuschelt, die langsam ihr Interesse weckten. Was eignete sich besser, um erste Bekanntschaften zu knüpfen, als ein Dorffest. Luzia war immer schon ein sehr lebenslustiges Mädchen gewesen, das Freude an der Gesellschaft anderer hatte. Sie liebte es, zu feiern und zu tanzen. Aber als sie damit beginnen wollte, ihre Fühler auszustrecken, da wurden sie ihr auch schon wieder gestutzt. Von ihren Eltern natürlich, die wollten, dass sich ihre älteste Tochter sittsam benahm, aber noch viel schlimmer war, dass sie ihre beiden Ältesten, Erich und Hermann, damit beauftragten, ein Auge auf ihre Schwester zu haben. Wann immer Luzia beabsichtigte, auf ein Wald- oder Wiesenfest in der Nachbarschaft zu gehen, konnte sie sicher sein, dass sie mit Argusaugen beobachtet wurde, denn Erich und Hermann nahmen ihre Sache sehr ernst. Luzia fühlte sich über alle Maße kontrolliert. Überall mischten Erich und Hermann sich ein und wollten ein Wörtchen mitreden, wenn es um Luzias Freizeitgestaltung ging. Da halfen Tante Loises tröstende Worte: „Das ist ein schwieriges Alter. Du bist noch nicht erwachsen, ein Kind aber auch nicht mehr. Das wird sich schon ändern, wenn du älter bist", auch nichts. Das musste sich unbedingt ändern. Nun, da sie endlich 15 Jahre alt war, bot sich die Gelegenheit, denn ab diesem Alter war es vom Gesetz her erlaubt, eine Arbeit außer Haus anzunehmen. Wenn es sich für junge Mädchen auch nicht ziemte, alleine auszugehen, so wurde ihr Arbeiten bei Fremden nicht missbilligt. Und da traf es sich gut, dass das Geschäft „Tempele" nicht nur das Arbeiten, sondern, aufgrund seiner Lage, auch das Wohnen außer Haus ermöglichte.

In Winnebach verbrachte Luzia sodann eine wundervolle Zeit. Weit weg von der scharfen Beobachtung ihrer Brüder fühlte sie sich endlich frei und unbeschwert. Viel dazu beigetragen, dass es ein vergnüglicher Sommer geworden ist, hat auch die etwa gleichaltrige Waltraud, Traudl genannt, aus Luttach im Ahrntal. Mit ihr teilte sich Luzia nicht nur den Arbeitsplatz, sondern auch ein Zimmer beim „Tempele".

Dann gab es noch eine um mehrere Jahre ältere Maria, die man Maridl rief, die ebenso als Verkäuferin angestellt war. Denn an Arbeit mangelte es ihnen nicht. Das Geschäft an der Grenze zwischen Italien und Österreich war gut frequentiert. Hauptsächlich von den Einheimischen, aber auch von den italienischen Zoll- und Finanzbeamten. Wobei es mit den Italienern nie Unstimmigkeiten gab. Es gab diese große Finanzkaserne in Winnebach, aber die Finanzer blieben im Wesentlichen unter sich. Eine größere Vermischung zur einheimischen deutschsprachigen Bevölkerung war wohl auch gar nicht erwünscht. Mehr als an diesen politischen Themen war Luzia aber ohnehin an ihrer Freizeitgestaltung interessiert. Und diesbezüglich war sie in Winnebach genau am richtigen Ort. Sicher, sie hatten tüchtig mitanzupacken und ein großes Arbeitspensum zu erfüllen, aber wenn das Geschäft geschlossen war, dann hatten sie auch ihre freie Zeit.

In Traudl hatte Luzia eine Gleichgesinnte gefunden. Gut verstanden hatten sie einander gleich von Anfang an. Und da sie beide fröhliche Mädchen waren, die gerne feierten und tanzten, kam ihnen dieses lustige, tanzfreudige Grenzdorf, in dem sie gelandet waren, sehr gelegen. Die Bauernhöfe im Dorfzentrum, aber vor allem jene, die sich in den Fraktionen und Weilern oben auf den Bergen um das Dorf herum befanden, wechselten sich an den Sonntagnachmittagen mit hofeigenen Tanzveranstaltungen ab. Wo gerade aufgespielt wurde, erfuhren Luzia und Traudl bei ihrer Arbeit im Geschäft von den Burschen, denen ebenso daran gelegen war, dass so viel wie nur möglich junge Mädchen mit von der Partie waren. Und sie ließen sich nicht zweimal bitten. Sonntag für Sonntag zogen sie zum Tanzen los. In den Bauernstuben tummelten sich gerne an die 20, 30 Leute. Einer spielte Ziehharmonika, einer die Gitarre. Immer standen Südtiroler Lieder und Bergsteigerlieder auf dem Programm. Luzia und Traudl kannten sie alle auswendig und sangen auch eifrig mit: „Wo der Wildbach rauscht“, „Ein Tiroler wollte jagen“, „Bergvagabunden“ oder „Tirol, du bist mein Heimatland“. Und es wurde getanzt, natürlich mit den Burschen, die ihnen den Hof machten, und ausgiebig geflirtet. Was hatten sie für einen Riesenspaß, der gelegentlich noch nicht beim Tanz in der Bauernstube endete. Denn die Burschen versuchten natürlich ihr Glück beim „Fenstolan“, das in jener Zeit in den bäuerlichen Dörfern noch recht verbreitet war. In Ermangelung der Akzeptanz von vorehelichen Kontakten, griffen die balzenden Jünglinge und Männer zur Leiter und marschierten damit mitten in der Nacht vor die Fenster, hinter denen sie die Kammer ihre Umworbenen vermuteten. Mit Rufen und An-die-Scheibe-klopfen versuchten sie, auf sich aufmerksam zu machen, in der Hoffnung, dass ihnen Einlass gewährt wurde. Luzia und Traudl krümmten sich vor Lachen, als sie das Klopfen an ihrem Kammerfenster vernahmen und sich vorstellten, wie ihre Verehrer, die gerne zu zweit aufkreuzten, mit der Leiter unterm Arm heimlich bei Nacht und Nebel durchs Dorf marschiert waren. Natürlich haben sie kein einziges Mal ihr Fenster geöffnet, aber einen Heidenspaß hat es gemacht, das war unbestritten.

Obwohl Luzia sich gleich richtig wohlfühlte in diesem schönen, geselligen Bauerndorf und sich wirklich gut mit Traudl angefreundet hatte, so hatte sie von Anfang an vorgehabt, nur über den Sommer beim „Tempele“ zu arbeiten. Mit ihrer Ausbildung, das war ihr durchaus bewusst, hatte sie bessere Berufschancen und konnte durchaus Ansprüche stellen. Schließlich hatte sie während ihrer drei Jahre in der weiterführenden Schule in Bruneck bereits Maschinenschreiben und etwas Buchhaltung gelernt und kaufmännisches Rechnen. Und wieder war es Tante Loise gewesen, die zugesehen hatte, dass Luzia ihre Chancen nicht vertat. In einem Gespräch mit ihrer Nichte hatte sie in Erfahrung gebracht, dass Luzia Interesse daran hätte, in einem Büro zu arbeiten. Auf der Suche nach einer passenderen Stelle für ihre Nichte war Tante Loise an die Spenglerei und Installateur-Firma des Karl Winkler in Sand in Taufers geraten. Dort wurde nach einer Mithilfe für die Büroarbeit gesucht. Das schien geradezu ideal für Luzia. Auch weil sie damit etwas außer Sichtweite der Brüder war, denn wegen der Distanz war es erneut nicht möglich, täglich nach Hause zu pendeln.

Im November 1962 trat Luzia ihre Stelle im Büro beim „Winkler" an und bezog ein Zimmer im Haus der Schwester ihres Arbeitgebers, das sich im Dorfzentrum befand, während die Firma im letzten Haus am oberen Dorfrand war, direkt unter der Burg Taufers. Unter der Woche war Luzia nun in Sand in Taufers und teilte sich die Büroarbeit mit Frau Winkler. Einer sehr energischen und sehr tüchtigen Frau. Einzig für die Kostenvoranschläge kam der Chef selbst ins Büro. Luzias Hauptaufgabe bestand im Schreiben und Tippen von Rechnungen und Mahnungen. In der Firma waren an die 20 Leute beschäftigt. Luzia fühlte sich wie der sprichwörtliche Hahn im Korb, nur eben das weibliche Pendant dazu, denn sie war neben der Chefin die einzige Frau unter lauter Männern, was ihr, zugegebenermaßen, gar nicht schlecht gefiel. Zu Mittag aß sie immer gemeinsam mit den Chefleuten, mit denen sie sich gut verstand. Und um an den Abenden nicht immer alleine im Zimmer zu sitzen, hatte Luzia sich bei der Volkstanzgruppe des Dorfes angemeldet. Getanzt hatte sie ja immer schon gerne, und so konnte sie sich nicht nur die Zeit in angenehmer Gesellschaft vertreiben, sondern auch noch die verschiedenen Paartänze perfektionieren: Walzer, Landler, Polka sowie diverse Gruppentänze wie etwa den Sterntanz erlernen. Mehrmals in der Woche war sie nun abends bei der Tanzprobe. Die Aufführungen dagegen, zu denen sie in der Tracht antraten, um die eingeübten Tänze vorzuführen, fanden bevorzugt an den Wochenenden statt. War dies der Fall, dann konnte damit auch ihr Aufenthalt zuhause verkürzt werden. Denn gewöhnlich fuhr Luzia am Freitagabend mit dem Postauto nach Bruneck, von dort die paar Kilometer weiter mit dem Zug nach Ehrenburg und kam erst am Sonntagabend wieder zurück nach Sand in Taufers.

In der ersten Zeit hatte Luzia alle Hände voll damit zu tun, sich bei ihrer neuen Arbeit zurechtzufinden. Dann, als sie mit den verschiedenen Arbeitsaufgaben im Büro immer besser zurechtkam, hatte sie sich mit der Volkstanzgruppe eine neue Herausforderung gesucht. Die neuen Tänze und neuen Leute kennenzulernen, war zunächst sehr aufregend gewesen. Aber letztlich hatte sich auch hier eine gewisse Routine eingeschlichen, und Luzia ertappte sich immer öfter bei grüblerischen Gedanken, wie: *Soll das jetzt mein Leben lang so weitergehen? Immerzu nur im Büro sitzen? Das soll es jetzt gewesen sein?* Schließlich entschied sie für sich, dass sie dieses Büroleben nicht auf Dauer führen möchte. Tief in ihr drinnen hatte sie gespürt, dass es da noch etwas anderes für sie geben müsse. Etwas, das sie regelrecht fesselte. Was genau das war, das wusste sie noch nicht so recht, nur, dass es sie sehr stark ins Ausland zog. *Ich will weg! Ich will etwas sehen von der Welt!* Das stand für Luzia unumstößlich fest.

Als Luzia für sich diese Entscheidung getroffen hatte, galt es, den Menschen von ihren Absichten zu überzeugen, dessen Einverständnis sie unweigerlich benötigte. Ihren Vater. Ohne seinen Segen würde es nichts werden mit ihrem Vorhaben, das wusste Luzia nur zu gut. Und sie wusste auch, dass ihr Vater die Erlaubnis nur erteilen würde, wenn sie etwas machte, das er für gut befand. Also hatte sie hin und her überlegt, bis sie auf die Idee kam, die Ausbildung zur Krankenschwester anzustreben. Das war ein hehrer Berufswunsch, den ihr Vater zweifellos gutheißen würde. Es gab allerdings einen Haken. Wenn sie verlauten ließ, dass sie die Büroarbeit aufgeben und sich lieber zur Krankenschwester ausbilden lassen wolle, dann würde ihr Vater verlangen, dass sie dafür die zweijährige Ausbildungsschule zur Krankenschwester in Brixen absolvierte. Und das war nun gar nicht das, was Luzia wollte. Brixen war vielleicht etwas weiter von Ehrenburg entfernt als Bruneck, aber das war in keinem Fall weit genug, um damit auch den Aufsichtsbemühungen ihrer Eltern und ihrer beiden älteren Brüder zu entkommen. Ihr musste also etwas einfallen, das es nur hinter der Landesgrenze gab. Schließlich war sie auf eine Information gestoßen, die ihr eine reale Chance bot, ihren Vater zu überzeugen. Luzia hatte sich gut auf das Gespräch vorbereitet und wollte im entscheidenden Moment mit dem Trumpf herausrücken: die unentgeltliche Ausbildung, die nur im Ausland angeboten wurde. Als sie in Erfahrung gebracht hatte, dass die Schule in Brixen zu bezahlen war, jene in Österreich oder auch in

Deutschland hingegen nicht, hatte sie erleichtert aufgeatmet. Auch wenn es ihrer Familie finanziell sicher gut ging, so waren ihre Mutter und besonders ihr Vater stets Menschen gewesen, die ihr Leben sparsam bestritten. Unnötige Ausgaben wurden grundsätzlich gemieden. Luzia ging davon aus, dass ihr Vater keine weiteren Einwände mehr haben würde, wenn er erstmal von der kostenfreien Ausbildung in Deutschland erfuhr, denn dahin wollte Luzia, das hatte sie inzwischen schon für sich entschieden. Ihre Rechnung ging auf. Das Argument, dass man in Deutschland selbst für die dreijährige Ausbildung nichts zu bezahlen hatte und zudem noch freie Kost und Logis bekam, hatte den Vater schließlich nicht nur zur Zustimmung bewogen, sondern er begann, Luzia bei ihrer Wahl tatkräftig zu unterstützen.

Zunächst galt es in Erfahrung zu bringen, wo sich in Deutschland überhaupt dergleichen Krankenschwesterschulen befanden. Und so machte es sich der Vater zur Aufgabe, sich umzuhören. Er und Tante Loise. Über seinen Wanderhandel kam der Vater viel unter Leute und dabei ließ er keine Gelegenheit aus, die Suche nach Krankenschwesterschulen in Deutschland anzusprechen. Und Tante Loise ihrerseits begann mit Eifer, bei den zu jener Zeit immer zahlreicher werdenden bundesdeutschen Urlaubern entsprechende Informationen einzuholen. Schließlich hatten sie eine Schule ausfindig gemacht. In Sigmaringen, einer Kleinstadt in Baden-Württemberg, am Rande der Schwäbischen Alp, hatte man ihnen versichert, solle es nicht nur ein wunderschönes Schloss der Hohenzollern geben, sondern eben auch eine sehr gute Ausbildungsstätte für angehende Krankenschwestern. Um die Katze aber nicht im Sack kaufen zu müssen, wollte Luzia vor ihrer definitiven Entscheidung eine Schulbesichtigung. Der Vater hatte nichts dagegen. Im Gegenteil. Er war ein passionierter Autofahrer, seit er im Besitz eines Führerscheins war. Selbst weite Strecken machten ihm nichts aus. Weshalb es für ihn selbstverständlich war, dass er Luzia kutschieren würde, in seinem Opel Corsa, den er inzwischen fuhr.

Das erste Auto, das sich Luzias Vater angeschafft hatte, war noch ein bescheidener Fiat Topolino gewesen, aber damit war er der zweite Mann nach dem Grafen, der in Ehrenburg ein eigenes Auto besessen hatte. Der Graf entstammte dem Geschlecht der Künigl von Ehrenburg, in deren Besitz sich das Schloss Ehrenburg seit rund 700 Jahre befand. Vor dem alten Grafen hatte Luzia, wie alle im Dorf, durchaus Respekt, schließlich war er ein Adeliger und ein feiner Herr. Aber er war auch ein sehr geselliger Mensch. Besonders mit Luzias Vater verstand er sich gut. Häufig kam er vorbei. Dann saßen sie, ihr Vater und der Graf, gemeinsam draußen vor dem Haus auf der Bank, die gleich neben der Eingangstür zum Laden stand, und philosophierten und diskutierten über Gott und die Welt. Mit dem Grafen beratschlagte sich der Vater auch, wie man am besten nach Sigmaringen kam. Auf welche Straßenführung man zu achten hatte und wo man die Abzweigung nicht verpassen durfte. Es galt immerhin, eine Strecke von mehreren hundert Kilometern Landstraße zu bewältigen.

Schier endlos waren sie auf dem Weg. Die Autofahrt nach Sigmaringen, wohin Luzia gemeinsam mit ihrem Vater an einem Septembermorgen 1965 aufgebrochen war, schien kein Ende zu nehmen. Nach mehreren Stunden Fahrt hatten sie irgendwo in Tirol zum Übernachten Halt gemacht. Dann, am nächsten Morgen, ging es weiter. Eine liebliche Gegend zog an ihnen vorbei, aber Luzia wurde dennoch immer mulmiger zumute. *Diese Fahrt hört ja nie mehr auf, das ist mir alles viel zu weit!*, schoss es Luzia durch den Kopf, als sie schweigend neben dem Vater auf dem Beifahrersitz saß. Und der Vater fuhr und fuhr. Und die Fahrt schien kein Ende zu nehmen.

„Dieses Sigmaringen ist ja am Ende der Welt!", begann sich Luzia schließlich noch im Wagen zu empören, weil sie wusste, in diese extreme Abgeschiedenheit, wie sie fand, wollte sie auf keinen Fall. Die Besichtigung der Schule in Sigmaringen war schnell erledigt, da Luzias Interesse daran bereits auf dem Nullpunkt angelangt war. Das Einzige, was sie noch wollte, war so schnell wie möglich wieder in den Opel Corsa zu steigen und mit dem Vater zurück nach Hause zu fahren. Unverrichteter Dinge saß Luzia sodann wieder in Ehrenburg. Ihre Arbeit im Büro bei Karl Winkler hatte sie allerdings schon gekündigt, da sie fest entschlossen war, ihren Wunsch, nach Deutschland zu gehen, in die Tat umzusetzen. Luzias Vater musste wohl auch gespürt haben, dass es sich um einen Herzenswunsch seiner Tochter handelte, weshalb er seine Bemühungen nach dem unglücklichen Verlauf in Sigmaringen nicht einstellte. Und er wurde fündig. Von irgendwoher hatte er von den *BRK*-Schwestern in München erfahren und verkündete diese Möglichkeit voll Freude. Luzia war sofort Feuer und Flamme. München. Das klang überaus vielversprechend. Da musste sie unbedingt hin!

Die Fahrt nach München, die durchaus auch ihre Zeit in Anspruch nahm, aber in keiner Weise mit jener Endlosstrecke nach Sigmaringen vergleichbar war, verlief ohne nennenswerte Zwischenfälle oder mulmig werdendem Unbehagen. Durch das Pustertal, Eisacktal und Wipptal, über den

Brennerpass und das ganze Tiroler Inntal hindurch war man zwar immerzu auf der Landstraße unterwegs, kam mitunter hinter landwirtschaftlichem Fuhrwerk nur im Schritttempo voran und hatte durch viele größere Ortschaften und unzählige kleine Dörfer zu kurven, aber ab Kiefersfelden konnte man auf die Autobahn, sodass mit sportlichem Tempo die bayerische Hauptstadt schnell erreicht wurde. In München lenkte der Vater den Opel Corsa über die Donnersberger Brücke, fuhr auf die Landshuter Allee und bog in die Nymphenburger Straße ein, wo sich die Schule und das Wohnheim der *BRK*-Schwesternschaft befanden. Am Rotkreuzplatz lag das Krankenhaus RK I und dort sollte auch die neue Schule in einem Hochhaus gebaut werden. Aber noch war es nicht soweit. Für die Besichtigung von Schule und Heim nahm sich Luzia diesmal die Zeit, die nötig war, um alles genau kennenzulernen. Auch ihr Vater war begeistert. Die Rotkreuzschwestern hatten sichtlich Eindruck auf ihn gemacht. Luzia wurde euphorisch zumute, als sie realisierte, dass sie ihren Ausbildungsplatz gefunden hatte. *Das ist meine Schule! Ich will nach München!*

Im Oktober 1965 begann Luzia, sie war inzwischen 18 Jahre alt, mit ihrer Ausbildung in München, nachdem sie sich gefühlt vom ganzen Dorf verabschiedet hatte und unverhohlen von mehreren Seiten daran erinnert worden war, dass sie bald wieder zuhause sein würde. Die komplette Ausbildungszeit betrug bei den Rotkreuzschwestern dreieinhalb Jahre: ein halbes Jahr Vorschule und drei Ausbildungsjahre zur Krankenschwester. Da Luzia aber nach der Grundschule bereits eine weiterführende Schule besucht hatte und zudem schon beinahe drei Jahre als Bürokraft gearbeitet hatte, erließ man ihr die Vorschule, und sie konnte gleich mit der Ausbildung zur Krankenschwester beginnen. Die Freude und der Enthusiasmus, mit denen Luzia voll Zuversicht nach München gekommen war, währten dann nicht lange. Mit dem verpflichtenden Eintritt in die Schwesternschaft begann auch schon der Drill. Bereits am ersten Tag wurde den Neuzugängen unmissverständlich klar gemacht, welch strenge Maßstäbe bei den Rotkreuzschwestern galten: im Heim, in der Schule, auf den Stationen im Krankenhaus. Je weiter unten man in der Hierarchie stand, desto weniger hatte man zu melden, desto schonungsloser wurde mit einem umgegangen. Und damit gleich ersichtlich war, mit wem man es zu tun hatte, gaben die Hauben, die sie tragen mussten, aufschlussreiche Auskunft. Neulinge trugen eine rein weiße Haube. War man im zweiten Ausbildungsjahr, zierte die Haube am Rand, zur Stirn hin, ein roter Streifen. Im dritten Ausbildungsjahr waren es zwei rote Streifen. Trug eine Rotkreuzschwester eine Haube, die von zwei roten Streifen und dazwischen in regelmäßigen Abständen von roten Kreuzchen geziert wurde, dann bedeutete das, man hatte die Ausbildung abgeschlossen und war eine vollwertig ausgebildete Rotkreuzschwester.

Aber so weit war es bei Luzia im Oktober 1965 noch lange nicht. Vielmehr hatten sie, die neu mit der Ausbildung begonnen hatten, das Gefühl, der Tag ihres Examens werde nie, nie kommen. So viel Forderndes an Leistung und Opfermut, das ihnen von den leitenden Rotkreuzschwestern erbarmungslos abverlangt wurde, ließ sie schier verzweifeln. Nur der gegenseitigen Unterstützung und dem guten Zureden untereinander hatten sie es zu verdanken, dass Annelies, Mary, Käthe und Luzia, die sich gemeinsam im ersten Jahr ein Zimmer teilten, es bis zum Abschluss schaffen konnten. Besonders zu Käthe hatte Luzia eine enge Freundschaft aufgebaut. Als das Hochhaus am Rotkreuzplatz schließlich feierlich eröffnet wurde und sie vom Heim in der Nymphenburger Straße in den Neubau wechseln konnten, erlaubte man ihnen zu zweit in den Zimmern zu wohnen. Und so zogen Käthe und Luzia zusammen. Von ihren Zimmern hatten sie jetzt nur mehr wenige Stockwerke mit dem Aufzug hinunterzufahren, um in die ihnen zugeteilten Stationen zu kommen. Auch als Auszubildende hatten sie eine Arbeitswoche zu bestreiten. Ihr Stundenpensum war mit 47 bis 50 Stunden zwar sehr intensiv, aber nach getaner Arbeit gewährte man ihnen gelegentlich freien Ausgang. Da der von ihnen auf den Stationen geleistete Einsatz entlohnt wurde, standen ihnen Geldmittel, wenn auch geringe, zur Verfügung. Im ersten Ausbildungsjahr erhielten sie monatlich 50 Deutsche Mark, im zweiten waren es schon 150 Deutsche Mark und im dritten sogar 350 Deutsche Mark. Mit diesen Summen ließen sich zwar keine großen Sprünge machen, aber zum gelegentlichen Besuch in einem Biergarten reichte es allemal.

Es war in ihrem zweiten Ausbildungsjahr, als Luzia und Käthe wieder mal im „Hahnhof", ihrem Lieblingslokal in Schwabing, saßen, eine jede ein Glas Rotwein vor sich und sich über Gott und die Welt unterhielten. Zum „Hahnhof" kamen sie deshalb am liebsten, weil man in diesem Gastlokal zum Wein auch immer Brot gereicht bekam. Das waren gewöhnliche Schwarzbrotscheiben, aber diese wurden kostenlos serviert. Und das gab den Ausschlag. Käthe und Luzia waren gerade mitten in ihrer Unterhaltung, tranken gelegentlich vom Wein und zupften von den Schwarzbrotscheiben, da bemerkten sie zwei Männer am Nebentisch, die ihrerseits damit begonnen hatten, durch gelegentliche Blicke die Aufmerksamkeit der beiden Frauen zu wecken. Nach den ersten Blickkontakten kam man schließlich ins Gespräch, und die Männer stellten einander vor. Wie auch immer der andere geheißen haben mochte, Luzia hatte nur Augen und Ohren für Mostafa. Er sei aus dem Iran, erzählte er, wie übrigens auch sein Freund, aber er lebe schon seit seinem zwölften Lebensjahr in München und inzwischen studiere er in dieser Stadt Betriebswirtschaft. Luzia verfolgte gebannt Mostafas Ausführungen und erfuhr, dass sie gleich alt waren und dass er bei sich zuhause im Iran als Heranwachsender wohl einige Schwierigkeiten hatte, weshalb seine Eltern ihn nach Bayern geschickt hatten, wo bereits ein Bruder von Mostafa, der mit einer Deutschen verheiratet war, in Starnberg ein Haus hatte und in München ein Geschäft betrieb. Mostafa kam in München zunächst in ein Internat, und der Bruder erhielt den Auftrag, ein Auge auf seinen jüngeren Bruder zu haben. Seit dieser Zeit waren ein paar Jahre vergangen, Mostafa hatte sein jugendliches Ungestüm gebändigt und in der Zwischenzeit auch sehr gut Deutsch gelernt. Aus dem Internat war er mit Beginn seines Studiums ausgezogen und bewohnte nun eine eigene Wohnung.

Die Beziehung, die sich zwischen Luzia und Mostafa langsam entwickelte und die schließlich 18 Jahre halten sollte, war in der *BRK*-Schwesternschaft nie ein Problem gewesen. Nicht während der Ausbildungszeit und auch nicht danach, als Luzia vollwertig ausgebildete Rotkreuzschwester war und noch ganze zehn Jahre in der Schwesternschaft blieb. Und das, obwohl sie während ihrer Ausbildung fast täglich andere

Gedanken hegte. *Nie, nie bleibe ich länger als absolut notwendig! Das Erste, was ich mache, wenn ich fertig bin, ist austreten!* Keinen Tag länger wollte Luzia in der Schwesternschaft bleiben, als sie für die Ausbildung, sofern sie je den Abschluss schaffen sollte, zu erdulden hatte. Aber dann war Luzia irgendwie doch, vielleicht gerade wegen der Mühsal und abverlangten Aufopferung, hineingewachsen und war selbst Teil der Schwesternschaft geworden, zu der sie sich nicht ohne Stolz zugehörig fühlte.

Ihre Entscheidung, nach ihrem Examen zu bleiben, war auch von der Tatsache beeinflusst worden, dass Beziehungen zu Männern gestattet waren. Eine Heirat dagegen brachte Nachteile mit sich. Obwohl eine weltliche Gemeinschaft, wurde die Ehelosigkeit von den Schwestern gefordert, genauso wie wesentliche Fragen ihres Privatlebens von den Vorgesetzten bestimmt wurden. Erst nach dem Zweiten Weltkrieg verlangte ein Eheschließung nicht mehr den Austritt aus der Schwesternschaft, führte aber zu einem geringeren Status. Leitende Funktionen wurden weiterhin ausschließlich von ehelosen Schwestern bekleidet. Die Verheirateten trugen zudem eine andere Schwesterntracht und waren den „richtigen", also ledigen, Schwestern in jeder Hinsicht untergeordnet. Für Luzia wäre eine Ehe ohnehin nicht in Frage gekommen. Zum einen war Mostafa Muslim, und eine Heirat hätte ihre Konvertierung zum Islam gefordert, wozu sie nicht bereit gewesen wäre, zum anderen mussten Beziehungen zu Männern in der Schwesternschaft ohnehin nicht geheim gehalten, sondern konnten offen gelebt werden. Sicher, während ihrer Ausbildung durfte Mostafa natürlich nicht zu ihr ins Schwesternheim kommen, aber nach dem Examen war das möglich, als Luzia in das RK II in der Lazarettstraße gewechselt war, wo sie als OP-Schwester unter Sr. Borgia ihren ersten Arbeitsplatz angenommen hatte und sie alle, eine jede hatte allerdings ein Einzelzimmer, im obersten Stockwerk des Klinikums wohnten. Das Mitbringen der Partner war da gestattet. An Mostafa hatte Sr. Borgia überdies regelrecht einen Narren gefressen. Er war einfach ein Charmeur, der es verstand, sämtliche Register zu ziehen, sodass Sr. Borgia von seinen Schmeicheleien sehr angetan war und es gerne sah, wenn er in der Schwesternküche saß und sie mit seiner Anwesenheit erfreute.

Als Luzia ihr Examen gemacht hatte, entschied sie, dass es nun an der Zeit war, Mostafa mit nach Ehrenburg zu nehmen, um ihn ihren Eltern und ihrer Familie vorzustellen. Zwar hatte sie bei ihrem letzten Urlaub zuhause bereits all ihren Mut zusammengenommen und sich dem anvertraut, vom dem sie am meisten überzeugt war, dass er sie verstehen würde: ihrem Bruder und Lebemensch Hermann. Als sie allerdings davon erzählte, dass sie in München einen iranischen Freund habe, dass sie schon zwei Jahre befreundet seien und dass sie daran denke, Mostafa mit nach Ehrenburg zu bringen, da hatte sie Hermanns Reaktion regelrecht vor den Kopf gestoßen. Ohne weiter darüber nachzudenken hatte er grob gesagt: „Mit dem brauchst du gar nicht erst zu kommen!“ Das hatte natürlich ganz gehörig wehgetan. Von Hermann hätte Luzia am wenigsten erwartet, dass er, der selbst sein Leben in vollen Zügen genoss, nun so gänzlich verständnislos reagierte. Und natürlich hatte Hermann die Neuigkeit, dass Luzia sich in München mit einem Muslim traf, brühwarm den Eltern, im Beisein von Tante Loise, erzählt. Die hohen Wellen der Empörung waren sodann nicht ausgeblieben beim Vater, der Mutter und auch nicht bei Tante Loise. Spätestens da war klar, Luzia hatte in ihrer Familie keinen Fürsprecher. Völlig unwichtig schien, dass Mostafa aus einem guten, sogar betuchten Elternhaus stammte, dass er nahezu perfekt Deutsch sprach und dass er sehr gebildet, höflich und zuvorkommend war. Ja, selbst die Tatsache, dass er nicht mal eine dunkle Hautfarbe hatte, sondern leicht als Süditaliener hätte durchgehen können, wurde ignoriert. Das Einzige, was zählte, war seine Religionszugehörigkeit, die schlichtweg als Sakrileg galt. Und weil nicht sein kann, was nicht sein darf, war es dann die Mutter, die sich aufmachte ins Pfarrhaus, um beim Hochwürden Beistand einzufordern. Er möge, nein, er müsse Luzia ins Gewissen reden, verlangte die Mutter mit äußerstem Nachdruck, denn es dürfe nicht sein, dass ein ehrbares katholisches Mädchen an einen Muslim verloren gehe. Der Pfarrer, der Mutters Entsetzen über diesen Frevel teilte, war voller Verständnis und sicherte sein Eingreifen zu. Man möge die verirrte Tochter, sprich Luzia, bei ihrem nächsten Aufenthalt in Ehrenburg nur zu ihm schicken, er werde alles daran setzen, sie, die Abtrünnige, wieder auf den Pfad der Tugend zurückzubringen.

Über diese Machenschaften hatte Luzia noch in München erfahren. Tante Loise hatte es doch nicht übers Herz gebracht, ihre Nichte ohne Vorwarnung ins offene Messer laufen zu lassen. Aber Luzia hatte inzwischen ihren 21. Geburtstag gefeiert. Sie war damit volljährig und sie war vollständig ausgebildete Rotkreuzschwester. Sie brauchte sich nicht zu verstecken. Sie hatte sich selbst und allen zuhause, die ihr diesen Erfolg niemals zugetraut hätten, bewiesen, was in ihr steckt. Nun wollte sie auch nicht klein beigeben und sich von anderen diktieren lassen, mit wem sie eine Beziehung einging und mit wem nicht. Schon gar nicht vom Pfarrer.

„Das kommt gar nicht in Frage, dass ich zum Pfarrer gehe! Von dem lass ich mir sowieso nichts sagen!", hatte Luzia dann entschieden verlauten lassen, als sie schließlich gemeinsam mit Mostafa nach Ehrenburg gekommen war. Äußerlich ließ Luzia sich nichts anmerken, aber innerlich schmerzte es sie schon arg, wie ihr von allen Seiten Gegenwind entgegenschlug. Die Mutter führte neben dem Geschäft auch ein paar Fremdenzimmer. Und so hatte man Mostafa, gütlicherweise, in einem Gästezimmer untergebracht. Aber diese Gastfreundschaft konnte nicht darüber hinwegtäuschen, dass man wenig Freude mit ihm hatte. Im Gegenteil. Vielmehr wurde alles unternommen, um Luzia von Mostafa wegzukriegen. Luzia wurde auch das Gefühl nicht los, als würde man sich ihres muslimischen Freundes wegen regelrecht schämen. Es fühlte sich eigenartig an, wenn die Mutter im vermeintlich wohlmeinenden Ton empfahl, Luzia möge doch mit Mostafa den weniger frequentierten Weg durch den Wald für ihren gemeinsamen Spaziergang wählen, denn der Weg durch das Dorf sei aufgrund der vielen Menschen und Fahrzeuge doch so gar nicht erholsam. Diese Abneigung von allen Seiten blieb auch Mostafa natürlich nicht verborgen. Aber er versicherte Luzia immer wieder, dass er ihre Familie und besonders ihren Vater und ihre Mutter respektiere, weil sie ganz einfach Luzias Eltern seien. Unabhängig davon, wie er behandelt wurde. Und diesen Respekt zeigte Mostafa. Über Jahre. Da legte er sogar eine gewisse Hartnäckigkeit an den Tag. Und so wie der stete Tropfen den Stein höhlt, führten Mostafas Langmut und seine Unbeirrbarkeit dazu, dass Luzias Eltern und Geschwister ihre Einstellung zu ihm allmählich veränderten, bis sie ihn mit den Jahren schließlich regelrecht ins Herz schlossen. Auch die Leute im Dorf begannen, Mostafa zu mögen. Überall war er bekannt und gern gesehen. Ungezwungen setzte er sich an den Stammtisch dazu und diskutierte mit den anderen mit. Mostafa war einfach ein sehr fröhlicher, umgänglicher Typ, der sich mit allen schnell anfreundete. Schließlich fühlte sich Mostafa, der sich besonders mit Luzias Vater sehr gut verstand, derart wohl in Luzias Elternhaus, dass es Zeiten gab, an denen sie nahezu jedes Wochenende mit seinem Mercedes, den er sich in der Zwischenzeit zugelegt hatte, von München nach Ehrenburg kamen.

Von allen Abteilungen, die Luzia während ihrer Ausbildung zu durchlaufen hatte, gefiel ihr der Operationssaal am allerbesten. Und so hatte sie sich nach ihrem Examen entschieden, als OP-Schwester zu arbeiten. Voll Stolz setzte sie sich ihre Haube auf, die jetzt mit zwei roten Streifen und dazwischen in regelmäßigen Abständen mit roten Kreuzchen verziert war, und steckte sich ihre runde eingerahmte Brosche, die ein großes rotes Kreuz auf weißem Grund abbildete, mittig in ihren weißen Kragen. Als Rotkreuzschwester hatte man unbestritten einen Status inne, der soziale Wertschätzung, aber auch Respekt und Autorität ausdrückte. Luzia musste zugeben, dass es nun nicht mehr nur das Durchhalten war, das sie vorantrieb, sondern jetzt, mit dem Examen in der Tasche, war es die feste Überzeugung, stolz ein Teil der *RK*-Schwesternschaft zu sein, die sie motivierte, ihre Arbeit voller Leidenschaft zu verrichten.

Ihre Freundin Käthe hatte nach ihrem Examen nicht wie Luzia das RK II für ihren Arbeitsplatz gewählt, sondern war im RK I geblieben, weshalb sie nun nicht mehr gemeinsam in einem *RK*-Komplex untergebracht waren, aber sie waren nach wie vor praktisch unzertrennlich. Sie trafen sich, um wie früher alle wesentlichen Fragen und Entscheidungen miteinander zu bereden. Immer öfter diskutierten sie bei ihren Zusammenkünften über das Lazarettschiff *Helgoland,* auf dem dringend Rotkreuzschwestern gesucht wurden. Eine Weile hatten sie noch gezögert. Hatten die Vor- und Nachteile abgewogen, sich für den Kriegseinsatz nach Vietnam zu melden, aber nun hatten sie sich entschieden. Gemeinsam schickten sie die Bewerbung im Frühjahr 1969 ab. Vielleicht war dieser Entschluss auch beeinflusst worden von den vielen Rotkreuzschwestern der alten Garde, unter denen sie oft so gelitten und für die sie mitunter die negativsten Gefühle empfunden hatten. Aber sie hatten doch auch großen Respekt und Ehrfurcht vor deren Einsätzen an den Fronten im Zweiten Weltkrieg. Das machte doch schließlich auch eine Rotkreuzschwester aus, fanden Luzia und Käthe. Zumindest, wenn man ihre Tätigkeit im Sinne der Rotkreuzgründer verstand, die eine neutrale Hilfe für Kriegsverwundete gefordert hatten. Nun bot sich ihnen die Gelegenheit, sich ebenso im Kriegseinsatz zu bewähren und sich um alle Verletzten zu kümmern, ohne Ansehen der Nationalität.

Jetzt, da sie die Bewerbung abgeschickt hatte, war Luzia erleichtert. Sie hatte die Entscheidung, mit Käthe nach Vietnam zu gehen, bewusst getroffen. *Und das ist gut so!,* ganz in Gedanken versunken reichte Luzia die zuvor zurechtgelegten chirurgischen Instrumente dem Operateur. Es wurde konzentriert gearbeitet an diesem Vormittag – am 2. Mai 1969 – im Operationssaal. Die Arbeitsabläufe waren vertraut und gingen Luzia mechanisch von der Hand. Immer wieder wanderten ihre Gedanken beim Instrumentieren zu ihrem beabsichtigten Kriegseinsatz und zu Mostafa. Der war gar nicht begeistert davon, dass sie nach Vietnam wollte. Aber sie musste diese Erfahrung machen. Da wollte Luzia sich auch nicht dreinreden lassen. Nicht von ihren Eltern und auch nicht von ihrem Freund. In Vietnam tobte der Krieg. Sie wollte als Rotkreuzschwester ihren Beitrag leisten. Endlich hatte sie eine Chance dazu.

Als Luzia noch ihren Gedanken nachhing, stand plötzlich, wie aus dem Nichts, eine Mitarbeiterin aus der Verwaltung im Operationssaal. Ungläubig richteten alle ihre Blicke auf die Bürofrau. Während sich alle noch wunderten, was eine Unbefugte im OP während einer Operation verloren hatte, vernahmen sie auch schon Luzias Namen. Ihr Vater habe eben im Krankenhaus angerufen. Es sei wohl dringend. Sie möge umgehend zurückrufen. Luzia wusste augenblicklich: *Da ist etwas Furchtbares passiert!* Der Operateur erkannte den Schrecken in Luzias Augen und erlaubte ihr, den sterilen Raum zu verlassen. Mit weichen Knien machte sie sich auf ins Büro. Ihre Hände zitterten, als sie die Nummer ihres Elternhauses wählte. Das Freizeichen ertönte, gleich darauf hörte sie die gebrochene Stimme ihres Vaters und wurde kreidebleich, als die Schreckensnachricht an ihr Ohr drang: „Dein Bruder Hermann ist tot." Er sei am Vortag bei einem tödlichen Autounfall ums Leben gekommen. Hermann wurde 27 Jahre alt.

Vom Schock gelähmt, saß Luzia auf dem Beifahrersitz neben Mostafa auf dem Weg nach Ehrenburg zur Trauerfeier und Beerdigung ihres Bruders. Gleich als sie vom tragischen Unglück erfahren hatte, hatte Luzia Mostafa verständig. Eilig hatten sie ein paar Sachen zusammengepackt und schon wenige Stunden später fuhren sie Richtung Südtirol. Die Stimmung zuhause war unbeschreiblich bedrückend und düster. Alles war in Grabesstille versunken. Der Schmerz über den Verlust erstickte jeden noch so kleinen Hoffnungsschimmer, es könne irgendwann wieder gut werden. Hermann war gegangen. Für immer. Das Einzige, worüber man, wenn auch nur im Flüsterton, zu tuscheln wagte, war, den Unfallhergang zu rekonstruieren. Unerklärlich schien, wie es tatsächlich dazu gekommen war, dass Hermann am helllichten Tag auf der Gegenfahrbahn gelandet war. Aufgrund des Unfallortes wurde angenommen, dass Hermann in Olang war, um dort an einer Feierlichkeit zum 1. Mai teilzunehmen. Womöglich hatte er auch etwas getrunken, ehe er sich in seinen Fiat 600 setzte und am Abend gegen 19 Uhr den Rückweg antrat. Er muss mit stark überhöhter Geschwindigkeit unterwegs gewesen sein, davon ging man aus. Denn anders ließ es sich nicht erklären, warum Hermann bei einer sehr übersichtlichen Stelle, wo die Straße eine leichte Linkskurve macht, von seiner Seite auf die Gegenfahrbahn gekommen war, sodass er in das ihm entgegenkommende Fahrzeug krachte. Beide Fahrzeuglenker waren auf der Stelle tot. Die Schuld wurde Hermann zugesprochen. Die Tatsache, dass es sich bei dem neben Hermann tödlich Verunglückten um einen Familienvater mit zwei Kindern handelte, wog gleich doppelt schwer auf den Schultern von Hermanns Hinterbliebenen.

Der Tod ihres Bruders hat in Luzias Familie vieles verändert. Der Vater schien keine Fröhlichkeit mehr empfinden zu können, die Mutter trug in tiefster Trauer fast ein ganzes Jahr ausschließlich Schwarz. Alles war irgendwie unwirklich und surreal. Ein böser Traum. Und die Protagonisten darin befanden sich in einem tranceähnlichen Zustand. Man funktionierte einfach. Zu mehr war niemand in der Lage. Für Luzia stand außer Frage, dass sie in dieser Situation bestimmt nicht nach Vietnam gehen konnte. Das könne sie dem Vater und der Mutter nicht antun, war sie überzeugt. Jetzt, wo sie einen Sohn verloren hatten, wollte sie die Eltern nicht auch noch mit der Tatsache konfrontieren, dass sie sich mit dem Einsatz in einem Kriegsgebiet womöglich selbst ebenfalls in Gefahr brachte. Und so fasste Luzia erneut einen Entschluss: *Ich werde die Bewerbung für Vietnam wieder zurückziehen.*

Der Sommer in München trug dazu bei, dass Luzia etwas Distanz gewann zur unsagbar qualvollen Situation zuhause. Das war in erster Linie ihrer Arbeit zu verdanken, die sie davon ablenkte, beim Gedanken an Hermann ständig in Tränen auszubrechen. Sie hatte das Glück unter der sehr verständnisvollen Oberschwester Sr. Borgia in einem tollen Team zu arbeiten. Alles Menschen, auf die man sich verlassen konnte und die aufeinander achteten. Auf Unterstützung konnte Luzia auch bei Mostafa zählen, der alles Erdenkliche unternahm, um ihren Schmerz zu lindern. Und nicht zuletzt war es Käthe, die nach Luzias Widerruf ebenso ihre Bewerbung zurückgezogen hatte und nun auch dafür sorgte, dass Luzia ganz allmählich wieder zurück ins Leben fand. An ihren gemeinsamen Treffen bei einem Glas Wein und einer Scheibe Schwarzbrot redeten sie sich wie früher ihre Sorgen und Ängste von der Seele. Dabei ertappten sie sich, wie sich das Lazarettschiff *Helgoland* immer öfter in den Vordergrund ihrer Unterhaltung drängte. Das Thema, sich als Rotkreuzschwester um Kriegsverwundete zu kümmern, war definitiv nicht vom Tisch.

Ihren Bruder Hermann wird es nicht wieder lebendig machen und den Verlustschmerz der Eltern vermochte Luzia nicht im Geringsten zu lindern, wenn sie auf Vietnam verzichtete. Diese Erkenntnis, zu der Luzia nach monatelanger Überlegung gekommen war, hatte sie, auch weil sie Käthe wieder an ihrer Seite wusste, schließlich darin bestärkt, sich erneut zu bewerben. Da man nach wie vor dringend Rotkreuzschwestern auf dem *DRK*-Hospitalschiff benötigte, wurde jede Unterstützung dankend angenommen. Ihre Eltern und auch Mostafa stellte Luzia mit ihrer Bewerbung vor vollendete Tatsachen.

Im Spätherbst 1969 machte sich Luzia mit Käthe auf nach Köln ins Mutterhaus des *DRK*, von wo aus die Einsätze im Vietnamkrieg deutschlandweit organisiert wurden. Dort wurden alle Rotkreuzschwestern für die Reise einheitlich mit einem grauen Kostüm eingekleidet und während des dreitägigen Lehrgangs erfuhren sie, dass die *Helgoland*, nachdem sie von August 1966 bis September 1967 im Süden, im Hafen von Saigon, eingesetzt gewesen war, im Oktober 1967 weiter nach Norden, nach Zentralvietnam in den Hafen von Da Nang, verlegt worden war. Dort würden auch sie stationiert sein. Unmissverständlich wurde ihnen sodann eingebläut, wie sie sich im Kriegsgebiet zu verhalten haben. Auf keinen Fall sollten sie sich mit irgendwelchen Männern einlassen, schon gar nicht mit den amerikanischen Soldaten, die gemeinhin als GIs bekannt waren. Und auf gar keinen Fall sollten sie Geld auf dem Schwarzmarkt tauschen, da wäre der

Betrug schon vorprogrammiert, weshalb sie das tunlichst zu unterlassen hätten. Aber als absolut oberstes Gebot gelte für sie ihre Neutralität.

„Ob Vietkong oder Vietnamese, für euch ist das unerheblich! Auf dem Schiff gibt es keine Unterscheidung zwischen den Nationalitäten! Ihr seid neutral!“, schärften ihnen die Rotkreuzschwestern im Mutterhaus die strikt einzuhaltende Prämisse ein. Die Versorgung der Verwundeten habe Vorrang, weshalb es unter allen Mitteln gelte, neutral zu bleiben. Sie seien dort, um zu helfen. „Allen, die eure Hilfe benötigen!“

Ihr Herz klopfte gehörig, als Luzia im grauen Reisekostüm auf dem Kölner Flughafen in das Flugzeug stieg, um den ersten Flug ihres Lebens anzutreten. Mit einer Zwischenlandung in Bangkok wurden Luzia, Käthe und zwei weiter Rotkreuzschwestern aus Norddeutschland als *DRK*-Schwestern nach Saigon geflogen. Als sie sich anschickten, das vollklimatisierte Flugzeug zu verlassen, waren sie noch guter Dinge. Bis zum Weiterflug nach Da Nang blieben ihnen ein paar Stunden Aufenthalt in Saigon, die sie nutzen wollten, um ein Restaurant aufzusuchen. Doch als Luzia aus dem Flugzeug stieg, hatte sie augenblicklich das Gefühl, man würde ihr ein nasses Tuch ins Gesicht klatschen. Auf diese hohe Luftfeuchtigkeit war sie nicht vorbereitet. Alles klebte an einem. Die Kleidung, die Haare. Aber noch schlimmer war, dass man nicht mehr richtig atmen konnte. Irgendwie schien die Luft viel zu feucht zum Atmen. Sie brauchten einige Zeit, um sich an die neuen Umstände einigermaßen zu gewöhnen. Dann marschierten sie los, um sich ein Lokal zu suchen. Angst, durch eine Stadt zu laufen, die sich im Kriegszustand befand, hatten sie eigenartigerweise keine. Obwohl die seltsam leeren Straßen schon sehr befremdend wirkten. Schließlich fanden sie ein Restaurant, das sich im obersten Stockwerk eines Hotels befand. Die Treppen bis in die letzte Etage musste man zu Fuß hinaufsteigen. Ganz wohl war ihnen zwar nicht, als sie da Stufe für Stufe den engen, schmutzigen Treppenaufgang emporstiegen, aber da es wenig Alternativen gab, stapften sie mutig weiter. Oben fanden sie tatsächlich ein Restaurant vor. Sie wurden an einen freien Tisch begleitet, und man reichte ihnen eine schmuddelige Speisekarte in englischer Sprache. Verstohlen sahen sie sich um. Außer ihnen waren noch ein paar Tische mit einheimischen Gästen und ein paar mit amerikanischen Soldaten belegt. Kaum hatten sie ihre Bestellung aufgegeben, da kam auch schon ein GI zu ihnen an den Tisch. Unvermittelt begann er mit seiner Überzeugungsarbeit. Ohne Unterlass redete er auf sie ein, dass sie unbedingt Geld wechseln müssten, und zwar ihre „grünen“ Dollars in „rote“ Dollars. Nur mit diesen roten Dollars kämen sie in Vietnam weiter. Und erst in den *PX-Läden*, was es da alles für exklusive Ware gäbe, aber natürlich nur zu erwerben mit den roten Dollars.

Den vier Frauen war schon schummrig von seinem Wortschwall, der auf sie niederprasselte. Was hatte es nur mit diesen roten Dollars auf sich, mit denen der GI unaufhörlich vor ihren Nasen herumwedelte? Keiner hatte ihnen in Köln davon erzählt. Sicher, sie sollten kein Geld wechseln, aber von roten Dollars war nie die Rede gewesen. Verunsichert wie sie waren, einigten sie sich schließlich auf einen Wechselkurs. Hoch erfreut blätterte der GI ihnen die roten Dollarscheine auf den Tisch, nahm dafür ihre Dollars entgegen und versicherte, bei diesem Wechselkurs sei auch bereits das Essen, das sie bestellt hatten, im Preis inbegriffen. Überzeugt, das

Richtige getan zu haben, sammelten sie die roten Scheine ein, verspeisten die servierten Gerichte und erhoben sich im Anschluss, um das Restaurant zu verlassen. Sie waren noch gar nicht beim Ausgang, da wurden sie schon vom vietnamesischen Wirt schreiend aufgehalten. Sie hätten noch nicht die Rechnung bezahlt, das sei Zechprellerei! Er würde noch die ausstehende Summe bekommen, und die am liebsten in grünen Dollarscheinen! Andernfalls würde er sie nicht gehen lassen. Die vier Frauen blieben verdattert stehen, was hatte das zu bedeuten? Noch ehe sie auf den GI verweisen konnten, war der schon beim Wirt und begann auf ihn einzureden. Der Amerikaner und der Vietnamese gerieten derart ins Streiten, dass es wohl lautstark bis auf die Straße hinunter zu hören gewesen sein musste, denn mit einem Mal kam jede Menge Militär die Stiege heraufgepoltert. Luzia und die anderen bekamen es mit der Angst und sie sahen nur noch zu, dass sie aus der Schusslinie kamen. Wie vom Blitz getroffen, rannten sie raus aus dem Lokal und stürzten, während sie im Hintergrund bereits Schüsse hörten, die Treppen hinunter. So schnell sie nur konnten, liefen sie hinaus auf die Straße, hielten ein Taxi an und fuhren sofort zurück zum Flughafen. Als sie im Taxi saßen und langsam etwas zur Ruhe kamen, begannen sie sich augenblicklich zu schämen. Da war ihnen eingebläut worden, wie man sich zu verhalten hat. Und was haben sie gemacht? Kaum waren sie in Vietnam, haben sie auch schon die Regeln missachtet und sich gleich danebenbenommen.

Der Flieger, der sie von Saigon nach Da Nang bringen sollte, entpuppte sich als kleine Maschine, in der außer Menschen auch Tiere transportiert wurden. Und so vernahmen sie in ihren Sitzen gelegentlich ein Hühnergackern, Entenquaken oder Schweinegrunzen, bis sie nach einem etwa zweistündigen Flug ihr Ziel erreichten. Die Oberin der *DRK*-Schwestern auf der *Helgoland* war mit dem Chauffeur im Rotkreuzauto zum Flughafen gekommen und nahm die vier Neuzugänge in Empfang. Mit dem Auto fuhren sie durch die nächtlichen Straßen. Luzia saß am Fenster und blickte betroffen auf die Stadt, die in einem fürchterlichen Zustand war. Menschenleer, dafür überall Ratten, überall Dreck, Schmutz und Müll. Zum ersten Mal begann Luzia an ihrem Entschluss zu zweifeln. *Um Gottes Willen, wo bin ich da bloß gelandet?* In ihren Gedanken war Luzia sofort klar, dieser Aufenthalt wird wenig dazu beitragen, dass sich ihr Wunsch, etwas vom Land zu sehen, erfüllte, denn an diesem düsteren Ort war es tatsächlich das Beste, sich vom Schiff nicht zu entfernen. So, wie man es ihnen eingehämmert hatte: „Ihr dürft euch nur innerhalb der eingezeichneten Sicherheitszone aufhalten, keineswegs deren Grenze überschreiten!" In dieser Stadt war alles so grausig und ekelerregend, da wollte Luzia das Schiff sowieso nicht freiwillig verlassen.

Auf der *Helgoland*, die blitzsauber, vollklimatisiert und bestens mit den modernsten Einrichtungen ausgestattet war, bezogen sie ihre Kajüten. Luzia teilte sich eine mit Käthe im untersten Bereich, den die Schwestern bewohnten. Für das Personal auf dem Lazarettschiff gab es genau abgegrenzte Bereiche. Es gab jenen für das seemännische Personal, dazu zählte das Versorgungspersonal und das Wartungspersonal, und es gab den Bereich für das medizinische Personal. Hier wiederum war der Bereich streng getrennt zwischen der Ärzteschaft und den Schwestern. Während Luzia und die anderen noch dabei waren, ihre Sachen in den Kajüten zu verstauen, legte die *Helgoland* auch schon ab, entfernte sich vom Hafen und fuhr weiter hinaus aufs offene Meer. Das sei zur Sicherheit, ließ man sie wissen, denn die Städte wurden bevorzugt in der Nacht beschossen. Bei Tagesanbruch, wenn sich die Bombengeschwader zurückgezogen hatten, kehrten sie zurück an den Pier, sodass man die Kriegsverletzten zu ihnen auf die Station und in die Operationssäle bringen konnte. Es waren viele. Besonders viele Kinder. Napalmverbrennungen. Kriegsverletzungen. Unfalloper verschiedenster Art, aber auch sozialbedingte Krankheiten, wie Mangelernährung und Parasiten waren an der Tagesordnung. Luzia empfand ihre Arbeit auf der *Helgoland* als unwahrscheinlich anstrengend, sowohl physisch als auch psychisch, und die kriegsbedingten Verletzungen als grausam und schrecklich. Besonders die Schreie der Kinder mit den Minenverletzungen, die Höllenqualen litten. Narkose gab es nur für die wirklich schweren Fälle im OP. Bei leichteren Minenopfern mussten die Schwestern die Splitter ohne Betäubung entfernen. Noch grausamer waren aber die schweren Fälle, die im Operationssaal versorgt wurden, mit zerfetzten Gliedern und Körpern, die über und über mit Splittern übersät waren. Das war entsetzlich. Der Krieg war grauenerregend und allgegenwärtig. Bei Tag durch die oft schweren Kriegsverwundeten, in der Nacht durch die vielen Luftangriffe und Bombeneinschläge, die weit draußen auf dem Meer noch zu hören waren. Einmal wurde die *Helgoland* sogar getroffen. Luzia saß mit den anderen unten im Schiff zusammen, als sie plötzlich einen unheimlich lauten Tusch vernahmen. Sie schreckten umgehend auf. Auch wenn noch keiner wusste, was tatsächlich passiert war, so war man sich des Ernstes der Lage durchaus bewusst. Schließlich sickerte durch, dass eine ganze Schiffsseite durch einen Einschlag beschädigt worden war. Es gab auch eine verletzte Ärztin. Um wieder arbeiten zu können, benötigten sie ein intaktes Schiff. Das war auch im Interesse der Amerikaner, die sich umgehend an die Reparatur machten, sodass die *Helgoland* schnell wieder einsatzbereit war. Man war zwar im Krieg, aber man hat auch zusammengearbeitet, sich gegenseitig geholfen und auch mal gefeiert. Die Amerikaner haben viele Feste organisiert, vor allem Grillfeste. Die Soldaten, die bei Laune gehalten werden mussten, luden das Personal von der *Helgoland* oft dazu ein. Besonders gerne hatten sie es, wenn die weibliche Belegschaft mitfeierte. Auf diese Weise hatten sie sich auch mit den GIs angefreundet und so kam es, dass Luzia auf einen Rundflug in das nördlich von Da Nang gelegene Hue eingeladen wurde. Mit dem Hubschrauber flogen sie an der Küste entlang hinauf nach Hue, umkreisten die Stadt und flogen wieder zurück. Natürlich war es nicht möglich gewesen, zu landen und die Stadt zu besichtigen. Aber auf diese Weise hatte Luzia doch etwas von Vietnam sehen können, wenn auch nur aus der Vogelperspektive.

In der arbeitsfreien Zeit, die ihnen auf der *Helgoland* zur Verfügung stand, tat es gut, etwas Abstand von der intensiven Arbeit zu gewinnen. Das Betreten des Kriegsgebietes war zwar verboten, aber es gab die Sicherheitszone, in der man sich bewegen durfte, und diese umfasste auch einen wunderschönen Strand, angrenzend an Da Nang, wohin sie ab und zu in der Gruppe zum Schwimmen fuhren. Für ihre Arbeit mussten sie ebenso gelegentlich runter vom Schiff. Neben den Kriegsverletzten auf der *Helgoland* galt es noch eine Außenstation für Leprakranke zu betreuen. Mit dem Rotkreuzauto fuhren sie zu den leprakranken Vietnamesen, die dort abgeschieden lebten, um sie mit Medikamenten zu versorgen. Luzia hatte noch nie vorher Leprakranke gesehen. Auch nachher wird sie nur noch einmal einen Leprakranken zu Gesicht bekommen. Das war ein Mann aus Afghanistan, mit dem sie 1991 in Kontakt kam, während ihrer dreimonatigen Tätigkeit in einem Flüchtlingslager in Chitral, im Norden Pakistans. Sie hatte dort ihren späteren Mann besucht, der fast das ganze Jahr 1991 der Leiter dieses afghanischen Flüchtlingslagers war. Die Erlaubnis, drei Monate bei ihrem Mann zu bleiben, hatte sie nur erhalten, weil sie in dieser Zeit im Operationssaal, der in einem Zelt im Flüchtlingslager untergebracht war, einen Afghanen angelernt und ihm alles beigebracht hatte, was man als Assistent im OP wissen und können muss. Der leprakranke Afghane, dem sie dort begegnet war, hatte sie an ihre Zeit in Vietnam erinnert. Als es gar nicht ungefährlich gewesen war, mit dem Auto hinauszufahren zur Leprastation. Sicher, sie standen als neutrales Hilfspersonal unter besonderem Schutz. Aber in unschöne Situationen konnte man durchaus kommen. Ganz abgesehen davon, dass man auch hätte sterben können.

Das alles wusste Luzia, aber daran gedacht, dass sie nicht mehr heil aus Vietnam zurückkommen könnte, das hat sie als junge Frau mit 23 Jahren ohnehin nie. Vielmehr hatte sie in ihrem Kopf nur Gedanken, die sich auf das Leben bezogen. Und gerade hatte sie ein Geschenk von ihrer Tante Loise erhalten. Liebevoll hatte diese das Weihnachtspäckchen für ihre Nichte noch im November zusammengestellt und zum *DRK* nach Bonn geschickt, von wo es weiter nach Vietnam zu Luzia gelangte. Es enthielt ein paar Kleinigkeiten. Einen Tannenzweig hatte die Tante obenauf als Dekoration gelegt. Einen weihnachtlichen Gruß von zuhause. Natürlich war der Tannenzweig längst vertrocknet gewesen, als Luzia das Päckchen geöffnet hatte. Aber es hatte sie unglaublich froh gemacht. Luzia wollte sich bei Tante Loise unbedingt in einem Brief bedanken. Schreiben, wie sehr es sie freute, dass Tante Loise an sie gedacht hatte, an diesem Weihnachten 1969, das Luzia im über 9000 Kilometer entfernten Vietnam im Kriegseinsatz verlebte. Nun war Silvester vorbei und mit ihm dieses unglaublich traurige Jahr, das ihnen den Tod von Hermann gebracht hatte. Hoffentlich würde 1970 weniger schmerzvoll sein, das wollte sie in ihrem Dankesbrief an Tante Loise schreiben und auch darüber, dass man das pünktlich eingetroffene Weihnachtsgeschenk schon mal als gutes Omen deuten könne. Was sich dann leider nicht bewahrheitet hat.

Der weitere unwahrscheinlich schwere Schlag traf Luzia im Februar 1970, als sie auf ihren Brief an Tante Loise den Antwortbrief von zuhause erhielt, ihn öffnete und zu lesen begann. Nicht ihre Tante war die Verfasserin, sondern ihre Eltern hatten diese überaus traurigen Zeilen zu Papier gebracht. Sie wollten Luzia nicht beunruhigen, schrieben sie, weshalb sie sie nicht umgehend über das tragische Ableben von Tante Loise, die bereits im November 1969 von ihnen gegangen war, informiert hatten. Für den verhältnismäßig harmlosen Eingriff einer Gallensteinoperation habe sie sich ins Krankenhaus begeben. Unglücklicherweise infizierte sich die Tante im Krankenhaus mit der damals grassierenden asiatischen Grippe, die schließlich zu ihrem Tod führte. Eigentlich habe man mit der Übermittlung ihrer Todesnachricht auf Luzias

Rückkehr warten wollen, aber nun, als sich herausgestellt hatte, dass Tante Loise, bevor sie zur Gallensteinoperation ins Krankenhaus gegangen war, eben noch dieses Weihnachtspäckchen an Luzia abgeschickt hatte, wie sie aus Luzias Dankesschreiben hatten entnehmen können, da sei man nicht umhingekommen, mit der Wahrheit herauszurücken. Ungläubig ließ Luzia ihre Hand mit dem Brief der Eltern auf ihren Schoß sinken. *Das kann doch unmöglich wahr sein?* Sie musste sich verlesen haben. *Tante Loise ist tot?* Unvermittelt brach Luzia in Tränen aus, als sie zudem realisierte, dass ihre Tante bereits zum Zeitpunkt, als sie das Weihnachtspäckchen mit dem liebevoll dazugelegten Tannenzweig erhalten hatte, nicht mehr am Leben gewesen war. Nach dem tragischen Verlust von Hermann hatte Luzia nun auch noch den Tod ihrer geliebten Tante zu beklagen.

Die schmerzhaften Verluste ihrer Lieben zuhause, aber auch der sehr anstrengende Einsatz auf dem Lazarettschiff *Helgoland* ließen Luzia daran denken, die Heimreise anzutreten. Auch Käthe hatte nach sieben Monaten genug vom Kriegseinsatz und war gewillt, mit Luzia wieder nach Deutschland zurückzukehren. Gemeinsam traten sie im Frühjahr 1970 die Heimreise an. Käthe folgte ihrem auf der *Helgoland* kennengelernten Freund, der dort als Maschinenmeister gearbeitet hatte, nach Hamburg, und Luzia kehrte zurück nach München zu ihrem Freund Mostafa und zu ihrem Arbeitsplatz im RK II in der Lazarettgasse. Allerdings nicht mehr für lange Zeit. Denn Sr. Borgia, die auf Luzias Arbeit große Stücke hielt, musste ihre OP-Schwester wohl in den allerhöchsten Tönen gelobt haben, denn es dauerte nicht lange, bis Sr. Waltgunde es schaffte, Luzia abzuwerben. Sr. Waltgunde war die leitende

OP-Schwester im ebenfalls von *RK*-Schwestern geführten Krankenhaus in Oberföhring. Luzias Entscheidung vom RK II in das Krankenhaus nach Oberföhring, dem heutigen Bogenhausen, zu wechseln, wurde auch dadurch beeinflusst, dass in Oberföhring, in der Titurelstraße, ein neues Schwesternwohnheim mit circa 25 Apartments errichtet worden war. Für die *RK*-Schwestern gab es damit nicht mehr nur wie bisher ein Zimmer mit Gemeinschaftsbad und Gemeinschaftsküche, sondern eine jede bekam ein kleines Apartment ganz für sich allein. Ein eigenes kleines Reich mit eigener Küche und eigenem Bad zu bekommen, hatte Luzia schließlich überzeugt, von Sr. Borgia in den OP zu Sr. Waltgunde zu wechseln. Der Umzug ins Apartment im Schwesternwohnheim brachte sodann auch ein Stück weit mehr Privatsphäre für ihre Beziehung zu Mostafa.

Obwohl sie von ihrer Religion her zwei unterschiedlichen Glaubensgemeinschaften angehörten, war ihre Religionszugehörigkeit nie wirklich ein Thema, das in ihrer Beziehung Anlass zu Uneinigkeit geboten hätte. Dabei war Religion ein wesentlicher Aspekt in Mostafas Leben, aber er ließ nicht nur seinen Glauben gelten. Vielmehr mochte er es, über Glaubensfragen zu diskutieren und zu debattieren. Es war wichtig, dass man ein religiöser Mensch war, dass man einer Religion angehörte mit einer entsprechenden Tradition und Kultur. Das Praktizieren der Religion spielte eine untergeordnete Rolle. Weder ging Mostafa regelmäßig in die Moschee, noch war Luzia eine eifrige Kirchgängerin. Während ihrer Ausbildung war es bei den Rotkreuzschwestern noch Usus, dass man den Tag nach Möglichkeit mit der Frühmesse begann. Pflichtbewusst wurde diese Forderung befolgt.

Aber das war es dann auch. Eine Pflicht. Nach dem Examen, als man nicht mehr unter diesem strengen Kuratel stand, passte sich Luzia den Gepflogenheiten ihrer Mitmenschen an, die sich in München in puncto Kirchgang deutlich von jenen in ihrem Dorf zuhause in Südtirol unterschieden. Dort führten die Menschen noch ein eng mit der Kirche verbundenes Leben. In München war man bereits wesentlich weltlicher eingestellt. Das galt auch für Mostafa, der bis auf das Schweinefleisch, das für ihn Tabu war, ein Leben führte, in dem er Alkohol trank und rauchte. Das Feiern liebte er geradezu. Rauschende Feste mit einer großen Anzahl von Gästen und viel lauter Musik, bevorzugt aus dem Iran, waren ihm das Liebste. Dass er Luzia gedrängt hätte, einen *Tschador* zu tragen, wie seine Schwestern es taten, selbst als diese in München auf Besuch waren, das gab es nie. Auch nicht, als sie gemeinsam zu Mostafas Familie in den Iran flogen, wurde von Luzia verlangt, dass sie sich verhüllte. Schon gar nicht stand die Forderung im Raum, dass Luzia konvertieren und zur Muslima werden musste. Was auch daran lag, dass der Islam, zumindest vor Chomeinis Machtantritt 1979 im Iran, seinen Gläubigen erlaubte, eine Beziehung zu Andersgläubigen zu unterhalten. Selbst gemeinsame Kinder wären kein Problem gewesen. Im Gegenteil. Für einen Iraner ist es von essenzieller Wichtigkeit, Kinder zu haben. Also war die Elternschaft auch für Mostafa und Luzia ein Thema. Und sie wollten Kinder.

Dass es mit der Schwangerschaft dann nicht klappen wollte, war im Nachhinein womöglich ein Segen, denn Mostafa veränderte sich nach der Islamischen Revolution, die von Ayatollah Chomeini angeführt wurde, schleichend vom liberalen hin zum tiefgläubigen Muslim. Als Chomeini vor der Revolution noch in Frankreich im Exil gelebt hatte, waren Mostafa und sein Bruder öfter zu ihm gefahren. Und allmählich hatte sich seine Veränderung bemerkbar gemacht, indem Mostafa begann, den Islam strenger auszulegen. Eine Beziehung zu einer „Nichtgläubigen" passte immer weniger ins Konzept. Und wie für viele tiefgläubige Muslims spielte auch für Mostafa seine Herkunftsfamilie eine zunehmend größere Rolle. Der Einfluss wurde schließlich überstark und führte dazu, dass es Mostafa nun wieder vermehrt in den Iran zog. Auch die Forderung nach Kindern, dass Mostafa endlich Vater werden müsse, wurde immer lauter. Natürlich kam nur mehr eine Verbindung mit einer Muslima in Frage. Und eines Tages, als Mostafa gerade im Iran verweilte, präsentierte die Familie ihm eine geeignete Braut. Luzia kann sich, als wäre es gestern gewesen, daran erinnern, wie Mostafa sie nach seiner Rückkehr vor vollendete Tatsachen stellte und ihr knapp mitteilte, seine Familie habe entschieden und eine Frau für ihn gefunden. Selbstverständlich werde er sich fügen.

Als Mostafa und Luzia sich 1984 trennten, hatte Luzia bereits die *RK*-Schwesternschaft verlassen. Zehn Jahre nach ihrem Examen war sie 1978 aus der Schwesternschaft ausgetreten und als freie städtische Krankenschwester zur Stadt München gewechselt. Auch wenn sie Sr. Waltgunde nur schweren Herzens gehen ließ, so stand Luzias Entschluss fest. Sie wollte eine Veränderung, und diese erreichte sie mit dem Austritt und dem Wechsel in das städtische Krankenhaus in Schwabing. In der Düsseldorfer Straße bezog sie eine kleine Wohnung in einem Häuserkomplex, der der Stadt München gehörte und in dem sich an die 100 Wohnungen befanden, die den Mitarbeitern des Krankenhauses vorbehalten waren. Auch in Schwabing blieb Luzia der Chirurgie treu. Sie arbeitete weiterhin als OP-Schwester im Operationssaal, erklomm die Karriereleiter und bekleidete ab 1982 die Funktion der leitenden OP-Schwester. Den Schmerz, der durch das Beziehungsaus zu Mostafa verursacht worden war, vermochte der große Freundeskreis, den Luzia in München um sich aufgebaut hatte, ein Stück weit abzufedern. Man traf sich zum Sektfrühstück, unternahm Spaziergänge, organisierte gemeinsame Ausflüge, ließ den Abend in geselliger Runde ausklingen. Was anfangs sehr willkommen war, weil es Luzia auf andere Gedanken brachte, wurde ihr allmählich zu viel. Sie war schon in der Arbeit sehr gefordert und ständig mit vielen Menschen zusammen, da verspürte sie immer mehr den Wunsch nach ruhigeren Stunden, wenigstens in ihrer Freizeit. Um den Kopf frei zu kriegen, um zur Ruhe zu kommen. Aber da es ihr in München nicht gelingen wollte, die vielen Einladungen auszuschlagen, machte Luzia sich auf die Suche nach neuen Möglichkeiten, um sich zurückzunehmen, ohne die anderen vor den Kopf zu stoßen.

Da hörte sie von den Auslandsprojekten der GTZ, der Deutschen Gesellschaft für Technische Zusammenarbeit, die vor allem im Straßenbau und der Brunnensanierung tätig war, aber jüngst eben auch für ein Krankenhaus in Saudi-Arabien Personal suchte. Dafür gebe es offene Stellen und man könne sich bewerben, erfuhr Luzia von einer Mitarbeiterin im Schwabinger Krankenhaus, die sich bereits beworben hatte. Neben der beruflichen Qualifikation war auch ein Sprachtest in Englisch erforderlich. Luzia hatte schon Jahre zuvor für vier Wochen eine Sprachschule im englischen

Folkestone nahe Dover besucht. Und als sie zum Sprachtest nach Frankfurt zum Sitz der GTZ fuhr, hatten ihre Englischkenntnisse dann offensichtlich ausgereicht, denn Luzia wurde von der GTZ als leitende OP-Schwester für das Krankenhaus Nadschran im Süden von Saudi-Arabien, unweit der jemenitischen Grenze, eingestellt.

Luzia wollte raus aus München, raus aus dem Trubel, raus aus ihrem Gedankenkarussell. Saudi-Arabien schien ihr dafür eine sehr geeignete Wahl. Der Islam, den sie seit ihrer Zeit mit Mostafa nahezu in- und auswendig kannte, machte ihr kein Kopfzerbrechen. Sie kannte die Gepflogenheiten und die Gebräuche. Sie kannte den Koran. Das machte ihr alles keine Angst. Im Gegenteil. Sie wusste, für Frauen war in diesem Land beinahe alles verboten. Weder sollten sie ohne männliche Begleitung das Haus verlassen, noch durften sie selbst ein Auto lenken. Wollte eine Frau außer Haus, so hatte sie eine *Abaya* zu tragen, das traditionelle in der Regel schwarze lange lockere Kleid, das den gesamten Körper mit Ausnahme von Kopf, Füßen und Händen bedeckt. Das alles war für Luzia genau das Richtige, um zur Ruhe zu kommen. Da man ihr die Stelle als leitende OP-Schwester für ein Jahr angeboten hatte, musste Luzia einen Weg finden, um für diese Zeit von ihrer Arbeit auf der gynäkologischen chirurgischen Abteilung im Krankenhaus Schwabing freigestellt zu werden. Sie machte sich also auf ins Büro zu Professor Lohe. Er war ihr Chef, er musste die einjährige Freistellung bewilligen. Aber Luzia war guter Dinge. Mit Professor Lohe war sie immer gut zurechtgekommen. Mehr noch. Er hielt sehr hohe Stück auf sie und besonders schätzte er ihre fachliche Kompetenz bei der Führung des Operationssaals. Sie betrat also beschwingt das Büro und eröffnete ihrem Vorgesetzen ihre Absicht, mit der GTZ für ein Jahr nach Saudi-Arabien zu gehen.

„Nein, das geht nicht, dass sich eine Leitung beurlauben lässt“, war die knappe Antwort, die Luzia von Professor Lohe zu hören bekam, nachdem er sich die Ausführungen seiner leitenden OP-Schwester angehört hatte.

„Gut. Dann muss ich kündigen. Denn ich will unbedingt nach Saudi-Arabien“, entgegnete Luzia entschlossen, als sie verstand, dass Professor Lohe nicht mit sich verhandeln ließ. So weit, dass Luzia ihre Kündigung einreichen musste, kam es dann doch nicht. Professor Lohe war wohl zum Schluss gekommen, dass es besser war, ein Jahr auf seine Fachkraft zu verzichten, als sie für immer zu verlieren. Und so genehmigte er, wenn auch nicht ohne Murren, die einjährige Beurlaubung.

Anfang 1987 befand sich Luzia nun mit gepackten Koffern im Zug auf dem Weg nach Paris, von wo sie ein Direktflug nach Riad bringen würde. Auf ihrer Hinreise ging sie im Kopf nochmals sämtliche Instruktionen zu den Verhaltensweisen in Saudi-Arabien durch, in die man sie bei der GTZ vor ihrer Abreise unterwiesen hatte. Bei ihrer Einreise werde sie ihren Pass abgeben müssen, hatte man ihr gesagt, da das freie Reisen innerhalb des Landes nicht erlaubt war. Man werde sie in das Krankenhaus nach Nadschran bringen, eine Wüstenstadt, die damals circa 90.000 Einwohner hatte. Dort werde sie in dem großen Krankenhauskomplex in einer eigenen kleinen Wohnung untergebracht werden. Sämtliche leitende Funktionen im medizinischen Bereich des Krankenhauses waren von der GTZ eingestellt worden, alle anderen Angestellten unterstanden den Saudis. Das waren hauptsächlich Frauen und Männer aus Indien, Bangladesch und Südkorea. Saudis, hier allein Männer, bekleideten ausschließlich Positionen im Management und in der gehobenen Verwaltung. Dort werde auch Luzias Pass liegen. Wollte sie also das Land erkunden, musste sie, um den Pass zurückzubekommen, sich jede Reise genehmigen lassen. Innerhalb von Nadschran, wenn man beispielsweise das große Einkaufszentrum besuchen wollte, standen ihnen Autos zur Verfügung, die allerdings nur von Männern gelenkt werden durften. Für die Frauen gab es zwei Chauffeure aus Indien. Beim Verlassen des Krankenhauskomplexes hatten die Frauen die *Abaya,* bevorzugt mit dem Gesichtsschleier, zu tragen, worauf Luzia sich aber ohnehin eingestellt hatte. Abgeraten wurde generell vom Kontakt mit Männern aus der Region. Es war zwar nicht verboten, aber es wurde nicht gerne gesehen, wenn „Nichtgläubige" sich mit ihnen trafen. Das Beste wäre somit, man würde sich von Saudis fernhalten.

Als Luzia mit ihrer Arbeit im OP begann, da musste sie feststellen, dass außer ihr nur fünf leitende Funktionen mit Deutschen von der GTZ besetzt waren. Sie, die leitende OP-Schwester, ein Chirurg, ein Anästhesist, eine Deutsche arbeitete auf der Intensivstation und eine saß in der Verwaltung. Der GTZ, und somit dem Krankenhauspersonal aus Deutschland, war buchstäblich der Vertrag von saudi-arabischer Seite gekündigt worden. Wie Luzia in Erfahrung bringen konnte, war der Grund ungebührliches Verhalten in Form von Alkoholkonsum, Abhalten von Festen und Umgang mit Saudis, die sich am ungebührlichen Verhalten beteiligt hatten. Alles Dinge, die nach saudi-arabischem Gesetz strikt verboten waren. Um nun nicht in eine finanzielle Schieflage zu geraten, hatte sich die GTZ ein Subunternehmen gesucht und dieses in Dänemark bei Danish Health gefunden. Ab da wurden für leitende Funktionen im medizinischen Bereich bevorzugt Dänen eingestellt. Der Vertrag von Luzia und den anderen vier Deutschen wurde von Danish Health übernommen. Nun, da das saudi-arabische Management wesentlich genauer hinsah, herrschte wieder Zucht und Ordnung im gesamten Krankenhauskomplex. Allerdings begnügten sie sich nicht mit der Kontrolle um die Einhaltung der gesitteten Verhaltensregeln. Die Saudis wollten überall mitreden und sich einmischen. In so manchen Abteilungen ging das den leitenden Oberärzten gehörig gegen den Strich, da sie sich von Leuten bevormundet fühlten, die nichts von der Branche verstanden.

Luzia hatte es in dieser Beziehung wesentlich besser erwischt. Ihr oblag die Führung des Operationssaals. Das war eine Abteilung, in die man nicht einfach hereinplatzen und unangemeldet Kontrollen durchführen konnte. Wer in den OP wollte, hatte sich umzuziehen und musste sich an Hygienevorschriften halten. Weil das aufwendig war, blieb Luzias Team fast durchwegs unbehelligt. Das hat viel zu einem angenehmen Arbeitsklima im OP beigetragen. Luzia hatte das Sagen und sie kam mit ihren OP-Schwestern, fast durchwegs Inderinnen, sehr gut aus. In ihrer Abgeschiedenheit genossen sie eine entspannte Atmosphäre, in der sie es sich auch mal gut gehen ließen. Wenn keine Operation anstand, kochten sie im Vorraum Kaffee, saßen beisammen und ab und zu kochten die indischen Kolleginnen auch etwas Leckeres aus ihrer Heimat. Im Unterschied zu den Europäern, die durchwegs Leitungsfunktionen innehatten und inzwischen Danish

Health unterstanden, waren die Angestellten aus dem Osten direkt von den Saudis eingestellt worden. Wurden Fehler gemacht, und waren es noch so geringfügige, konnte das schnell hohe Strafen einbringen, wie pfeffrige Bußgelder, Urlaubsentzug und dergleichen. Für die Mädchen war das hart. Aber sie hielten aus, weil es oft ihre einzige Möglichkeit war, ihre Familien zuhause zu unterstützen. Sie, die Europäer, hatten aufgrund der starken Schutzorganisation durch Danish Health die Strafen der Saudis dagegen nicht so sehr zu fürchten. Allerdings war da immer noch der Unterschied zwischen Mann und Frau. Und da in Saudi-Arabien Männer mehr als Frauen gelten, nehmen Frauen automatisch eine untergeordnete Position ein und sind damit benachteiligt. Wie das eine Mal, als es für Luzia letztlich doch gut ausging, obwohl ihr Wort, das einer Frau, gegen das Wort eines Mannes stand, der zudem ein Saudi war.

Für kurze Zeit hatte Luzia in ihrem Operationssaal einen jungen Saudi zugeteilt bekommen. Es war wohl so eine Art Praktikum für den Burschen, der zwar ein netter Kerl, aber nicht sonderlich an Arbeit interessiert war. Bei seiner Tätigkeit hatte er sich dann auch nicht großartig angestrengt, war eher faul und nachlässig. Zum Ende seines Praktikums wollte er von Luzia für seinen Einsatz ein Zeugnis ausgestellt bekommen. Selbstverständlich kam Luzia dieser Bitte nach, sie schrieb aber wahrheitsgetreu, was Sache war. Das Zeugnis, das ihm ausgehändigt wurde, war dann seinem Einsatz entsprechend bescheiden. Unvermittelt kam er mit erhobenen Händen in den Operationssaal gebraust und verlangte nach einer besseren Beurteilung. Würde Luzia sich weigern, würde er sich in der saudischen Chefetage darüber beschweren, was sie für ein unordentlicher Haufen seien und dass im Operationssaal sogar gegessen würde! Luzia könne schon ihre Sachen packen, denn man werde sie hochkantig rausschmeißen, drohte er. Luzia ließ sich vom Wüterich aber nicht aus der Ruhe bringen. Sie sah ihm scharf in die Augen und meinte, wenn er es wage, Falschheiten zu erzählen, dann würde sie sein Zeugnis annullieren und ihm ein noch schlechteres ausstellen. Schnaubend und stampfend zog der junge Saudi daraufhin davon. Ob er je mit der Beschwerde bei der Verwaltung vorstellig wurde, war nicht in Erfahrung zu bringen. Jedenfalls gab es diesbezüglich kein Nachspiel. Hätte der junge Mann es aber darauf ankommen lassen, wäre Luzia nicht sicher gewesen, ob sie heil aus der Sache herausgekommen wäre. Sicher, mit Danish Health stand eine starke Organisation hinter ihr, aber wenn es hart auf hart gekommen wäre, stand letztlich das Wort eines Mannes gegen das einer Frau.

Ansonsten gab es äußerst wenig Kontakte mit der herrschenden Klasse, den Saudis. Auch waren innerhalb des Krankenhauskomplexes die Wohnbereiche der Europäer streng von jenen der Asiaten abgeriegelt. Es war den indischen Krankenschwestern beispielsweise nicht gestattet, das Schwimmbad oder den Tennisplatz der Europäer mitzubenutzen. Luzia machte sich nicht groß Gedanken über diese getrennten Bereiche. So galten die Regeln, und Luzia störte das nicht weiter. Innerhalb des Komplexes, wo die Europäer unter sich waren, konnte sie immer machen, was sie wollte, ob sie sich nun dafür entschied, sich in ihre vollklimatisierte Wohnung zurückziehen, an einem schattigen Plätzchen im Garten ein Buch zu lesen oder eine Runde im Pool zu schwimmen. Luzia fühlte sich nie unfrei, wenngleich es ihr als Frau natürlich nicht gestattet war, sich einfach ins Auto zu setzen und eine Sightseeing-Tour durchs Land zu starten oder auch nur mit dem Wagen zum Einkaufen zu fahren. Aber ihnen, zumindest den Europäerinnen, standen ja die beiden indischen Chauffeure zur Verfügung. Damit kam Luzia gut zurecht. Eher hatten sie die mitunter abstrusen Auswüchse belustigt. Frauen sollten ja nie ohne männliche Begleitung aus dem Haus gehen. Waren sie, meist mehrere Frauen, selbstverständlich immer eingehüllt in einer *Abaya*, im Auto unterwegs, kam es nicht selten vor, dass ihr Wagen von der Verkehrspolizei angehalten wurde. Und das Einzige, was man vom Chauffeur wissen wollte, war dann, ob das auf der Rückbank alles „seine“ Frauen seien. Wurde die Frage bejaht, konnte man ungehindert weiterfahren.

Doch auch bei eiserner Bemühung gelang es dem langen Arm des Gesetzes nicht, jede Übertretung zu ahnden. Wie im Falle von Luzias Freundin Hildegard, die ebenfalls mit ihr im Krankenhaus gearbeitet hat. Sie hatte einen Saudi kennengelernt, der sich über das Verbot ebenso hinwegsetzte und mit Hildegard eine heimliche Beziehung einging. Als bekannt wurde, dass Hildegard von ihrem saudischen Freund schwanger geworden war, reagierte Danish Health prompt. Keinen Tag länger ließ man die Frau in Saudi-Arabien. Gerne willigte sie ein, umgehend ihre Sachen zu packen, um schleunigst ausgeflogen zu werden. Das war Hildegards einzige Rettung. Ein Verbleib in Nadschran hätte bedeutet, dass sie nach Bekanntwerden ihrer Schwangerschaft vermutlich im Gefängnis gelandet wäre, wo man sie im besten Fall „nur“ ausgepeitscht hätte.

Abgesehen von diesen drakonischen Bestrafungen, die durchaus abschreckend wirkten und dazu führten, dass die Europäer und Europäerinnen meist doch lieber unter sich blieben, fühlte sich Luzia aber in Nadschran sehr wohl. So wohl, dass sie, als sich das Jahr, für das sie von Professor Lohe freigestellt worden war, dem Ende neigte, noch gar nicht zurückfliegen wollte. Im Gegenteil. Sie trug sich mit dem Gedanken, um Verlängerung anzusuchen. Sie hatte mit ihrem OP-Team eine so gute Zeit verbracht und die innere Ruhe, zu der sie hier allmählich wieder gelangt war, tat ihr gut, sodass sie noch nicht bereit war, wieder zurück ins quirlige München zu gehen. Bis auf das eine Erlebnis, das ihr noch immer etwas auf dem Magen lag, hatte sie durchwegs positive Erfahrungen gemacht. Und dieses eine Mal, da war das eindeutig Eigenverschulden gewesen, auch wenn diese Erkenntnis nicht wesentlich dazu beitrug, dass Luzia sich besser fühlte.

Eine schwere Operation bei einem Kind hatte angestanden, und der Chirurg hatte Luzia die genauesten Anweisungen erteilt, um die aufwendige Operation so reibungslos wie möglich durchführen zu können. Luzia hatte die an sie übertragene Aufgabe auch genauso ausgeführt, wie der Chirurg das haben wollte. Alle Instrumente waren wie verlangt hergerichtet. Unglücklicherweise trug es sich zu, dass die Operation nach Luzias Dienstschluss angesetzt worden war. Also hatte sie den Auftrag delegiert. Nicht Luzia würde instrumentieren, sondern eine ihrer Krankenschwestern. Dass diese der Aufgabe nicht gewachsen war, stellte sich erst hinterher heraus. Zum Leidwesen des Kindes, das unverhältnismäßig lange in der Narkose lag, weil das mit dem zügigen Instrumentieren nicht hinhaute, was wiederum den Chirurgen nervös gemacht hatte. Im Anschluss an die Operation, die Gott sei Dank dennoch gut ausgegangen war, erschien der Chirurg völlig aufgebracht bei Luzia. Sie habe die Leitung und trage die Verantwortung, weshalb sie im OP hätte bleiben müssen, schmetterte er Luzia unmissverständlich an den Kopf. Dem brauchte nichts hinzugefügt zu werden, denn Luzia wusste, er hatte recht. Aber bis auf diesen einen, zugegebenermaßen äußerst unangenehmen Vorfall hatte Luzia nur Positives in Saudi-Arabien erlebt, weshalb sie noch bleiben wollte. Sie wagte es also, einen Brief an Professor Lohe und an die Pflegedienstleitung der Stadt München aufzusetzen, in dem sie darum bat, man möge ihre Beurlaubung verlängern. Ihrer Bitte wurde tatsächlich stattgegeben. Auch, wenn es nur mehr weitere drei Monate waren, die man ihr gewährte. Aber immerhin waren es drei Monate.

Was Luzia beim Schreiben des Briefes noch nicht wusste, war, dass diese drei Monate ihr gesamtes Leben verändern würden. Alles begann mit dem neuen Jahr 1988. Da alle im Krankenhaus in Nadschran nur Zeitverträge hatten, wurde das Personal laufend ausgetauscht. Unter den Neuzugängen war auch Jens Møller Langer Andersen, ein Orthopäde aus Dänemark, der durch Danish Health einen Vertrag hatte. Mit Jens hatte sich Luzia anfangs gar nicht so gut verstanden, vielmehr blieb ihr Verhältnis neutral und war rein beruflicher Natur. Aber als Jens sich einen Teppich kaufen wollte und Luzia, die ja schon ein Jahr in Saudi-Arabien zugebracht hatte, bat, ihn bei dieser Angelegenheit zu beraten, da wollte sie ihm diese Bitte nicht ausschlagen. Beim Teppichkauf hatten sie bemerkt, dass sie sich gar nicht so schlecht verstanden. Eine Freundschaft begann sich zwischen ihnen zu entwickeln. Gemeinsam unternahmen sie auch die eine oder andere Reise. Luzia kam das entgegen, da für sie als Frau Reisen ohne männliche Begleitung nicht möglich gewesen wären, und Jens kam es sehr gelegen, dass Luzia schon viel über das Land wusste. So mieteten sie sich ein Auto oder einen Kleinbus, wenn sie in der Gruppe unterwegs waren, verbrachten wiederholt Wochenenden am Roten Meer, fuhren in die Wüste, übernachteten dort oder brachen zu einem Ausflug nach Khamis, einer größeren Stadt circa 240 Kilometer nördlich von Nadschran, auf. Obwohl sich Luzia mit Jens inzwischen sehr gut verstand, so hatte sie dennoch nicht daran gedacht, dass sich aus dieser lockeren Verbindung eine ernsthafte Beziehung entwickeln könnte, zumal Luzias Abschied Ende April immer näher rückte. Als es dann soweit war, und Luzia ihre Heimreise antreten musste, versicherten sie einander, in Briefkontakt zu bleiben. Und Jens versprach zudem, nach seinem halben Jahr in Nadschran werde er Luzia in München besuchen.

Ende April 1988 saß Luzia nun in einem Hotel in Dschidda, dieser großen Stadt direkt am Roten Meer, wo sie für eine Nacht eingecheckt hatte. Erst am nächsten Tag sollte sie ihr Rückflug von Dschidda nach Frankfurt bringen. Etwas traurig ob ihrer Abreise und wohl auch etwas gelangweilt, weil sie nicht recht wusste, wie sie sich den Nachmittag über die Zeit vertreiben sollte, hatte sie beschlossen, sich in die Hotelhalle zu setzen. Es war ein äußerst elegantes, prunkvolles Hotel. Sie setzte sich in die einladende Sitzecke und begann, in einer Illustrierten zu blättern. Ab und an wanderten ihre Augen bewundernd durch die luxuriöse Einrichtung, und Luzia spielte mit dem Gedanken, sich vielleicht etwas zu trinken zu bestellen. Da bemerkte sie, wie ein Hotelpage vorsichtig an sie herantrat, sich zu ihr hinunter beugte und höflich, aber bestimmt darum bat, sie möge bitte die Lobby verlassen und sich auf ihr Zimmer zurückziehen, jede Bestellung würde ihr selbstverständlich dort serviert werden. Sinngemäß sagte der Page, dass es sich für eine Frau nicht zieme, sich ohne männliche Begleitung in der Hotelhalle aufzuhalten. *Wenn das so ist*, dachte Luzia, *dann muss ich hier auch nicht sitzen*. Entschlossen erhob sie sich, bedankte sich höflich beim Pagen und setzte sich in Bewegung, aber nicht in Richtung Aufzug, sondern sie steuerte den Hotelausgang an. Eben hatte sie entschieden, dass sie sich die Stadt ansehen wollte.

Mit übergezogener *Abaya* verließ sie beherzt das Hotel. Sie hatte noch keine zehn Schritte getan, als sie ein ungutes Gefühl überkam. Luzia musste sich eingestehen, dass es nicht die beste Idee war, als Frau alleine einen Spaziergang durch die Straßen von Dschidda zu unternehmen. Es gab ein Gehupe von vorbeifahrenden Autos und immer wieder wurde sie angesprochen. Innerlich klopfte ihr zwar das Herz fast bis zum Hals, aber das musste ja nicht gleich jeder bemerken. Schließlich entdeckte sie ein Juweliergeschäft, in dessen Auslage sehr schöne Schmuckstücke ausgestellt waren. Sie gönnte sich eine Verschnaufpause und stellte sich vor die Auslage, in der Hoffnung, damit der Aufmerksamkeit zu entgehen. Da der diesbezüglich erwartete Effekt dürftig blieb, war sie zunächst froh, als sich die Ladentür öffnete und der Ladenbesitzer sie mit den Worten, sie möge sich seine schöne Ware ansehen, in sein Geschäft bat. Luzia ließ sich auf die freundliche Einladung ein. Doch kaum hatte der Ladenbesitzer die

Tür hinter Luzia ins Schloss gezogen, da begann er ihr augenblicklich alles anzubieten. Sie könne alles haben, was sie wolle. Sie solle sich aussuchen, was ihr gefalle, er würde ihr jedes Stück schenken, wenn sie nur dafür bereit wäre, mit ihm Sex zu haben. Empört über diese derartige Dreistigkeit machte Luzia augenblicklich kehrt und stürmte aus dem Laden. Den Weg zurück zum Hotel legte sie dann eilig im Laufschritt zurück. Denn hier, sie kam nicht umhin, sich das einzugestehen, musste man als Frau regelrecht froh um eine männliche Begleitung sein. Im Hotel durchquerte sie schnell das Foyer, fuhr mit dem Lift hinauf in ihr Stockwerk und zog sich in ihr Zimmer zurück, wo sie bis zum Morgen blieb, als es Zeit war, Saudi-Arabien zu verlassen.

Zurück in München nahm Luzia ihre Arbeit im Operationssaal auf der gynäkologischen chirurgischen Abteilung unter Professor Lohe wieder auf. Jens, mit dem Luzia in Briefkontakt geblieben war, hielt sein Versprechen und kam nach seiner Rückkehr aus Saudi-Arabien zu Besuch nach München. Die Beziehung zwischen Luzia und Jens begann, konkretere Konturen anzunehmen. Schließlich eröffnete Jens auf einem seiner Besuche in München: „Ich hätte einen sehr guten Job für dich!" Während Luzia zunächst die Sache nicht wirklich ernst nahm, denn sie hatte ja bereits einen wunderbaren Arbeitsplatz, wo sie nicht nur ein gutes Team im Operationssaal waren, sondern auch ein sehr familiäres Arbeitsklima pflegten. Aber Luzia wäre nicht sie selbst gewesen, wenn sie nicht doch wenigstens nachgefragt hätte, um welchen großartigen Job es sich denn handelte. Und so erzählte er von den Öl- und Gasproduktionsplattformen und Bohrinseln in der Nordsee. Jens hatte inzwischen die Leitung der Wirbelsäulenchirurgie und Kinderorthopädie im städtischen Krankenhaus Esbjerg übernommen, der *Offshore*-Stadt an der Nordseeküste von Dänemark, und er war vertraut mit der Arbeitssituation des medizinischen Personals auf den verschiedenen Plattformen und Bohrinseln. Da kurzfristig auf einer der Bohrinseln eine Fachkraft unter dem medizinischen Personal ausgefallen war, hatte er sofort an Luzias Abenteuerlust gedacht. Und vielleicht auch ein bisschen daran, dass damit auch Luzia näher bei ihm war. Dieser Gedanke gefiel auch Luzia. Sie ließ sich darauf ein und fuhr mit Jens nach Esbjerg zum Vorstellungsgespräch. Dabei wurde die Frage gestellt, ob Luzia Dänisch spräche, was sie verneinen musste. Worauf sie die Antwort erhielt, dass man ihr in dem Fall absagen müsse. Auch Jens' Einwand, dass auf der Bohrinsel doch ohnehin alles auf Englisch abliefe, änderte nichts, da man sie darüber aufklärte, dass der Großteil der Mannschaft aber untereinander Dänisch sprechen würde. Mit dem Satz „Sie bekommen den Job nicht. Auf Wiedersehen!" war für Luzia die Sache dann auch erledigt. Aber ganz in Ruhe ließ sie es doch nicht. Wieder zurück in München holte sie sich das große Buch „In 30 Tagen Dänisch mit Langenscheidt" und begann, Dänisch zu lernen. Nach ein paar Monaten erhielt Luzia einen Anruf von Jens, in dem er fröhlich verkündete: „Sie brauchen dich doch!" Erneut war jemand vom medizinischen Personal kurzfristig ausgefallen, weshalb eine Vertretung gebraucht wurde. Luzia war augenblicklich daran interessiert.

Im Personalbüro in Esbjerg saß Luzia nun dem eigentlichen Chef gegenüber, beim vorigen Mal war es seine Vertretung gewesen.

„Har du lært dansk? – Hast du Dänisch gelernt?", eröffnete der Chef unvermittelt das Aufnahmegespräch. Aber das Verstehen der an sie auf Dänisch gestellten Frage stellte nun kein Problem mehr dar.

„Ja, det har jeg – Ja, das habe ich", antwortete Luzia sodann nicht ohne ein Lächeln auf ihren Lippen. Nach einer kurzen einfachen Plauderei auf Dänisch wechselte der Chef wie selbstverständlich ins Deutsche, und den Rest der Unterhaltung führten sie auf Deutsch. Luzia bekam tatsächlich die Vertretung, auch wenn das wohl nicht die Folge ihrer Sprachkenntnisse in Dänisch war, wie sie vermutete, sondern, dass wohl ganz dringend Ersatz benötigt wurde. Wie dem auch war, sie bekam den Job. Vor Arbeitsantritt hatte sie noch einen dreitägigen Kurs zu absolvieren, in dem eine Reihe von obligatorischen Sicherheitsmaßnahmen gelehrt wurden. Arbeitet man auf einer Bohrinsel, muss man beispielsweise wissen, wie man sich verhält, wenn der Helikopter abstürzt und ins Wasser fällt. Oder man muss wissen, wie man sich aus einem Helikopter, der im Wasser liegt, befreien kann. Oder, wie ein Brand oder ein Elektrobrand gelöscht werden kann, wofür man die verschiedenen Löschvarianten kennen muss. Und natürlich musste man wissen, wie man ein Rettungsboot startklar macht. Und noch vieles mehr. Eine Freistellung von ihrer Arbeit war für den Job auf der Bohrinsel nicht nötig, da auf Bohrinseln immer 14 Tage am Stück gearbeitet wird, dann folgt eine ebenso lange oder auch längere Pause. Da die Vertretung lediglich für zwei Wochen gebraucht wurde, reichte es, dass sich Luzia gewöhnlichen Urlaub nahm.

Auf der Plattform, auf der Luzia nun für 14 Tage für das kleine Hospital zuständig war und die etwa 40 Leute, die dort arbeiteten, mit Medikamenten oder Heftpflastern versorgte, war im Grunde wenig los. Wenn man es genau nahm, dann war das auch gar keine Bohrinsel. Vielmehr handelte es sich um eine Pumpstation. Die Männer bohrten nicht nach Öl, sondern pumpten Wasser unter Druck in den Untergrund, damit auf der anderen „richtigen" Plattform, die ein paar Kilometer weiter draußen im Meer stand, das Öl aus dem Untergrund aufstieg. Außer Luzia waren nur noch zwei Frauen, die zum Putzpersonal gehörten, auf der Plattform, der Rest waren Männer.

Die Arbeit, die sie verrichten mussten, war nicht sonderlich anstrengend, und auch Luzia hatte sehr wenig zu tun. Kaum einer benötigte medizinische Betreuung. Höchstens wurde mal eine Tablette gegen Kopfschmerzen oder eine Brandsalbe verlangt. Also hat Luzia sich die Zeit mit Angeln vertrieben. Hauptsächlich holte sie Kabeljau aus dem Meer. Und Makrelen. An einem Tag waren es sage und schreibe 200 Makrelen, die sie aus dem Wasser zog. Sie war begeistert! Aber „ihre" Fische gab sie nicht etwa dem Koch, damit er sie in seinen Menüs einbauen konnte. Um Gottes Willen, nein! Ihr Fang wurde von Luzia fein säuberlich geputzt, akkurat eingepackt und ins Gefrierfach gelegt. Beim Heimflug wurde dann alles so verstaut, dass nichts auftauen konnte. Die wertvolle Fracht hütete Luzia wie ihren Augapfel. Nur ausgewählte Freunde haben etwas davon abbekommen, denn selbstgefangener Fisch aus der Hochsee ist äußerst kostbar. Wenn auch nicht für Jens, der im Grunde Fisch nicht sonderlich mag, aber die vielen Freunde schätzten ihn sehr.

Wenn Luzia nicht gerade mit Angeln, Entschuppen und Ausnehmen der Fische beschäftigt war, dann saß sie mit den

Männern zum Kartenspiel beisammen. Oder Luzia büffelte fleißig dänische Vokabeln. Denn es war wirklich so, dass man sich zwar auf Englisch verständigen konnte, aber die Leute sprachen untereinander doch durchwegs Dänisch. Wovon Luzia nun insofern profitierte, dass sie während ihres 14-tägigen Aufenthalts auf der Pumpstation ihre Dänischkenntnisse nicht unerheblich verbessern konnte.

Bevor Luzia wieder zurück nach München fuhr, sah sie zum Abschied noch im Personalbüro in Esbjerg vorbei. Man sei mit ihrer Arbeit zufrieden gewesen, hatte man sie wissen lassen. Und da mit der Sprache auch alles bestens geklappt habe, wie man bemerkte, wurde Luzia gefragt, ob sie nicht wieder mal einen Einsatz übernehmen möge. Und das wollte Luzia. Sehr sogar! Aber für diese Einsätze reichten ihre herkömmlichen Urlaubstage nicht aus. Luzia musste also auf anderem Weg zu mehr freien Tagen kommen. Als leitende OP-Schwester konnte sie ihren Stundenplan im Wesentlichen selbst einteilen. Und so schichtete sie ihre Dienste so, dass möglichst viele Freistunden zusammenkamen. Sie übernahm drei Monate lang viele zusätzliche Bereitschaftsdienste und war vorzugsweise auch an den Wochenenden im Dienst. Auf diese Weise kamen viele Stunden zusammen.

Sobald sie 14 freie Tage am Stück beieinanderhatte, war sie auch schon wieder auf dem Weg nach Dänemark auf die Bohrinsel. Auch wenn diese Einsätze für Luzia unheimlich anstrengend waren, denn sie hatte ja überhaupt keinen freien Tag für sich mehr zur Verfügung. Kaum, dass sie ihren Dienst im Krankenhaus beendet hatte, saß sie auch schon im Auto und fuhr durch bis nach Esbjerg, wo der Hubschrauber schon auf sie wartete und sie auf die Bohrinsel brachte. Dort übernahm sie für zwei Wochen den Aushilfseinsatz und flog im Anschluss wieder umgehend nach Esbjerg, setzte sich ins Auto, fuhr die Nacht durch bis nach München, um am darauffolgenden Morgen bereits wieder einsatzbereit im Krankenhaus ihren Dienst anzutreten. Eine Herkulesaufgabe, ja, aber für Luzia war es inzwischen undenkbar geworden, nicht mehr hinaus auf das offene Meer zu kommen. Also hielt sie tapfer durch. Unaufhaltsam sammelte sie mittels eines anstrengenden Dienstplans so viel wie möglich freie Tage, um bald wieder nach Dänemark zu kommen. Als man Luzia, das war im Spätsommer 1989, schließlich die unbefristete Stelle auf der Bohrinsel anbot, musste sie gar nicht allzu lange überlegen. Ihr Abschied von München ging dann noch am ehesten Professor Lohe zu Herzen, der traurig meinte: „Ich war davon überzeugt, dass wir im Krankenhaus zusammen alt werden, und nun verlassen sie mich endgültig."

Die Arbeit, die Luzia im Hospital auf der Plattform zu verrichten hatte, unterschied sich schon sehr von jener der OP-Schwester im Krankenhaus. Aber Luzia wäre es nie in den Sinn gekommen, sich unterfordert zu fühlen. Anfangs war sie zum einen noch sehr mit dem Spracherwerb beschäftigt und zum anderen war sie bald auf richtigen Produktionsplattformen eingesetzt. Von Langeweile konnte nicht mehr die Rede sein. Auf diesen Bohrinseln arbeiteten an die 100 Menschen, die zu betreuen waren, und die Aufgaben im dazugehörigen Hospital waren vielfältig. Neben der Patientenbetreuung wurden EKGs gemacht und Abstriche genommen, die im eigenen Labor ausgewertet wurden. Zudem hatte das Hospitalpersonal viele Nebenaufgaben. So mussten sie Werte des Meerwassers kontrollieren. Denn das Gas und Öl, das auf diesen Bohrinseln gefördert wird, muss erst vom Wasser und Schlamm separiert werden. Das übrig gebliebene Wasser, das wieder zurück ins Meer geleitet wird, darf aber nur bis zu einem bestimmten Level Reste von Öl enthalten. Täglich hatten sie also diese Werte zu eruieren und ihre Laborergebnisse an das Umweltministerium zu verschicken. Weiters waren sie für die Kontrolle des Trinkwassers zuständig, das sie auf der Plattform selbst herstellten. Hier galt es, den Chlorgehalt oder die Wasserhärte zu prüfen. Und schließlich waren sie vom Hospital auch dafür zuständig, dass die Mannschaft Unterricht in Erster Hilfe bekam. Für den Ernstfall musste jeder genau wissen, wo er eingesetzt war, welche Aufgaben er zu übernehmen hat. Luzia brauchte etwa Leute, die ihr beim Transportieren oder beim Lagern halfen. Sie benötigte Assistenten, die ihr bei Verletzten sowie bei der Versorgung von Wunden zur Hand gingen. Für all diese Aufgaben mussten die Leute ausgebildet und eingewiesen werden. In den Erste-Hilfe-Kursen wurde sodann auch vermittelt, wie ein Defibrillator zu bedienen war. Erlitt jemand auf der Plattform einen Herzinfarkt, war es wichtig, dass jeder dieses Gerät bedienen konnte. Darüber hinaus klärten sie die Belegschaft bei abendlichen Vorträgen über verschiedene medizinische Themen auf, zum Beispiel über Hepatitis und wie man sich davor schützen kann. Schließlich waren sie auch noch die Sekretäre des Chefs der Plattform. Für ihn hatten sie den Schriftverkehr zu erledigen, Briefe zu tippen, Texte aufzusetzen, bei den Sitzungen mitzuschreiben und im Anschluss die Protokolle zu fertigen.

Natürlich war alles auf Dänisch. Luzia erlernte die Sprache recht zackig, wenn auch aus der Not heraus. Denn

Sicherheitsmeetings und fachliche Sitzungen wurden auf Dänisch gehalten und die Protokolle waren auf Dänisch zu verfassen. Nicht immer war das so eine einfache Sache. Denn auch die Dänen sprechen jede Menge Dialekte. Es kam durchaus vor, dass sich bei den Sitzungen Männer zu Wort meldeten, bei denen Luzia keine einzige Silbe verstand. Aber sie wusste sich zu helfen, indem sie sich Stichpunkte notierte. Im Anschluss an die Sitzung beeilte sie sich, die Dialektsprecher schnell zu erwischen, um sich von ihnen im schönen Dänisch erklären zu lassen, worum es bei ihrer Wortmeldung eigentlich ging. Über mangelnde Arbeit oder über Unterforderung konnte Luzia sich auf den Bohrinseln bei den diversen Aufgaben, die man vom Hospitalpersonal verlangte, somit wirklich nicht beklagen. Vielmehr war sie nach den zwei Wochen, die man am Stück im Einsatz war, fix und fertig. Von der Arbeit, vor allem aber von der Verantwortung und der Fürsorgepflicht für die Mannschaft, aber auch von der Konzentration von Zeit und Raum und der Isolation da draußen auf dem freien Meer. Auf die zwei Wochen folgten Gott sei Dank zwei Wochen, später wurden es sogar drei, die man frei hatte. Und diese Zeit hatte man auch bitternötig zur Regeneration.

Mit ihrer Kündigung im städtischen Krankenhaus in München war Luzia zu Jens nach Esbjerg gezogen, wo sie im Oktober 1989 heirateten. Mehr als 30 Verwandte und Freunde aus Ehrenburg reisten nach Dänemark, um dabei zu sein, als sich Luzia und Jens bei einer traditionellen dänischen Hochzeit in der Kirche das Jawort gaben. Die Eltern ließen es sich, bei all ihrer Freude für Luzias Glück, dennoch nicht nehmen, ihre Tochter daran zu erinnern, dass sie zuhause in Ehrenburg immer einen Platz für sie freihalten, und nun natürlich auch für ihren Ehemann Jens, und dass sie sich freuen würden, wenn Luzia wieder zurück nach Hause käme. Luzia, die in all den Jahren in der Fremde nie die Bindung zu ihrer Heimat verloren hatte, und auch nie verlieren würde, war aber zu diesem Zeitpunkt noch nicht bereit, nach Ehrenburg zurückzukehren. Aber für immer wollte sie auch nicht von zuhause fortbleiben, weshalb sie ihren Eltern versicherte: „Ich komme wieder nach Hause, ganz bestimmt. Wenn ich in Pension gehe, dann komme ich heim.“ Ihre Prophezeiung sollte sich bewahrheiten. Im Jahr 2014 ist Luzia nach 25 Arbeitsjahren auf der Bohrinsel in Dänemark wieder nach Südtirol zurückgekehrt. Obwohl zu diesem Zeitpunkt sowohl ihr Vater als auch ihre Mutter bereits verstorben waren, war es für Luzia doch ein Nachhausekommen, denn ihre Südtiroler Wurzeln hatte sie all die Jahre über nicht vergessen. Nur war es dann nicht sie selbst, die den Wunsch, nach Ehrenburg zurückzukehren, aussprach, sondern es war ihr Ehemann Jens, der sagte: „Du bist meinetwegen nach Dänemark gekommen, jetzt gehe ich mit dir nach Südtirol.“

Leben aus dem Koffer

Eduard Wörndle, Jahrgang 1943, Seis am Schlern
1958–1961 Innsbruck, seit 1961 Wangen im Allgäu

Korea, Taiwan, Hongkong, Philippinen, Singapur, Indonesien, Thailand, Australien, Neuseeland, Sri Lanka. All diese Länder auf zwei Kontinenten hat Eduard hintereinander im Zeitraum von nur drei Monaten bereist. Aber gewesen ist er in über 90 Ländern, auf allen Kontinenten der Erde. In Nord-, Mittel- und Südamerika: USA, Kanada, Mexiko, Chile. In Afrika: Marokko, Algerien, Ägypten, Tansania, Zimbabwe, Kenia, Südafrika. Unterwegs war Eduard stets alleine. Immer von Betrieb zu Betrieb. Im Auftrag der Firma „Sohler GmbH" aus Wangen im Allgäu, wo er am 1. Juni 1961 eingestellt worden war. Zunächst sollte Eduard in diesem Unternehmen, das sich inzwischen auf vollautomatische Reinigungsanlagen für die Textilindustrie spezialisiert hat, ein vierwöchiges Praktikum im Bereich Maschinenbau absolvieren. Aber der Chef selbst, Hubert Sohler, ließ Eduard nicht mehr gehen.

„Wieso wollen Sie uns verlassen? Gefällt es Ihnen bei uns nicht?", hatte er voll Verwunderung Eduard gefragt, als dieser ihm nach Ablauf der vierwöchigen Praktikumszeit mitgeteilt hatte, dass er sich nun wieder verabschieden müsse.

„Doch", hatte Eduard darauf geantwortet und wahrheitsgemäß noch hinzugefügt, es gefalle ihm sogar ausgesprochen gut bei der Firma „Sohler".

„Dann bleiben Sie doch bei uns!", war die knappe Antwort des Chefs gewesen, der Eduard gleichzeitig einen festen

Arbeitsvertrag angeboten hatte. Und ein fester Arbeitsvertrag einschließlich eines gut bezahlten Lohns war in den 1950er- und 1960er-Jahren in seiner Heimat Südtirol für einen jungen Menschen, wie er es war, keineswegs üblich. Vielmehr waren ordentliche Arbeitsstellen, die einem eine Perspektive boten, rar gesät. Eine angemessene Entlohnung war nur mit einer adäquaten Berufsausbildung gewährleistet. Diese aber war in der kleinbäuerlich geprägten Südtiroler Welt oft finanziell für die eigenen Kinder nicht zu stemmen. Das war auch in der Gegend unterhalb des Schlerns, wo Eduard mit seiner Familie in Seis zuhause war, nicht anders.

Wahlmöglichkeiten gab es für junge Burschen und Mädchen, die gezwungen waren, sich nach der Pflichtschule mit 13, 14 Jahren nach einer Verdienstmöglichkeit umzusehen, im Grunde keine. Für junge ungelernte Frauen blieb oft genug nur die Anstellung als Dienstbote oder Magd. Genauso wie für junge Männer meist einzig die Arbeit als Knecht bei einem Bauern zur Wahl stand. Und dergleichen Knechtsdienste hatte Eduard bereits seit seinem achten Lebensjahr ausgeübt. Zunächst, während seiner Schulzeit, hatte er als Hüterbub die Sommermonate fast durchwegs beim Kühehüten auf einer Schwaige auf der Seiser Alm verbracht, und später, als er nach der siebten Klasse ausgeschult war, wurde er auch schon beim Oberstampfeterhof als Knecht eingestellt. Da war Eduard 13 Jahre alt und mit den Arbeiten, die auf einem Hof anstanden, schon bestens vertraut. Angefangen vom Stallausmisten und Melken der Kühe über das Bestellen der Felder und Äcker bis hin zum Mähen der Wiesen und Schneiden des Korns. Am meisten gefiel Eduard die Arbeit mit dem Vieh. Besonders beim Hüten, wenn er über viele Stunden alleine auf den Wiesen und Almen unterwegs war, empfand er die Tatsache, tun und lassen zu können, was er wollte, als pure Freiheit. Aber Eduard hatte für sich, als er vom Hüterbub zum jungen Burschen herangewachsen war, in Gedanken auch eine Feststellung gemacht: *Wenn du Knecht bist, dann bleibst du Knecht, und das ein Leben lang*.

Ungeachtet seiner jungen Jahre wusste Eduard daher schon recht bald, dass er bestimmt nicht ein Leben lang in diesem Abhängigkeitsverhältnis zu einem Bauern bleiben wollte. Nicht nur, weil diese körperliche Arbeit sehr anstrengend, gesellschaftlich gering geachtet und gewöhnlich zudem schlecht entlohnt war, sondern auch, weil er dieses wenig zufriedenstellende Leben von der Hand in den Mund eines ungelernten Arbeiters bei sich zuhause täglich an seinem eigenen Vater zu sehen bekam. Ihm, der ebenso Eduard hieß, war es nie vergönnt gewesen, einen Beruf zu erlernen, und so war er Zeit seines Lebens als Hilfsarbeiter und Tagelöhner auf die Gunst anderer angewiesen gewesen.

Am 13. Oktober 1897, als Eduard, der später allen als Zonner-Edl bekannt sein wird, oberhalb von Seis auf dem Zonnerhof hinter der Kirche von St. Valentin geboren wurde, war die Welt noch eine völlig andere, als sie es rund 40 Jahre später sein sollte, als seine drei Kinder, Vinzenz, Frieda und Eduard, sein Jüngster, zur Welt kamen. Südtirol gehörte noch zur Habsburgermonarchie, und vom tiefen Hass gegen alles Italienische, der sich im Zuge der faschistischen Repression nach der *Annexion Südtirols* in den Köpfen der Südtiroler festigen sollte, war noch nichts zu spüren. Der Zonner-Edl ist noch unter dem österreichischen Kaiser geboren worden und hat die Volksschulklassen in rein deutscher Sprache besucht. Auf dem Zonnerhof waren sie fünf Kinder. Drei Buben und zwei Mädchen. Gemäß der Tradition wird nur Peter, der älteste Bruder, Bauer werden, da er den Hof übernehmen darf. Eine der Schwestern, Maria, die von allen Moidl genannt wurde, wird einen der wohlhabendsten Bauern in der Gemeinde heiraten und so Bäuerin, die „Plungerin", auf dem großen Plungerhof in St. Michael werden. Auch Anna, die zweite Schwester, teilte dieses Glück, mit der Heirat Bäuerin zu werden, allerdings auf dem etwas kleineren Lutzhof, womit sie fortan für alle die „Lutzin" war. Für die männlichen Nachkommen war es dagegen äußerst selten, dass sie über eine Heirat zum Bauern wurden, weshalb sie sich, in Ermangelung einer Heiratskandidatin, die zugleich Hoferbin war, anderweitig um eine Existenzsicherung umzusehen hatten. Für den Bruder Anton, der Tondl genannt wurde, erübrigte sich die Arbeitssuche unvermittelt 1914 mit dem Ausbruch des Ersten Weltkriegs, da er für den Kaiser in den Krieg ziehen musste, aus dem er nicht mehr zurückkehren wird. Das Schicksal, als Soldat in den Krieg ziehen zu müssen, wurde auch ihm, dem Zonner-Edl, zuteil. Zwar nicht gleich bei Kriegsausbruch, da er zu dem Zeitpunkt erst 16 Jahre alt war, aber er wurde, als er zwei Jahre später sein 18. Lebensjahr vollendet hatte, eingezogen. Und zwar kam er an eine der schlimmsten Fronten im Ersten Weltkrieg: an die Gebirgsfront bei *Col di Lana*.

Im Kriegswinter 1916/17 lag der Schnee meterhoch und die Unterstände am *Col di Lana* boten kaum Schutz, sodass an vielen Abschnitten der Front mehr Soldaten durch Lawinen und Kälte als im Gefecht verstarben. Die Schlachten allerdings, die sich die in Rufweite gegenüberstehenden Österreicher und Italiener lieferten, waren an Grausamkeiten kaum zu überbieten. Dreimal versuchten sie, sich gegenseitig aus dem Berg zu sprengen. Allein am *Col di Lana* fielen rund 8000 Soldaten. Ihm, dem Zonner-Edl, brachte sein Kriegseinsatz zwar nicht den Tod, aber einen Durchschuss ins Bein. Im Lazarett holten die Ärzte eine hübsche Anzahl an verschiedenen Knöchelchen aus seinem zertrümmerten Schienbein. In einem Säckchen drückte man sie ihm in die Hand, gewissermaßen als Andenken daran, dass er sein Lebtag nie mehr richtig wird laufen können. Später dann war dieses Säckchen für seine Kinder der einzige Beweis dafür, dass der Vater überhaupt als Soldat kämpfen musste. Dieses Säckchen und das lahme Bein. Denn außer, dass der Vater dieses „aus dem Krieg mitgebracht hat", wurde bei Eduard zuhause über den Ersten Weltkrieg nicht gesprochen.

Das galt auch für die leidvolle Zeit, die in Südtirol anbrach, als das Kaiserreich Österreich seine Niederlage 1918 eingestehen musste und Italien sich Südtirol aneignete. Der Faschismus wollte mit aller Macht die Zwangsitalianisierung in Südtirol durchsetzen. Alles Deutsche – Kultur, Sprache, Gepflogenheiten – war fortan verboten. Über die schmerzhaften Erfahrungen, die zweifellos in dieser Zeit zwischen den Weltkriegen gemacht worden waren, wurde aber Stillschweigen bewahrt. Die Wunden allerdings, die der Südtiroler Bevölkerung durch diese gewaltsame Unterdrückung von den Italienern zugefügt worden sind, haben sich tief eingebrannt in die Seelen der Menschen. Und damit wurden sie auch weitergegeben. Unbewusst. An die Kinder und Kindeskinder. Obwohl in den Familien zuhause nicht darüber gesprochen wurde, war diese Ablehnung, die Feindseligkeit, das Widerstreben gegen alles Italienische sehr verankert.

Der Hass auf alles Italienische, das kollektive Erbe des Faschismus gewissermaßen, war sodann auch für Eduard das Selbstverständlichste überhaupt, noch bevor er in die erste Klasse eingeschult war. Es war auch gar nicht nötig, dass darüber großartig Worte verloren wurden, jeder wusste: Die *Walschen* mag man nicht. Woher diese tiefe Abscheu rührte, wurde nicht weiter hinterfragt. Es reichte, dass zuhause oder im Dorf alles, was Italiener betraf, mit Negativem behaftet war. Konnte man in der deutschsprachigen konservativen Wochenzeitschrift „Volksbote" beispielsweise etwas über Diebstahl oder Totschlag lesen, dann wurde das gleich mit „Immer diese *Walschen*, die können nur stehlen und morden" kommentiert. Dass sie als Kinder auch nicht im Entferntesten etwas mit den Italienern und mit der italienischen Sprache zu tun haben wollten, war dann nur die konsequente Folge.

Eduards Erinnerungen an die Italienischstunden in seiner Volksschulzeit sind demnach allesamt mit heulenden Italienischlehrerinnen verbunden, die aus Verzweiflung über die lautstarken Schikanen der Schüler und Schülerinnen schluchzend aus dem Klassenzimmer liefen. Sie hatten in der Seiser Volksschule sieben Schulklassen, von der ersten bis zur siebten Klasse. In jeder Klasse saßen an die 15 bis 20 Buben und Mädchen. Dass die Italienischlehrerinnen so richtig gepiesackt wurden, das hatte, als Eduard in die Schule kam, schon geradewegs Tradition. Die Jüngeren guckten sich einfach von den Älteren ab, wie man so richtig Radau machen konnte. Kaum hatte die Deutschlehrerin oder der Deutschlehrer für die Italienischstunde die Klasse verlassen, da ging es auch schon los mit dem größten Durcheinander, sodass es nicht lange dauerte, bis die *maestra* weinend das Weite suchte.

Folgten auf ihr ungebührliches Verhalten Ermahnungen mit erhobenem Zeigefinger von Seiten der Deutschlehrer, dann ging es eine Zeitlang etwas ruhiger zu. Aber lange dauerte es nie, bis wieder Bosheiten und Schikanen aller Art in ohrenbetäubender Lautstärke überhandnahmen. Einmal probierte es die Schulleitung mit einem Mann. Man hoffte, dass der Italienischlehrer die Schüler und Schülerinnen besser unter Kontrolle bringen konnte. Dieses Vorhaben hätte auch funktionieren können, wäre nicht ein Lehrer an die Schule gekommen, der allzu sehr dem Alkohol zusprach. Jeder im Dorf wusste, dass er ein Trinker war. Und als sich dann auch die blutigen Finger der Schüler häuften, musste die Notbremse gezogen werden. Seine Methode, für Ruhe und Ordnung zu sorgen, war die, dass die Buben ihre Hände auf die Bänke legen mussten und der Lehrer züchtigte sie mit der Kante eines dünnen, viereckigen Stabes, den er mit voller Wucht auf die Finger der Kinder schlug. Und so hatte man den Lehrer, auch aufgrund seiner Trinkerei, bald wieder verschickt.

Die Schüler und Schülerinnen, und wohl auch die Dorfbewohner, sahen sich durch den trunksüchtigen, gewalttätigen Lehrer einmal mehr in ihrer Überzeugung bestätigt, dass von einem Italiener nichts Gutes zu erwarten war. Und viele Möglichkeiten, dass man dieses Bild hätte revidieren können, gab es nicht. Bei ihnen heroben auf dem Hochplateau unter dem Schlern lebten nur wenige Italiener. Der *postino*, der die Post austrug, sowie ein weiterer Beschäftigter auf dem Postamt, dann der *facchino*, der als Gepäckträger allerdings nur den Urlaubsgästen mit den Koffern behilflich war, und der Apotheker in Kastelruth. Sie alle waren während des Faschismus, als der Zuzug von Italienern stark gefördert wurde, alleine oder mit ihren Familien nach Südtirol gekommen. Zu diesen wenigen Italienern, die ständig in der Gemeinde Kastelruth lebten, kamen noch ein paar *Carabinieri*, die als Ordnungshüter in der Gemeinde meist temporär stationiert waren. Abgesehen von wenigen Ausnahmen hatten sich die italienischsprachigen Mitbürger nie an die neue Umgebung angepasst, auch die Ansässigen nicht, und häufig genug hatten sie die deutsche Sprache nie erlernt. Zum einen, weil sich die Italiener nicht integrierten, zum anderen, weil in der kollektiven Erinnerung der Deutschsprachigen der Schmerz der Repression noch allgegenwärtig war, blieb die Kluft zwischen den beiden Bevölkerungsgruppen riesengroß.

Bei den Heranwachsenden führte dies dazu, dass man sich gegenseitig in der Überzeugung bestärkte: Italienisch lernt man nicht! Weil diese Leute nicht hierher gehören! Punkt. Aus. Und weil eben gerade die Erwachsenen ihre Abneigung allem Italienischen gegenüber offen zeigten, nahmen sich die Schulkinder im Italienischunterricht auch nicht zurück. Eduards Vater lobte seine Kinder zwar nicht, aber gestraft wurden sie wegen des unmöglichen Benehmens während der Italienischstunden auch nie. Allerdings trichterte der Vater seinen Kindern dann doch immer ein: „Lernt Italienisch! Ihr werdet sehen, ihr werdet es noch brauchen!“ Aber da diese Ermahnung im allzu krassen Widerspruch zum diesbezüglichen Benehmen der Erwachsenen stand, trug sie letztlich wenig Früchte. Mit dem Resultat, dass sie allesamt kaum Italienisch in der Schule lernten. Da machte Eduard keine Ausnahme. Er sollte erst viel später, als er seinen Militärdienst leisten musste, die Sprache erlernen und Gelegenheit bekommen, sein negatives Bild gegenüber den Italienern, das in seiner Kindheit geprägt wurde, zu revidieren.

In Eduards Volksschulzeit gehörte das Lernen aber generell nicht zu seinen Stärken. So wie er allgemein nicht wirklich gerne zur Schule ging. Und dabei lag das Schulgebäude in Seis gerade zwei Gehminuten von seinem Elternhaus, dem Schmied in der Alstergasse, entfernt. In dieses Haus mitten im Seiser Dorfkern waren die Eltern, Edl und Rosa, bald nach ihrer Hochzeit gezogen. Wenngleich Edl zum Zeitpunkt der Heirat bereits 40 Jahre alt gewesen ist, wird er später öfter wiederholen, dass das immer noch zehn Jahre zu früh gewesen sei. Zu dieser Überzeugung mag er deshalb gekommen sein, da mit der Eheschließung auch die Familiengründung einherging. 1939 wurde Vinzenz, ihr erster Sohn, geboren, 1941 folgte die Tochter Frieda und 1943 kam Eduard, ihr Jüngster, zur Welt.

Das Leben war für den Zonner-Edl bis zu seiner Heirat kein Zuckerschlecken gewesen und war es auch danach nicht. Da er kein Hoferbe war, blieb ihm zur Bestreitung seines Lebensunterhalts nur der Knechtsdienst. Das lahme Bein, das er aus dem Ersten Weltkrieg mitgebracht hatte, bewirkte zwar, dass er als Invalide nicht zum Soldateneinsatz im Zweiten Weltkrieg taugte, es vereitelte ihm aber auch eine gute Anstellung, sodass Edl Zeit seines Lebens Hilfsarbeiter blieb. Er arbeitete, wo er Arbeit angeboten bekam. Einmal da und einmal dort. Entweder übernahm er bei verschiedenen Bauern einen Dienst oder er arbeitete auf eigene Faust. So ging er morgens außer Haus in den Wald, um Holzarbeiten zu verrichten. Er sammelte und bündelte Reisig im Auftrag oder für seine Familie. Denn mit solchen Reisigbündeln haben sie auch bei sich zuhause, beim Schmied in der Alstergasse, den Holzofen eingeheizt. Im richtigen Einheizen wurde Eduard von seinem Vater sodann auch unterwiesen. Dafür ist es nötig, die Reisigbündel mit den dicken Stäben voraus in den Ofen zu schieben, am anderen Ende, wo das Reisig dünn zusammenläuft, kann man es anzünden und so das Feuer entfachen.

Aber so richtig viel musste Eduard zuhause nie mithelfen. Höchstens ab und zu mit dem Vater für Holzarbeiten in den Wald gehen. Oder er begleitete ihn, wenn dieser auf einem Bauernhof angeheuert worden war. So etwa beim Bruder Peter auf dem Zonnerhof oder bei seiner Schwester, der Lutzin. Besonders häufig war der Vater aber auf dem Plungerhof bei seiner Schwester Moidl, die den reichen Plungerbauern geheiratet hatte. Dort waren die Felder wie der Bedarf an Arbeitskräften übergroß. Er hat Schlitten gefertigt und ausgebessert, Fuhrwerke repariert, beim Getreideschneiden geholfen oder war beim Heumachen dabei. Bezahlt wurde der Vater hauptsächlich mit Naturalien. Wenn er nach Hause kam, brachte er Speck mit, Fleisch, Eier, Mehl oder Butter. Ob der Vater auch mit Geld bezahlt worden ist, das hat Eduard nie mitbekommen, aber auf jeden Fall haben sie recht passabel von den Lebensmitteln, die der Vater als Lohn bekommen hat, gelebt. Und dass sie genug Anziehsachen hatten, dafür hat die Mutter gesorgt. Diese war – wie ihr Ehemann – noch zu Kaisers Zeiten, im Jahr 1904, geboren worden. Auch sie war schon früh vom Heimathof fortgekommen, um als Kindermagd für Kost und Logis bei fremden Bauern zu arbeiten. Ihr ältester Bruder Vinzenz, den alle Zenz nannten, hatte den im Kastelruther Teilort St. Anna gelegenen Hof geerbt.

Da auch er bei der Arbeit auf dem Hof Mithilfe benötigte, beschäftigte er mitunter Rosas Ehemann für einen Handlangerdienst. Rosa selbst hatte wie die meisten bei ihnen im Schlerngebiet nie einen richtigen Beruf erlernt. Hier heroben gab es keine Industrie- und kaum Handwerksbetriebe, die einem eine Ausbildung hätten ermöglichen können. Und so blieben nur Knechts- und Dienstbotendienste. Auch für Rosa. In ihren jungen Jahren vor der Hochzeit hatte sie in verschiedenen Häusern geputzt und war für Dienste im Haushalt untergekommen. Nach der Heirat, als sie zur Aussteuer eine „Singer"-Nähmaschine mit Tretantrieb und Handkurbel erhalten hatte, übernahm sie Näharbeiten. Wenngleich sie nie eine Ausbildung zur Schneiderin absolviert hatte, war sie eine geschickte Näherin. Die Leute brachten ihr Kleidungsstücke, die ausgebessert gehörten oder repariert werden mussten, wie etwa die abgewetzten Hemdkragen. Um deshalb nicht gleich das ganze Hemd ersetzen zu müssen, brachte man es zur Reparatur zu Eduards Mutter. Diese trennte den Kragen ab, drehte ihn um und nähte ihn mit der Innenseite nach außen wieder an das Hemd. Gut war die Mutter auch beim Anfertigen des Hohlsaums links und rechts auf den Trachtenhemden. Die Einnahmen aus Mutters Näharbeiten blieben letztlich aber nur ein geringes Zubrot, genauso wie mit den Erträgen aus Vaters Hilfsarbeiterdiensten keine allzu großen Sprünge zu machen waren.

In Eduards Elternhaus litten sie zwar nie Not, aber da sie gewissermaßen von der Hand in den Mund lebten, waren die Eltern auf jede Möglichkeit, die einen Verdienst einbrachte, angewiesen. So lange ihre Kinder zu klein waren, war es noch nicht möglich gewesen, die Wohnung zu räumen, um sie an eine Urlauberfamilie zu vermieten. Aber lange blieb keines der Kinder bei ihnen beim Schmied in der Alsterstraße. Vinzenz war bereits mit acht Jahren zu Vaters Schwester, der Plungerin, auf den Plungerhof gekommen. Dort verrichtete er zunächst kleinere Arbeiten im Stall und packte beim Hüten mit an. Später wurde er Knecht auf eben diesem Hof und half auch auf den Wiesen und Äckern beim Säen und Ernten tatkräftig mit: Roggen, Gerste, Hafer, Weizen und schließlich *Plent*, der im Herbst ausgesät wird.

Auch Frieda kam schnell auf eine Dienststelle. Sie war als Bedienung auf der Seiser Alm beschäftigt oder als Dienstmädchen bei den „Herrischen", den gut betuchten Familien in Bozen und später dann auch in Bergamo. Als schließlich ihr Jüngster, Eduard, das achte Lebensjahr erreicht hatte, kam auch er erstmals über die Sommermonate von zuhause fort zu einem Bauern, zum Kühehüten auf den Marzunerhof in St. Michael.

Als keines der Kinder mehr zuhause war, hatte der Vater ebenso zugesehen, dass er den Sommer über auf einem der Bauernhöfe für Hilfsdienste aufgenommen wurde, und die Mutter zog in dieser Zeit einen Stock tiefer in die „Kantin". In diesem Kellervorraum, der in früheren Zeiten dem Weinverkauf gedient hatte, richtete sie sich ihren Schlafplatz ein. Dahinter befand sich die Waschküche, und von dort gelangte man in den Keller, wo zu Zeiten des Weinverkaufs die Weinfässer gelagert worden waren. Die „Ganter", die Vorrichtungen aus Holz, worauf die Fässer lagen, befanden sich immer noch in den Kellerräumen. Genauso wie noch überall diese großen Eisenreifen herumlagen, mit denen die Dauben der Fässer zusammengehalten wurden. Als Eduards Eltern beim

Schmied in der Alstergasse eingezogen waren, standen im Keller noch haufenweise leere Holzfässer aus den Zeiten des Weinverkaufs. Das Holz der Fassdauben hat der Vater nach und nach verheizt. Die längst rostigen Eisenreifen, die zurückgeblieben waren, dienten den Kindern als Spielzeug. Eduard und seine Klassenkameraden konnten sich stundenlang damit beschäftigen, hinter den rollenden Eisenreifen herzulaufen, mit dem Ziel, sie, nur mit einem Holzstab dirigierend, so lange wie möglich im Rollen zu halten. Die Gassen rauf und runter. Ein Zeitvertreib, der sich vor allem während der Schulmonate anbot.

Als die Schule im Sommer zu Ende war, blieb Eduard wenig Zeit zum Spielen. Eifrig hatte er, ehe er sich aufmachte zum Kühehüten, der Mama geholfen, die Wohnung freizuräumen für die Urlauberfamilie. Vermietet haben sie an deutsche Feriengäste, aber auch an italienische, die immer den ganzen Sommer in Seis verbracht haben. Alles musste ordentlich und sauber für die zahlenden Gäste hergerichtet werden. Jedes Zimmer, die Stube, die Küche, das Bad. Die Mutter hat den Stromzähler genau abgelesen, das Geschirr begutachtet, die Handtücher sowie die Bettwäsche gezählt. Bei der Abreise der Gäste wurde dann dasselbe Prozedere wiederholt. Eduard blieb bei der Abrechnung dicht hinter der Mama, die alles genau kontrollierte. War eine Tasse zu Bruch gegangen oder ein Handtuch nicht mehr auffindbar, so wurde der Gegenwert der Rechnung hinzugefügt, genauso wie der Betrag für den Stromverbrauch. Bezahlt haben die Gäste immer mit Bargeld, das sie der Mutter, Schein für Schein, auf die Hand gezählt haben. Das Vermieten an zahlende Urlaubsgäste wurde schließlich Mutters Haupteinnahmequelle, weshalb sie die notdürftige Unterbringung in der „Kantin" gerne in Kauf nahm und froh darüber war, dass der Ehemann und die Kinder auswärts untergekommen waren.

Es war im Sommer 1951, als der Marzunerbauer den Sommer über einen Hüterbub für seine 15 Milchkühe suchte und Eduard dafür einstellte. Da ihr Jüngster erst acht Jahre alt war, machte sich die Mutter noch mit auf den gut einstündigen Fußweg nach St. Michael zum Marzunerhof, um ihren Sohn für die kommenden Monate dort zu lassen. Als Eduard auf dem Hof eintraf, zeigte man ihm seine Schlafkammer unterm Dach, in der sich ein Stuhl, ein Bett mit einem Strohsack und einer Decke darauf befanden, und der Sohn des Altbauern nahm von Eduards Füßen Maß. Dafür sollte Eduard sich auf ein Brett stellen, sodass seine Fußumrisse nachgefahren werden konnten. Das Brett aus einem weichen Zirbenholz, das zum Schnitzen gut geeignet ist, hat der Sohn dann so zurechtgeschnitzt und ausgehöhlt, dass Eduards Füße genau hineingepasst haben. Anschließend hat er noch ein Leder vorne über die beiden Holzsohlen gezogen, das er an den Seiten angenagelt hat. Diese so gefertigten *Knospen* waren dann Eduards Arbeitsschuhe, und diese sollte er auch als Teil seines Lohns am Ende des Sommers zusammen mit einem Vierkilosack Mehl und einer blauen Arbeitsschürze mit nach Hause nehmen dürfen. Vorerst war Eduard aber stolz auf seine neuen *Knospen*, mit denen er ständig unterwegs war.

Morgens um 6 Uhr erschien er im Stall, wo der Bauer schon beim Melken war. Nach dem Melken ließ Eduard die Kühe von der Kette und trieb sie hinaus in den Wald bis unter den Puflatsch. Dann kehrte er wieder zurück in den Stall und begann mit dem Ausmisten. Schubkarre für Schubkarre beförderte er den Kuhmist hinaus auf den Misthaufen und legte anschließend den ganzen Stall mit frischem Stroh aus. War alles wieder sauber, machte sich Eduard auf, um den Kühen nachzugehen, blieb tagsüber bei ihnen und trieb sie nach dem Weiden wieder zurück in den Stall. Getragen hat Eduard den ganzen Sommer über von der Mutter genähte Hemden, immer dieselbe kurze Lodenhose und an den Füßen die *Knospen*, die nur bei starkem Regen gegen Gummistiefel getauscht worden sind. Er hatte wohl Schuhe von zuhause mitbekommen, aber diese wären zu schade gewesen, um sie beim Hüten abzunutzen. Das Schuhwerk von zuhause trug er nur, wenn er mit den Bauersleuten in die Michaeler Kirche ging. Sonntags ging man zur Messe, aber auf dem Marzunerhof war man, was das Beten anbelangte, ansonsten nicht so streng wie etwa auf dem Plungerhof. Ab und zu hatte Eduard seinen Vater ja begleitet, wenn er dort für mehrere Tage auf einem Dienst gewesen war. Täglich beteten abends nach dem Abendessen alle Anwesenden, auch sein Bruder Vinzenz war natürlich immer dabei, gemeinsam den *Rosenkranz*. In der Stube kniete man sich auf den Boden zur Bank hin, faltete die Hände, senkte den Kopf und lauschte der Litanei des Altbauern, der meist den Vorbeter machte, um im rechten Moment mit dem zweiten Teil der Gebete fortzufahren.

Vinzenz hatte auch, solange er noch in Seis gewohnt hatte, ministriert. Bereits mit sechs Jahren hatte er damit angefangen. Eduard hatte das nie interessiert. Diese ganzen Gebete, die man dafür auswendig können musste, und noch dazu alle auf Latein. Der Pfarrer hatte aber auch nie darauf bestanden, dass Eduard zum Ministrieren in die Kirche kam, denn an Ministranten hatte er keinen Mangel. Und so war es Eduard ganz recht, dass man ihn auch auf dem Marzunerhof nicht zum Ministrieren in die Kirche, die zu Fuß in nur zehn Minuten zu erreichen war, schickte. Auch die tägliche Frühmesse musste er nie besuchen. Nur sonntags, wenn die Kühe auf der Weide waren, der Stall ausgemistet und mit frischem Stroh ausgelegt, da ging Eduard nicht nach zu den Kühen, sondern zurück in seine Kammer unterm Dach. Dort zog er sich ein sauberes Hemd an und wechselte die *Knospen* gegen seine Sonntagschuhe, um in die Messe zu gehen, die um 8 Uhr begann. Zwei Sommer lang hütete Eduard die Kühe vom Marzunerbauern. Dann, im Sommer 1953, wechselte er zum Radauerhof.

„Ich habe so geplärrt und jeden Tag gehofft, dass du bald kommst", rief Josefa, die von allen Seffa genannt wurde, erleichtert aus, als Eduard Ende Juni in der Radauer-Schwaige eintraf. Drei Wochen zuvor hatte Eduard schon geholfen, die 20 Milchkühe des Radauerbauern von St. Michael hinauf nach Saltria, jenem Teil der Seiser Alm, der zur Gemeinde Kastelruth gehört, zu treiben. In einem etwa zweistündigen Fußmarsch hatten sie die fast unterm Plattkofel gelegene Radauer-Schwaige erreicht. Da aber zum Zeitpunkt des Almauftriebs noch ein paar Wochen zum Ende des Schuljahres fehlten, konnte Eduard noch nicht mit dem Bauern auf der Schwaige bleiben. Er musste wieder zurück nach Seis, um die vierte Klasse Volksschule abzuschließen. Der Bauer benötigte aber, solange bis sein Hüterbub schließlich nachkommen konnte, eine Mithilfe. Und so traf es seine Tochter Seffa, die damals 15 Jahre alt war. Sie langweilte sich da oben auf der Almhütte mit ihrem Vater zu Tode. Der Radauerbauer war ein sehr schweigsamer Mann, der nur das Allernötigste sprach.

Für Seffa war dieses wortlose Nebeneinander kaum zu ertragen, wie sie Eduard immer wieder versicherte: „Der Vater hat nie ein Wort mit mir gesprochen. Das war nicht zum Aushalten." Und lange hat sie es dann tatsächlich nicht mehr ausgehalten. Nachdem sie Eduard alles gezeigt hatte, war sie zwei Tage später auch schon fort. Sie machte sich auf den Weg hinunter auf den Radauerhof in St. Michael, wo sie der Mutter bei der Bewirtschaftung half. Die sechs Kinder des Radauerbauern waren allesamt schon älter als Eduard. Von den Söhnen war nur mehr der älteste, der den Hof erben sollte, zuhause und von den drei Mädchen war Moidl bereits verheiratet, Hanna arbeitete als Krankenschwester im Spital von Kastelruth, und so war es Seffas Aufgabe, der Mutter auf dem großen Hof zur Hand zu gehen, während der schweigsame Radauerbauer sich den Sommer über auf die Schwaige zurückzog.

Eduard machte es nichts aus, dass der Bauer so wortkarg blieb. Er war viel draußen unterwegs, da war er das Alleinsein gewohnt, und wenn er in der Schwaige war, blieb ohnehin kaum Zeit für lange Gespräche. Inzwischen hatte er auch die Fertigkeit des Melkens erlernt und so begann sein Tag gleich nach dem Aufstehen mit dem Melken der Kühe. Anschließend trieb er sie hinaus in den Wald und erledigte die Arbeit im Stall, mistete aus und räumte frische Streu ein. Dann ging er in die Hütte zum Bauern, wo er ein Frühstück bekam, bestehend aus Milchkaffee und Schüttelbrot. Die Stücke des flachen, knusprig-harten Roggenmehlbrots lagen in einer Schüssel. Eduard nahm sich eine Handvoll Brotstücke heraus und gab sie in seinen Milchkaffee, bis sie sich vollgesaugt hatten. Gerne hätte Eduard auch einen Löffel voll Zucker dazugemischt, aber das wusste er schon von seiner Mutter zuhause, dass Zucker „einfach wahnsinnig teuer ist“. Viel zu teuer jedenfalls, um ihn löffelweise aufzuessen, so wie er und Frieda es gerne gemacht hätten. Höchstens am 13. Oktober eines jeden Jahres machte die Mutter eine Ausnahme. An diesem Tag feierten sie Vaters Geburtstag, der gleichzeitig sein Namenstag war. So wie es seinerzeit häufig üblich war, dass man dem Kind den Namen des Heiligen gab, an den am Tag seiner Geburt eben gedacht wurde. Die Mutter jedenfalls backte zu diesem Anlass immer den „schwarzen Kuchen“, wie sie zuhause zum Schokoladenkuchen sagten, nicht nur mit reichlich Zucker, sondern auch mit viel Schokolade und süßer Marmelade. Eine herrliche Leckerei, die sich vor allem Eduard schmecken ließ, denn schließlich war das ja auch sein persönlicher Festtag. Wenn er auch nicht wie sein Vater Geburtstag feierte, so feierte aber auch er am 13. Oktober seinen Namenstag, und diesen stets mit reichlich süßem Kuchen. Zur Feier des Tages. Aber davon abgesehen, ging die Mutter äußerst sparsam mit Zucker um.

Zucker gab es auch keinen auf der Radauer-Schwaige, und so löffelte Eduard ohne zusätzliche Süße das aufgeweichte Schüttelbrot aus seinem Milchkaffee, ehe er sich auf den Weg machte, die Kühe zu suchen. War das Wetter gut, wusste Eduard, dass die Kühe weiter hinaufsteigen würden. Bei schlechtem Wetter blieben sie lieber in tieferen Lagen. Eduard orientierte sich an den Spuren, die die Kühe mit ihren Hufklauen in den Boden getreten hatten, um zu verstehen, in welche Richtung sie gelaufen waren. Und er lauschte auch. Vom Klang der Kuhglocken verstand er, ob die Kühe mehr bergauf gestiegen waren oder ob sie sich mehr in die seitliche Richtung bewegt hatten und weiter herunten geblieben waren. Hatte er die Tiere gefunden, versicherte er sich durch Abzählen, ob sie vollzählig waren. War das der Fall, konnte er sich entspannen. Er legte sich unter einen Baum, döste vor sich hin, schlief dabei auch mal ein wenig ein oder er nahm ein Stück Holz und schnitzte daraus Männchen und Weidenpfeifen. Irgendwie musste man sich ja die Zeit vertreiben, bis es gegen halb vier Uhr wieder soweit war, sich mit den Kühen auf den Rückweg zur Schwaige zu machen, wo sie am Abend erneut gemolken wurden. Bis dahin hatte Eduard, außer gelegentlich mal einen Apfel, den er sich zum Hüten eingesteckt hatte, den ganzen Tag über nichts gegessen. Aber sobald er mit den Kühen zur Schwaige zurückgekommen ist, da hat der Bauer schon mit dem Essen auf seinen Hüterbub gewartet. Gerne machte er Knödel, sehr gute Speckknödel, wie Eduard fand, in großer Zahl, sodass sie für mehrere Tage reichten. Während Eduard bei den Kühen war, war der Bauer auch ansonsten nicht untätig gewesen. Zwar wurde der Großteil der Milch, die sie auf der Alm molken, in den Schweinetrog geschüttet, damit die drei, vier Schweine, die sie immer oben auf der Schwaige hatten, einen guten Speck abgaben, aber der Bauer schlug auch Butter. Mit der frischen Butter schickte er Eduard zum Hotel „Sole“, wo man ihm seine Butter abkaufte.

Die Arbeit auf der Seiser Alm hat Eduard so gut gefallen, dass er gleich drei Sommer auf der Radauer-Schwaige beim Hüten zugebracht hat. Er war gut verpflegt und zudem auch bezahlt worden, und das nicht mehr nur mit Naturalien, wie noch beim Marzunerbauern, sondern er hat für die drei Monate Hüten ganze 30.000 Lire Lohn erhalten, zuzüglich der

Unterkunft und der Verpflegung. Und Eduard hat seine Freiheiten, die er auf der Alm hatte, rundum genossen. Wenn die Arbeit im Stall getan war und er sich nach dem Frühstück zu den Kühen aufmachte, dann nutzte er die Zeit, um bei allerlei Nachbarschwaigen vorbeizuschauen. Da war die Schwaige beim Saltner oberhalb vom Radauer. Dort verbrachten zwei Buben, von denen einer, der Luis, gleich alt war wie Eduard, den Sommer ebenso auf der Alm. An den Samstagen und Sonntagen, wenn immer viele Leute zum Hotel „Floralpina" unweit der Radauer-Schwaige kamen, ging auch Eduard hin. Wurden Buben zum Kegelaufstellen auf der Kegelbahn benötigt, war er zur Stelle und konnte sich gleich auch eine Kleinigkeit dazuverdienen.

Oder er ging weiter hinauf, zur Tuaner-Schwaige. Wenn er oben eintraf, da kam auch schon der Bauer, der dem Wein gerne zusprach, und rief Eduard zu: „Gut, dass du kommst! Dann kannst du gleich ein Glasl Wein mit mir trinken!", während er ihm ein Häferl aus Emaille entgegenhielt. Wenn Eduard dann schnell als Ausrede hervorbrachte, er müsse noch zu seinen Kühen, die ansonsten die falsche Weide ansteuerten, da rief der Bauer umgehend: „Nein! Du bleibst hier bei mir! Auf deine Kühe schauen meine Buben!" Schon hatte er nach ihnen gerufen. Sie, die ein paar Jahre jünger waren als Eduard, sollten dessen Kühe zurücktreiben. Und Eduard war nicht mehr ausgekommen. Er nippte am Wein, der seinem Geschmack nach ein recht saurer *Leps* war. Jedenfalls hat es Eduard beim ersten Schluck ziemlich den Mund verzogen. Der Wein, den sein Vater zuhause trank, war da doch bekömmlicher. Von diesem Wein hat er mitunter gekostet, wenn ihn der Vater in den Keller geschickt hat, um die leeren Flaschen aufzufüllen, und zwar aus dem Fass, das bei ihnen im Keller gestanden hat. Geliefert wurde der Wein von einem Händler aus Kaltern. Jeden Sonntag saß der in Kastelruth beim „Wolfwirt“ an einem ganz bestimmten Tisch. Und hat gewartet. Das war weitum bekannt. Jeder, der eine Weinbestellung aufgeben wollte, ging sonntags zum „Wolfwirt“ und bestellte direkt beim Weinhändler. Allerdings war das ein ordentlicher Wein, nicht so ein saurer *Leps*, wie in der Tuanerbauer Eduard vor die Nase hielt. Mit dem Alkohol stieg auch die Gesprächigkeit des Bauern, der, anders als der Radauerbauer, ein recht redseliger Mensch war. Ungeachtet dessen, dass Eduard in den Sommern auf der Seiser Alm zehn, elf oder zwölf Jahre alt war, wollte er sich die Plauderei mit dem Radauer-Hüterbub bei einem Häferl Wein nicht entgehen lassen. *Ja, was soll's*, dachte sich Eduard dann, nahm die Emailletasse entgegen und ließ sich auf das Schwätzchen einschließlich sauren *Leps* ein. War der erste Widerwille überwunden, begann der *Leps* auf seltsame Weise immer besser zu schmecken, musste Eduard zugeben. Und zwar so gut, dass er zusehen musste, vom Tuanerbauer wieder loszukommen, schließlich hatte er zur rechten Zeit am Nachmittag mit den Kühen wieder bei der Radauer-Schwaige zu sein.

Der Sommer auf der Alm ging eher zu Ende als im Tal herunten, weshalb man die Schwaige Anfang September winterfest machte und den Abtrieb der Tiere bewältigte, noch bevor die Schule wieder losging. Eduard verbrachte die verbleibenden Wochen bis zum Schulbeginn im Oktober auf dem Radauerhof in St. Michael. Die Kühe durften weiterhin auf die Weide, aber auf eine etwas entlegenere. Der Hüterbub kam hier wie gerufen. Die Milch, die man am Hof gemolken hat, wurde allerdings nicht in den Schweinetrog geschüttet, sondern in die Sennerei geliefert. Dafür kam jeden Tag das Milchauto auf den Hof. Man behielt nur wenig der frisch gemolkenen Milch zurück. Gerade so viel, dass es für den Eigengebrauch reichte. Für den Milchkaffee am Morgen oder zum Kochen, wie etwa für die Speckknödel. Dafür wurden allerdings meist nicht die besten Speckstücke verwendet. Auch weil Lebensmittel generell einen höheren Stellenwert einnahmen, sodass alles verwertet wurde, was noch essbar war. Bevor man also einen bereits ranzig riechenden Speck entsorgt hätte, war man überzeugt: „Für die Knödel ist der noch gut genug!“ Kaum verwunderlich, dass Speckknödel nicht zu jedermanns Leibspeise zählten. So auch nicht zu Seffas. Ihr war es deshalb besonders wichtig, dass Eduard unbedingt am Esstisch neben ihr saß. Ärgerlich hatte sie beim Knödelessen lamentiert: „Sogar das Loch im Knödel, wo der Speck gesteckt hat, stinkt noch!“, während sie sorgfältig jedes kleine Speckstückchen aus den Knödeln herauspulte und alles schnell auf den Teller von Eduard schmiss. Etwas auf dem Teller zurücklassen, hätte nur Ärger bedeutet, den sie so umgehen konnte. Und Eduard hat der ranzige Speck nichts ausgemacht. Im Gegenteil. *Speck ist Speck*, hat er verschmitzt gedacht und eifrig die ranzige Extraportion weggeputzt.

Als Eduard schließlich auch den dritten Sommer beim Radauerbauern zugebracht hatte, lag zu Schulbeginn im Herbst 1955 noch die siebte Klasse vor ihm, ehe er dann im Folgejahr, mit 13 Jahren, ausgeschult werden sollte. In der ersten und zweiten Klasse war Anni Perwanger seine Klassenlehrerin gewesen, in der dritten und vierten Klasse wurden sie von Gretl Niederwieser in allen Fächern, außer in Italienisch und Religion, unterrichtet, in der fünften Klasse von Gretls Ehemann Wilfried Wörndle und in den beiden letzten Jahren, in der sechsten und siebten Klasse, hatten sie erneut Gretl Niederwieser als Klassenlehrerin. Obwohl Eduard sich selbst nie als besonders guten Schüler empfunden hat, hat seine Lehrerin Gretl Niederwieser dies anders gesehen. In der Zeit, in der Eduard in ihren Klassen saß, war er in gewisser Weise ihr Lieblingsschüler gewesen. Sie war überzeugt, dass in ihm mehr steckt, als sie von einem Durchschnittsschüler erwarten konnte. Besonders was seine handwerklichen Fähigkeiten betraf, war sie gewillt, ihn zu fördern. Nur wenn er eine entsprechende Ausbildung bekam, konnte sichergestellt werden, dass Eduard dem Schicksal entkam, sich als Knecht verdingen zu müssen. Was letztlich bedeutete, dass man sämtliche Begabung und Fähigkeiten verkümmern ließ. Als Eduard aber kurz vor seinem 13. Geburtstag ausgeschult war, hatte er vorerst genug von Schule und Lernen und wollte eigentlich nur – wie seine beiden älteren Geschwister Vinzenz und Frieda – den Eltern nicht mehr länger auf der Tasche liegen, und da kam das Angebot vom Oberstampfeterbauern gerade recht.

Seffas ältere Schwester Moidl vom Radauerhof hatte Hans, den Oberstampfeterbauern, geheiratet. Eduards fleißige und zuverlässige Arbeitsweise in den drei Sommern bei ihrem Vater auf der Schwaige und auch auf dem Hof in St. Michael war Moidl und ihrem Ehemann nicht verborgen geblieben. Als Eduard nun ausgeschult wurde, fragten sie ihn sodann auch gleich, ob er nicht bei ihnen als Knecht anfangen wolle. Der Oberstampfeterhof war zwar kein allzu großer, aber dafür ein sehr schöner Hof, zwischen Seis und Kastelruth gelegen.

Der Bauer selbst war jünger als die Bauern, bei denen Eduard bisher seinen Dienst getan hatte, und auch moderner eingestellt. Ihm war daran gelegen, seinen Hof auf Vordermann zu bringen, Schwachstellen zu erkennen und diese zu beheben. So war er sehr daran interessiert, dass die Milch von seinen Kühen einen guten Fettgehalt aufwies. Denn je fettreicher die Milch, desto höher ist der von der Sennerei ausbezahlte Milchpreis. Zu Eduards üblichen Aufgaben am Hof, wie melken und ausmisten, gehörte es nun auch, täglich die großen Kannen voll mit frisch gemolkener Milch auf dem Fuhrwerk in die Sennerei nach Kastelruth zu liefern. In der Sennerei hatte er zuzuwarten, bis ihm der Fettgehalt der abgelieferten Milch mitgeteilt worden war. Erst, wenn er diesen Wert genannt bekommen hatte, konnte er sich auf den Rückweg machen. Lieber war Eduard natürlich, wenn er dem Bauern einen hohen Fettwert mitteilen konnte, weil ihn das zufriedener stimmte, aber der Oberstampfeterbauer war durchwegs ein verständiger Mann, mit dem Eduard sehr gut auskam. Ihm gefiel auch, dass der Bauer an der neuen Technik Interesse zeigte. So hatte er sich bereits eine motorisierte Mähmaschine zugelegt, die von Eduard mit großer Begeisterung begutachtet worden war. Dabei hatte es ihm nicht gereicht zu wissen, wie man den Motor anlassen konnte. Vielmehr wollte Eduard herausfinden, wie es zuging, dass der Motor überhaupt funktionierte. Die Mechanik, die dahintersteckte, wurde von Eduard eifrig erforscht, und zugleich inspizierte er, welche Teile zusammengefügt werden mussten, um den Motor zum Laufen zu bringen.

Dem Bauern gefiel seinerseits die Begeisterung seines Knechts an der neuen Technik. Und als Eduard darum bat, die beiden alten, funktionsuntüchtigen Fahrräder, die in der Remise nutzlos herumstanden, für ein Experiment haben zu dürfen, ließ ihn der Oberstampfeterbauer machen. Eduard hat gewerkelt und geschraubt, bis er die Räder in ihre Einzelteile zerlegt hatte. Jene Teile, die unbrauchbar waren, entsorgte er. Jene Teile aber, die noch gut in Schuss waren, fügte er so zusammen, dass daraus ein intaktes Fahrrad entstand. Einschließlich einer funktionierenden Fahrradklingel, die er in akribischer Feinarbeit aus zwei kaputten Klingeln zusammengeschraubt hatte. Noch zu Schulzeiten hatte Eduard eine Klingel aus einem selbstgemachten Elektromagneten und eine aus einer 4,5-Volt-Batterie gebaut, die als Türklingel genutzt werden konnte. Seine Lehrerin Gretl Niederwieser hatten Eduards technische Fähigkeiten immer schon begeistert. Und nun, als ihr Eduards Enthusiasmus für alles Technische erneut zu Ohren gekommen war, war sie entschlossen, Eduard zu fördern.

„In der Berufsschule in Bozen gibt es den Lehrgang für Maschinenschlosser", ließ Gretl Niederwieser gegenüber Eduard nun verlauten, nachdem dieser auf ihr Anraten hin, aber leider vergeblich, bereits nach einer Lehrstelle bei einem Schlosser Ausschau gehalten hatte. Der wiederholte Verweis seiner ehemaligen Lehrerin auf seine technische Begabung und auf die Gefahr der Verkümmerung derselben beim Knechtsdienst hatte in Eduard längst bewirkt, dass er sein Potenzial nutzen wollte. Auch wenn er nie ein guter Schüler war, so wollte er es, in Ermangelung einer Lehrstelle, nun doch wieder mit der Schule versuchen. Und so ging Eduard zu seinem Bauern mit der Bitte, ihm einmal wöchentlich den Besuch der Berufsschule in Bozen zu gestatten.

„Ich möchte Maschinenschlosser lernen", eröffnete Eduard sein Anliegen, nachdem er dem Oberstampfeterbauern dargelegt hatte, dass das Knechtsein auf die Dauer nichts für ihn sei. Er wolle einen Beruf erlernen. Und da es keinen Schlosser gebe bei ihnen heroben im Schlerngebiet, wo er als Lehrling anfangen könnte, nur einen Schmied, und das sei nicht dasselbe, da „ist der Besuch der Berufsschule wenigstens ein Anfang". Der Oberstampfeterbauer sah ein, dass es für junge Burschen, die keine Berufsausbildung hatten, wenig Perspektiven gab, um einem recht- und besitzlosen Leben zu entgehen. Und da, wie es aussah, sein Jungknecht nun mal das Zeug zum Maschinenschlosser hatte, wollte er Eduard nicht im Wege stehen und erlaubte ihm, einmal in der Woche nach Bozen zu fahren, um die Berufsschule zu besuchen.

Mit Beginn des Schuljahres im Herbst 1957 saß Eduard nun einmal in der Woche im Bus und fuhr hinunter nach Bozen. In Seis stieg Othmar Wild zu. Othmar, 14 Jahre alt wie Eduard, stammte von Brennersee, war bei der Esso-Tankstelle in Seis als Mechanikerlehrling eingestellt und von seinem Chef, dem Tankwart Pardeller, ebenso einmal wöchentlich in die Berufsschule geschickt worden. Othmar für die Ausbildung zum Mechaniker. Und Eduard interessierte die Ausbildung zum Schlosser. Gesessen sind sie aber in derselben Klasse. Immer auf den letzten Bänken, wo man vom Klassenlehrer Egger, einem äußerst korpulenten Mann, der das Fach Maschinenbau unterrichtete, weitgehend unbehelligt blieb. Anstatt während des Unterrichts aufzupassen, haben sich Eduard und Othmar im Fechten mit den Linealen geübt und auch sonst allerlei Unfug angestellt. Auch in den anderen Fächern hat sie der Unterricht nicht sonderlich interessiert. Wichtiger war ihnen, dass sie in der Mittagspause schnell genug waren, um sich in ihrem Stammlokal, das wegen des billigen Mittagstischs von den meisten Berufsschülern angesteuert wurde, einen Sitzplatz zu sichern. Von der Berufsschule, unweit des Sernesiplatzes, wo sich damals der Busbahnhof befand, sind sie in Windeseile zum Obstmarkt und weiter zur Dr.-Streiter-Gasse. In dieser Gasse befand sich im ersten Stock eines Hauses das Lokal „Latemar“. Hier bekamen sie für 100 Lire entweder einen Teller Nudeln oder einen Teller Reis mit Tomatensauce. So billiges Essen gab es sonst nirgends. Und sie wurden satt. Stand die warme Mahlzeit dann erst mal vor ihnen auf dem Tisch, wurde sie hinuntergeschlungen. Alles in einem Affentempo, denn die Zeit war knapp. Die Bewältigung von Sprint und Essenfassen, so schnell er konnte in der einstündigen Mittagspause, war mitunter Eduards größte Leistung in diesem Jahr in der Berufsschule. Denn viel gelernt hat er ansonsten nicht. Dessen ungeachtet bekam Eduard zum Schuljahresschluss ein äußerst gutes Zeugnis ausgestellt. In Schweißen, Maschinenbau, Deutsch, Mathematik, praktisch in allen Fächern hatte er ausschließlich die Bestnote, und damit eine glatte Zehn erhalten. Nur in dem Fach, in dem Eduard immer die besten Resultate erzielt hatte, und zwar im Technischen Zeichnen, da konnte er auf seinem Zeugnis keine Zehn lesen, sondern „nur“ die Note Neun, was letztlich aber auch eine sehr gute Bewertung ist. Alles sehr merkwürdig, wie Eduard fand. Denn diese Noten, ob nun Neun oder Zehn, entsprachen mitnichten dem, was Eduard tatsächlich geleistet hatte. *Wie mag es nur zu diesen hohen Bewertungen gekommen sein*, fragte er sich verwundert. Denn soweit er wusste, hatte er – außer haufenweise Blödsinn mit Othmar – wenig Sinnvolles während dieses ersten Berufsschuljahrs zuwege gebracht.

Gretl Niederwieser, die auch vom guten Zeugnis erfahren hatte, stattete daraufhin Eduard beim Oberstampfeterhof einen Besuch ab. Sie fand zwar Worte des Lobes ob der herausragenden Leistung, teilte Eduard aber auch ihre Überlegung mit, dass es wenig zielführend sei, weiterhin die Berufsschule zu besuchen, dann aber als Knecht zu arbeiten.

„Wenn du parallel zur Schule eine Lehre bei einem Schlosser machen könntest, wäre das etwas anderes", fasste sie ihre Gedanken zusammen, „aber so?"

„Das will ich ja auch!", pflichtete ihr Eduard umgehend bei. Weil er genau das ja auch wirklich wollte. „Aber hier bei uns heroben gibt es ja keine Schlosserei!", ergänzte er noch zu seiner Verteidigung. Da es wirklich nicht seine Schuld war, dass es mit der Lehre nicht klappte. Als Gretl Niederwieser nur wissend mit dem Kopf nickte und ansonsten keinen Ton mehr sagte, wurde sich Eduard bewusst, dass die Unterstützung seiner ehemaligen Lehrerin alles war, was er hatte. Nicht auszudenken, wenn sie ihr Bemühen, ihn zu fördern, einstellen würde. Ein lebenslanger Knechtsdienst würde ihn erwarten, unfrei und beinahe rechtlos. Das war es in keiner Weise, was er wollte, weshalb Eduard all seinen Mut zusammennahm und seine ehemalige Lehrerin mit inbrünstig flehenden Augen ansah. Sie, die Eduards eindringlich bittenden Blick richtig gedeutet hatte, hielt noch einen Moment inne, ehe sie die für Eduard erlösenden Worte aussprach: „Ich habe da eine weit bessere Idee!"

In die Bundesgewerbeschule nach Innsbruck wolle sie Eduard schicken, eröffnete Gretl Niederwieser nun ihren Plan.

„Nach Innsbruck?“, echote Eduard ungläubig.

„Das ist genau das Richtige für dich!“, bekräftigte sie ihr Ansinnen. Diese vierjährige Ausbildung würde er mit dem Titel „Ingenieur im Maschinenbau“ abschließen. Wenn er wolle, könne er später noch ein weiteres Jahr zum Diplomingenieur dranhängen, dieses allerdings dann in Graz. Aber vorläufig ging es noch darum, drängendere Fragen zu klären. Das fand auch Eduard, dem zuallererst in den Kopf schoss: *Wer soll das bezahlen?* Und gleich darauf: *Das erlauben der Vater und die Mutter nie!* In dem Punkt konnte Gretl allerdings Entwarnung geben, hier habe sie schon Vorarbeit geleistet. Als sie in der Stube von Eduards Heimathaus gesessen und seinen Eltern versichert hatte, „Den Bub müssen wir weiterbringen, so ein gutes Zeugnis!“, hatten diese ihre Erlaubnis erteilt und nur mehr bezüglich der Finanzierbarkeit Bedenken geäußert. Zu Recht. Schließlich war die Bundesgewerbeschule in Innsbruck nicht, wie Bozen von Seis aus, mit einer Busfahrt zu erreichen. Eine Bleibe in Innsbruck musste zwingend für Eduard gefunden werden. Und auch die Tatsache, dass er, da der Schulbesuch nicht mehr einmal wöchentlich, sondern täglich erforderlich war, keine Möglichkeit mehr haben würde, sich durch einen Knechts- oder Handlangerdienst etwas dazuzuverdienen, schlug negativ zu Buche. Ihnen selbst, beteuerten die Eltern, seien hier die Hände gebunden. Ihre Einnahmequellen reichten gerade für sie beide. Ihrem Sohn die Ausbildung, die Unterbringung und die Verpflegung in Innsbruck zu finanzieren, dazu sahen sie sich außerstande.

Die prekäre finanzielle Situation bei Eduard zuhause war Gretl Niederwieser natürlich nicht unbekannt, weshalb sie auch hier vorgesorgt hatte. Mit Eduards hervorragendem

Zeugnis von der Berufsschule war sie in der Landeshauptstadt Bozen auf den entsprechenden Landesämtern vorstellig geworden und hatte unmissverständlich dargelegt, dass man junge, talentierte, aber mittellose Menschen nicht sich selbst überlassen dürfe. Der Weg in die sichere Armut sei geradewegs vorgezeichnet. War es in Südtirol aufgrund der heiklen politischen Situation für die deutschsprachige Bevölkerung generell nicht einfach, gut entlohnte Arbeitsplätze und bezahlbaren Wohnraum zu bekommen, so war es für junge Menschen ohne Ausbildung nahezu unmöglich. Es sei daher die Pflicht der Landesverwaltung, hier korrigierend einzugreifen, ereiferte sich Gretl Niederwieser. Sie muss ihre Sache besonders gut gemacht haben, denn ihr Bemühen war von Erfolg gekrönt: Sie bekam für Eduards Besuch der Bundesgewerbeschule in Innsbruck tatsächlich ein Stipendium bewilligt.

Im Herbst 1958 nahm Eduard samt seinem kleinen Koffer mit seinen wenigen Habseligkeiten den Bus hinunter zum Bahnhof von Klausen, um von dort mit dem Zug nach Innsbruck zu gelangen. Die Fahrt über den Brennerpass war aufregend, schließlich war es das erste Mal, dass Eduard mit dem Passieren der Landesgrenze ausländischen Boden betrat. Auch wenn sich das Bundesland Tirol nicht wirklich wie Ausland anfühlte, musste Eduard zugeben. Österreich lag ihm schon von der Kultur und der Sprache her weit näher als Italien, zu dessen Nation er seinem Pass nach zählte. Aber wirklich mehr als die Staatszugehörigkeit verband ihn auch nicht mit diesem Land. Eigentlich war Eduard froh, dass er in Innsbruck kein Italienisch mehr werde lernen müssen. Mit diesem Fach war er ja noch nie warm geworden, und für das Piesacken der Italienischlehrkräfte war er mit seinen inzwischen 15 Jahren auch allmählich zu alt. Aber in der Bundesgewerbeschule werde es sowieso wesentlich besser zugehen als bei ihm in der Volksschule und erst recht in der Berufsschule in Bozen, wo sie ja ohnehin kaum etwas gelernt haben. Eduard hatte sich in Innsbruck für die Fachrichtung Maschinenbau entschieden und war schon voller Erwartung, dass er nun endlich eine Ausbildung bekam, die ihn wirklich in diesem Beruf weiterbringen würde.

Als Eduard allerdings voller Stolz in der ersten Klasse der Bundesgewerbeschule saß, erfuhr er von seinen groben Bildungslücken. Und das, obwohl das Fach Italienisch gar nicht mehr zum Fächerkanon zählte. Aber nicht nur ihm, sondern allen Südtiroler Burschen aus dem Pustertal und dem Vinschgau, die mit Eduard in der Klasse saßen, attestierte man weitreichende Defizite in allen Fächern im Vergleich zu den Schulabgängern aus dem Bundesland Tirol. Nie und nimmer würden sie, die Südtiroler, imstande sein, dem Unterricht in der Bundesgewerbeschule zu folgen, war sich das Lehrpersonal sicher. Also hatte man die Südtiroler wieder aus der Klasse genommen und für sie schnellstmöglich eine fünfte Hauptschulklasse eingerichtet. Bevor Eduard also mit der eigentlichen Berufsausbildung beginnen konnte, hatte er zunächst noch ein Jahr lang in der fünften Klasse Hauptschule zu sitzen, um sich das noch fehlende Basiswissen anzueignen.

Wenn es auch durchaus ärgerlich war, dass sie, allesamt bereits fünfzehnjährige Burschen, durch ihre schwache Schulbildung in Südtirol ein ganzes zusätzliches Jahr benötigen würden, ehe sie die Bundesgewerbeschule abschließen könnten, so war Eduard doch froh darüber, dass seine ehemalige

Lehrerin es organisieren konnte, dass das Land Südtirol ihm das Stipendium auch für dieses fünfte Jahr Hauptschule ausbezahlte. Zwar wurden mit dem Stipendium die Spesen für Eduards Ausbildung, Verpflegung und Unterbringung gedeckt, aber mitunter kamen weitere Ausgaben dazu. Was fehlte, versuchten seine Eltern beizusteuern. Eduard war bewusst, dass er, solange er auf diese Zuwendungen angewiesen war, ein sparsames Leben führen musste. Wenigstens hatte er es, was die Unterbringung sowie Verpflegung betraf, mit dem Haus der Jugend, einer Art Lehrlingsheim und Internat, wo er wohnte, gut getroffen.

Sie waren etwa zwölf Südtiroler im Haus der Jugend, das sich im Innsbrucker Stadtteil Pradl befand und von Klosterfrauen mit Unterstützung von Erziehern geführt wurde. Aber hauptsächlich waren es Zöglinge aus Tirol und Osttirol, die im Heim untergebracht waren. Nicht alle besuchten dieselbe Schule. Aber doch durchwegs ein Gymnasium oder eine berufsbildende Schule. Bis auf Eduard und jene Südtiroler, für die es zunächst galt, die letzte Klasse der Hauptschule zu absolvieren. Diese Schule befand sich im Rennweg. Die Bundesgewerbeschule dagegen war in der Anichstraße. Vom Haus der Jugend waren die eine, nördlich gelegene, wie die andere, südlich gelegene, Schule in etwa zehn Gehminuten zu erreichen. Eduard fand sich schnell zurecht in Innsbruck und lebte sich im Haus der Jugend gut ein. Untergebracht waren sie jeweils in Viererzimmern. Vier Betten. Vier Stühle. Vier Spinte. Das reichte völlig. Ein Tisch war nicht nötig, denn zum Lernen und für die Hausaufgaben gab es ein eigenes Studierzimmer. Wer Unterhaltung wollte, konnte dazu verschiedene Aufenthaltsräume aufsuchen. Und fürs Waschen fanden sich im Gemeinschaftsbad Duschen. Fließendes Wasser im Bad kannte Eduard schon von zuhause. Auch warmes Wasser gab es dort, das mit Strom im Boiler erhitzt und gespeichert wurde. Mehr Annehmlichkeiten hatten sie in Seis aber nicht. Keinen Kühlschrank, kein Telefon, keinen Fernseher. Wenn man Zerstreuung wollte, dann musste man selbst zusehen, sich zu beschäftigen. Da Eduard nichts von seinem Lohn, den er für seine Knechtsdienste bekommen hatte, zuhause abgeben hatte müssen, hatte er fleißig gespart und sich, da war er 14 Jahre alt, ein nagelneues Legnano-Rennrad geleistet. Ganz stolz war er darauf gewesen. Auf diesem Rad hat er sodann ausgiebige Radtouren unternommen. Meist waren sie zu zweit oder zu dritt, wenn sie frühmorgens mit ihren Rädern starteten. Einmal sogar bis hinauf in den Vinschgau.

Zwar hatte Eduard in Innsbruck sein Legnano-Rad nicht bei sich, aber das tat seiner Zufriedenheit in der Tiroler Landeshauptstadt keinen Abbruch. Die Schule machte sogar unerwartet Spaß. Inzwischen hatte er das Nachholjahr erfolgreich absolviert und hatte endlich mit der Bundesgewerbeschule, Fachrichtung Maschinenbau, beginnen können. Im Haus der Jugend fühlte er sich wohl und auch bei den Mahlzeiten gab es nichts zu beanstanden. Die Nonnen waren nicht nur gute Köchinnen, sie hatten auch durchaus Freude am Feiern. Besonders die Faschingszeit wurde mit viel Klamauk begangen. Und als Eduard sich einfallen ließ, sich als Koch zu verkleiden, da machten die Nonnen den Spaß mit und ließen ihn – sehr zur Belustigung aller – in ihrer Küche gewähren. Ob es wegen der ausgelassenen Feierlaune während der Faschingszeit war, dass Eduard sich mit Mumps angesteckt hatte, war im Nachhinein nicht mehr zu ergründen gewesen. Tatsache blieb, dass im Haus der Jugend bei all den vielen Zöglingen fast durchwegs eine ansteckende Krankheit grassierte. Mal waren es die Masern, mal die Röteln, dann wieder Scharlach. Mit keiner dieser Krankheiten hatte Eduard sich je zuvor infiziert. Nicht einmal als Frieda damals zuhause Scharlach hatte und sie von ihm weggesperrt worden war, damit er sich nicht auch noch anstecken konnte, da war er heimlich zu ihr ins Zimmer geschlichen, weil es einfach lustiger gewesen war zu zweit als so alleine. Für ihn. Aber auch für Frieda. Angesteckt hatte er sich dennoch nicht.

Nur jetzt in Innsbruck. Und dann gleich mit Mumps als fast 17-Jähriger. Anfangs, als Eduard über Kopfschmerzen und Husten klagte, dachte noch jeder an eine Erkältung. Aber als seine Wange dann so eigenartig anschwoll, da schrillten bei den Nonnen die Alarmglocken. Augenblicklich wurde Eduard von den anderen isoliert. Als der Arzt dann tatsächlich Mumps diagnostizierte, wurde die Quarantäne verordnet. Eduard kam alleine in ein Krankenzimmer, auf dessen Tür ein Zettel mit der Aufschrift „Eintritt verboten" geheftet wurde. Eine eifrige Nonne hat die Tür von außen noch mit einem Schlüssel verriegelt und diesen vorsichtshalber eingesteckt und mitgenommen. Dass auch ja keiner aus Unachtsamkeit in die Nähe der hochansteckenden Krankheit kam. Und es kam auch keiner. Gar keiner. Ganze zwei Tage lang. Kein Mensch. Zunächst hatte Eduard sein Alleinsein gar nicht recht realisiert. Zum Teil lag er im Fieber, dann waren es wieder die Schmerzen, die ihn schwächten. Aber schließlich wunderte er sich doch, dass sich nie jemand nach seinem Befinden erkundigte. Auch nicht durch Rufe von der verschlossenen Tür her. Oder dass niemand fragte, ob er etwas benötigte und vielleicht etwas zu essen wollte, war schon sehr eigenartig. Hunger hatte er wohl ohnehin keinen. Aber Durst. Wenigstens hatte er zu trinken, wenn auch nur Wasser. In dem kleinen Nebenraum, in den er von seinem Krankenzimmer aus gelangte, befand sich eine Toilette und ein Waschbecken samt Wasserhahn. Sobald Eduard einigermaßen aufstehen konnte, schleppte er sich auf seinen wackeligen Beinen mit Müh und Not zum Wasserhahn. Und ans Fenster. Durch Klopfen an die Scheibe und wildes Winken versuchte er, auf sich aufmerksam zu machen, wann immer er unten auf dem Hof jemanden vorbeigehen sah. Als Eduard schon der Verzweiflung nahe war, weil er wirklich annehmen musste, man habe ihn völlig vergessen, da endlich hob eine Klosterfrau im entscheidenden Moment doch ihren Kopf und sah hinauf zum Fenster. Erschrocken riss sie ihre Augen auf, als sie die fuchtelnden Bewegungen hinter der Scheibe zuordnen konnte. Mit erhobenen Händen und laut jammernd kam sie die Treppe heraufgerannt, entriegelte und öffnete die Zimmertür, schlug sich mit den Händen ins Gesicht und rief völlig entgeistert: „Wir haben dich ja komplett vergessen!" Nach diesen zwei Tagen völliger Isolation, in denen Eduard mehr als einmal gedacht hatte, *Ich bin abgeschrieben und von allen verlassen!*, erlebte er nun Tage in völliger Umsorgung. Den Nonnen war ihr Versäumnis derart unangenehm, dass sie unaufhörlich um Entschuldigung baten und Eduard bis zu seiner vollständigen Genesung nach Strich und Faden verwöhnten. Als er wieder gesund und erholt zurück in die Schule durfte, fehlten noch wenige Wochen bis zum Ende des Schuljahres, das er trotz langer krankheitsbedingter Abwesenheit gut bestanden hat, sodass er in die zweite Klasse versetzt werden konnte.

Im September 1960 hatte Eduard wider Erwarten Mitfahrglück. Als es nach den Sommerferien, die er zuhause in Seis verbracht hatte, wieder Zeit wurde, nach Innsbruck zu fahren, um mit der zweiten Klasse der Bundesgewerbeschule zu beginnen, da bekam er eine Mitfahrgelegenheit vom Rungger, dem Seiser Taxibesitzer, angeboten. Er müsse Paul, seinen Sohn, nach Fulpmes bringen, da wäre es nach Innsbruck kein großer Umweg. Gerne nahm Eduard dieses Angebot, im Taxi nach Innsbruck chauffiert zu werden, an. Auch Eduards Mutter ließ sich, da sie, wie von Rungger zugesichert, am Abend wieder zurück sein würde, diese Gelegenheit nicht entgehen. Frieda, die gerade für einen Urlaub von ihrer Dienststelle in Bergamo zuhause weilte, bekam von der Mutter die Telefonnummer des Zielortes in Fulpmes ausgehändigt, die sie sich vom Rungger erbeten hatte. Für alle Fälle. Beschwingt saßen sie zu viert im Auto und fuhren auf der Landstraße nach Fulpmes, wo das Taxi vor dem Haus, wo Paul abgesetzt werden sollte, anhielt. Eigentlich hatten sie nicht vor, sich lange aufzuhalten. Aber als Paul die Autotür öffnete, um auszusteigen, da kam auch schon eine Frau aus dem Haus gelaufen und erzählte vom Anruf, den sie eben aus Seis erhalten hatte. Eine Frieda sei am Apparat gewesen und habe gebeten, ihrer Mutter und ihrem Bruder die traurige Nachricht zu überbringen: Der Vater sei verstorben.

Die Mutter und Eduard schauten einander ungläubig an. Der Vater tot? Das konnte doch nicht sein?

„Aber heute Früh ging es ihm doch so gut", hat die Mutter mehrfach fassungslos beteuert. Die Tage vor der Fahrt war der

Vater nicht so gut beieinander, das stimmte, aber an diesem Morgen, als sie aufgebrochen waren, war er wohlauf gewesen. Mit Vaters Tod hatten sie nicht gerechnet. Natürlich wussten sie von seiner schweren Erkrankung. „Lungenkrebs", hatte ihnen Doktor Fontana mitgeteilt. Vater hatte, solang ihn Eduard kannte, immer viel geraucht. Sehr starken „Forte"-Tabak. Meist filterlos. Behandlung hatte der Vater nach der Diagnose aber nie eine bekommen. „Er ist halt alt", hatte Doktor Fontana gemeint, wenn er ab und zu bei ihnen zuhause vorbeischaute, während der Vater immer magerer und immer schwächer wurde. Dabei war der Vater noch gar nicht so alt, als er verstarb, wenige Wochen vor seinem 63. Geburtstag, den er am 13. Oktober 1960 gefeiert hätte. Der Schock über das Ableben des Vaters saß tief bei Eduard, seiner Mutter und seinen Geschwistern. Natürlich war Eduard nach der Todesnachricht nicht mehr nach Innsbruck gefahren, sondern mit seiner Mutter im Taxi zurück nach Seis gekommen. Für die Beerdigung. Nun waren sie, Eduard, Frieda und Vinzenz, zu Halbwaisen geworden. Mit 17, 19 und 21 Jahren.

Niemand hat von Eduard verlangt, dass er die Bundesgewerbeschule und seinen Heimplatz im Haus der Jugend aufgeben sollte. Und so war er nach Vaters Begräbnis zunächst wieder nach Innsbruck gefahren, um mit der zweiten Klasse zu beginnen. Aber das ganze Schuljahr schwirrten diese Gedanken in seinem Kopf herum. *So kann es nicht mehr weitergehen*, war schließlich seine Schlussfolgerung. Er wusste, für die Mutter war es nicht einfach, nun alleine für seine Kosten, die nicht vom Stipendium abgedeckt wurden, aufzukommen. Er musste einen Weg finden, um sich etwas dazuzuverdienen, wenngleich das während des Schuljahres unmöglich war. Als aber das berufsspezifische Praktikum anstand, zu dem sie in den Sommermonaten zwischen der zweiten und der dritten Klasse verpflichtet waren, sah Eduard einen Lichtblick. Rechtzeitig hatte er sich schon Gedanken darüber gemacht, wo er dieses absolvieren könnte. Aber viele Möglichkeiten sah er in der Tat nicht. Bei ihnen im Schlerngebiet gab es keine Schlosserei, das wusste er ja nun hinlänglich. Aber auch im restlichen Südtirol sah es diesbezüglich nicht rosig aus. Handwerksbetriebe, wenn sie denn überhaupt einen Lehrbuben ausbildeten, zahlten häufig kaum Lohn. Gar nicht selten war es auch, dass man Kost und Logis, die während der Lehrzeit gestellt wurden, nach der Gesellenprüfung durch Abarbeiten wieder einforderte. Eduard machte sich nichts vor, da brauchte er wegen eines Praktikums gar nicht erst zu fragen. Auch in Tirol sah er für sich kaum Chancen. Hier kannte er nicht einmal jemanden, den er hätte fragen können. Da fiel ihm Hans Silbernagl ein. Der war zwar zehn Jahre älter als Eduard, aber als Seiser kannte man einander. Hans arbeitete schon längere Zeit in Baden-Württemberg, und zwar in einer Mercedes-Werkstatt in Wangen im Allgäu. Von den geradezu paradiesischen Zuständen auf dem deutschen Arbeitsmarkt hatte Eduard schon öfter gehört. Von guten Stellen, die es zuhauf gäbe, war da die Rede. Auch die Bezahlung würde passen, genauso wie man sich sprachlich bestens verstehe. Den Hans Silbernagl wollte Eduard fragen, ob er ihm bei seiner Suche nach einem geeigneten Praktikum als Maschinenschlosser nicht behilflich sein könne.

„Da finden wir schon etwas!“, hatte Hans freudig ausgerufen und bekräftigt, Eduard solle nur nach Wangen kommen. Er werde ihm vorab schon mal ein Zimmer organisieren.

Und so saß Eduard am 31. Mai 1961 voller Erwartung auf ein interessantes Praktikum in einer Mercedes-Werkstatt auf dem Soziussitz im Lloyd seines Freundes Rudi. Rudi war aus Wachendorf, ein Stück südlich von Stuttgart, und im Haus der Jugend in Innsbruck einmal gemeinsam mit einer Gruppe zum Übernachten eingekehrt. Da hatten sie einander kennengelernt und sich angefreundet. Auf Eduards Einladung hin war Rudi nach Seis gekommen, und da traf es sich nun gut, dass er Eduard bei seiner Rückfahrt in Wangen absetzen wollte. Sie waren am besagten Morgen planmäßig in Seis gestartet, waren hinunter nach Waidbruck, dann nach Klausen und hinauf zum Brennerpass gefahren, wo sie bergab auf der Landstraße nach Innsbruck gelangten, zweigten nach Westen ab, passierten Landeck, hatten den Arlbergpass geschafft und waren auch gut den Flexenpass heraufgekommen. Als es allerdings die Passstraße wieder talwärts ging, wurde es brenzlig. Wiederholt hatte Rudi das Bremspedal gedrückt. Vergeblich. Die Bremse reagierte nicht mehr, während sie stetig an Fahrt aufnahmen. Ruhe zu bewahren, war nun überlebenswichtig. Konzentriert versuchte Rudi, die Kontrolle zu behalten und entschied geistesgegenwärtig: die Handbremse! Diese sollte Eduard nun bedienen, während er selbst beide Hände am Lenkrad benötigte. Sehr abenteuerlich und nicht ungefährlich gestaltete sich die weitere Talfahrt, aber sie erreichten Gott sei Dank unbeschadet und nicht wenig erleichtert Au im Bregenzer Wald, wo ein Zwischenstopp eingeplant war. Hier wollten sie eine Bekannte besuchen, die sie vom Haus der Jugend, wo diese gearbeitet hatte, kannten. Und den Lloyd konnten sie währenddessen auch gleich in eine Kfz-Werkstatt bringen. Nach dem Besuch und nachdem das Bremsproblem behoben worden war, ging es auch schon weiter. Über Bregenz fuhren sie ein Stück entlang des Bodensees und erreichten am frühen Abend Wangen im Allgäu. Rudi steuerte gleich die Pfannerstraße an, wo er Eduard vor der Unterkunft absetzte, die Hans Silbernagl für ihn – wie zugesagt – organisiert hatte.

Tags darauf wurde Eduard auch schon von Hans abgeholt, um ihn zu dessen Arbeitsplatz in der Mercedes-Werkstatt zu bringen, wo sie das Chefbüro ansteuerten. Hans stellte Eduard seinem Chef, Herrn Schnäble, vor, erläuterte ihm dessen Anliegen, einen Praktikumsplatz als Maschinenschlosser zu erhalten, und ließ dabei auch Eduards besonderes handwerkliches Geschick nicht unerwähnt.

„Alles schön und gut, aber, wenn Sie Maschinenbau praktizieren wollen, dann kann ich Ihnen hier nicht helfen", erhielt Eduard zu seiner Überraschung gleich eine abschlägige Antwort. Als auch Hans verwundert dreinblickte, erfuhren sie, dass er Eduard wohl zum Autowaschen einstellen könne, aber unter keinen Umständen könne er einen Praktikanten an einen Mercedes-Motor lassen. Das sei ausgeschlossen. Wenn auch die Vorstellung auf einen bezahlten Ferialjob als Autowäscher verlockend sein mochte, so war Eduard damit nicht geholfen. Deshalb war er nicht nach Wangen gekommen. Als er sich schon darauf eingestellt hatte, unverrichteter Dinge wieder die Mercedes-Werkstatt zu verlassen, da erzählte Herr Schnäble von einem Freund, der einen Feinmechanik-Betrieb führte. Der könne helfen. „Da gehen wir jetzt hin!" Gesagt, getan. Hans und sein Chef, mit Eduard im Schlepptau, machten sich daraufhin auf den Weg in die Karl-Hirnbein-Straße zu besagtem Betrieb. Die drei wurden in der Firma „Sohler" umgehend zum Büro von Hubert Sohler, dem Chef persönlich, gebracht. Herr Schnäble verschwand gemeinsam mit Hans in Sohlers Büro, wohingegen sie Eduard anwiesen, vor der Tür zu warten. Die Minuten schienen sich für Eduard in endlose Länge zu ziehen. Ihm wurde immer unbehaglicher zumute. Gedanken, wie: *Was, wenn die mich auch nicht nehmen*? und *Ich bekomme doch nie einen Praktikumsplatz!* trugen überhaupt nicht zu Eduards Beruhigung bei. Im Gegenteil. Als er sich schon sicher war, dass man ihn erneut ablehnen würde, da öffnete sich die Bürotür. Eduard wurde hereingeholt, und Herr Sohler höchstpersönlich teilte ihm mit, dass er sich freue, einen jungen, talentierten Schüler der Bundesgewerbeschule für ein Praktikum im Maschinenbau bei sich in der Firma „Sohler" aufzunehmen. Das war am 1. Juni 1961.

Kaum hatte sich Eduard mit Elan an sein Praktikum gemacht, waren die vier Wochen auch schon wieder vorüber. Dass die Zeit so schnell verflog, lag auch daran, dass Eduard richtig aufgeblüht war inmitten all der Maschinen, deren verschiedenen Funktionen er nun ergründen durfte. Das war seine Welt! Hier konnte er sich so richtig entfalten und ausprobieren. Dass er bei all dem Spaß, den ihm sein Praktikum bereitete, fast durchwegs die Zeit vergaß und praktisch täglich länger im Betrieb blieb, als die reguläre Arbeitszeit es erfordert hätte, führte zum einen zu einem höheren Lohn, da jede Überstunde selbstverständlich bezahlt wurde, zum anderen war Herrn Sohler Eduards Arbeitsmoral aufs Positivste aufgefallen. Genauso wie er festgestellt hatte, dass Eduard durchaus ein gewisses Talent für den Maschinenbau mitbrachte. Und auf dieses entdeckte Potential wollte Hubert Sohler ungern wieder verzichten.

Nach Ablauf der Praktikumszeit hatte er ihm deshalb mit seiner Einladung: „Dann bleiben Sie doch bei uns", einen unbefristeten Arbeitsvertrag angeboten. Damit hatte Eduard überhaupt nicht gerechnet. Kurz erbat er sich Bedenkzeit. Aber er mochte sich den Kopf zerbrechen, so viel er wollte, er konnte seiner Situation zuhause wenig Positives abgewinnen. Seit der Vater gestorben war, ging es mit dem Geld nur noch knapper zu. Dass er sich künftig etwas dazuverdienen musste, war kaum abwendbar. Und ob er die Schule neben einer Verpflichtung zum Hilfsarbeiterdienst würde weitermachen können, war mehr als fraglich. Selbst bei einem Schulabbruch war noch lange nicht gesagt, dass er eine Lehrstelle finden würde. Deshalb war nicht allzu viel nötig gewesen, um Eduard zu überreden. Wenngleich es ihm um die Schule schon sehr leid tat. Auch wegen seiner ehemaligen Lehrerin Gretl Niederwieser, die sich so für ihn eingesetzt hatte. Aber hier in der Firma „Sohler" durfte er die Tätigkeit des Maschinenschlossers ausüben, zwar ohne abgeschlossene Ausbildung, aber dafür konnte er sich das nötige Wissen und technische Know-how über Arbeitserfahrung aneignen. Zudem wurde er gut entlohnt. Das war gelinde gesagt weit mehr als alles, was er sich in Südtirol erwarten durfte.

Dann gab es noch ein weiteres gravierendes Ereignis, das Eduards Entscheidung, in Deutschland zu bleiben, nicht unerheblich beeinflusste. Und das waren die Ereignisse der *Feuernacht* vom 11. auf den 12. Juni 1961. Er war zwar schon in Wangen bei seinem Praktikum, als in Südtirol in jener Nacht 37 Strommasten gesprengt wurden, von einer Reihe von Männern der deutschen Volksgruppe, die keinen anderen Ausweg mehr sah, um die Gerechtigkeit im

Land wiederherzustellen. Man wollte ein Zeichen setzen gegen die nach wie vor vom Staat stark forcierte Zuwanderung aus dem italienischen Süden, gegen die Tatsache, dass es der deutschsprachigen Bevölkerung sehr schwer gemacht wurde, Arbeit zu finden, die adäquat bezahlt wurde, sodass sie sich ihrerseits vielfach gezwungen sah, auszuwandern. Es war ein Aufschrei gegen dieses Gefühl der Entheimatung, aus dem eigenen Land verdrängt zu werden und sich nicht mehr zuhause zu fühlen. Das alles wusste Eduard. Und er wusste auch, dass die Situation kritisch war. Man ging nicht zimperlich um mit jenen, die in die Fänge der italienischen Ordnungshüter gerieten. Mit Schaudern erinnerte er sich an die strengen Patrouillen links und rechts an der Grenze, wenn er mit dem Zug von Innsbruck nach Hause fuhr, auch schon lange vor dem 11. Juni 1961. Die vielen Soldaten in Uniform und das schwer bewaffnete Militär hatten ihm da schon Angst eingeflößt. Niemand wollte in dieses Fahrwasser hineingezogen werden und auch nur in die Nähe eines Verdachts geraten, mit der Idee der *Feuernacht* zu sympathisieren. Auch wenn er selbst keinen der Männer, die die Strommasten tatsächlich in die Luft gejagt hatten, kannte, so war Eduard die Vorstellung, sich eine Zeitlang aus Südtirol fernzuhalten, gerade in diesem Juni 1961 durchaus willkommen. *Viel zu viele Argumente, die für den Verbleib in Wangen sprechen*, fand Eduard, und er blieb.

Das Erste, was Eduard machte, als er den unbefristeten Arbeitsvertrag annahm, war, aus seinem Zimmer in der Pfannerstraße auszuziehen. Als Hans Silbernagl ihm das Zimmer besorgte, hatte er nicht wissen können, dass die Vermieter so gar nicht Eduards Fall waren. Eigentlich fand Eduard sie regelrecht komisch. Dieses Ehepaar vermietete in ihrem kleinen Privathaus zwar ein Zimmer, aber mit ihrem Untermieter wollten sie nichts zu tun haben. Wann immer Eduard das Haus betrat, wurden augenblicklich alle Türen geschlossen. Diese akribische Trennung der Privatsphären gefiel Eduard gar nicht. Das galt auch für die gemeinsame Benützung des kleinen Badezimmers. Wer sich wann und wie lange dort aufhalten durfte, wurde genauestens festgelegt. Diese Termine galt es sodann auf das Penibelste einzuhalten. In den vier Wochen Praktikumszeit wollte Eduard nicht viel Aufhebens machen über diesen eigenartigen Umgang, aber nun, als klar war, dass er länger in Wangen bleiben würde, suchte er augenblicklich eine neue Bleibe.

Von der Pfannerstraße wechselte Eduard in den Uhlandweg und zog in das Zimmer von seinem um ein paar Jahre älteren Arbeitskollegen Herbert Mayr, mit dem er sich von Anfang an gut verstanden hatte. Herbert kam aus der Steiermark und hatte für die Skifabrik „Kästle" gearbeitet. Als die Firma „Sohler" anfing, ebenfalls Ski zu fertigen, wurden Leute von „Kästle" abgeworben. Herbert nahm das Angebot an, wechselte zum „Sohler" und bezog in Wangen ein großes Zimmer bei der Familie Hertkorn. Da er dort über ausreichend Platz verfügte, im Zimmer zwei Betten standen und er auch nichts dagegen hatte, den Mietpreis zu verringern, bot er Eduard an, mit ihm zusammenzuziehen. Das Bad teilten sie sich mit den Hertkorns, die ein kleines Mädchen hatten, und in der Küche bekamen sie ihr eigenes Fach im Kühlschrank. Platz genug für Butter, Käse, Wurst. Brot, sofern Bedarf bestand, holten sie nach der Arbeit frisch beim Bäcker. Aber sie haben ohnehin selten in der Unterkunft gegessen. Ein umfangreiches Mittagessen nahmen sie in der einstündigen Mittagspause zu sich. Sie sagten dazu „Abo-Essen". Darunter wurde das täglich wechselnde Arbeitermenü verstanden, das in verschiedenen Wirtschaften in der Innenstadt angeboten wurde. Eduard und Herbert hatten zwei bevorzugte Lokale: den „Baumgarten" und den „Prassberger". Gerne saßen sie aber auch abends noch gemeinsam in einer Wirtschaft beisammen, verspeisten ein Abendbrot und ließen den Tag Revue passieren. Da sie die gleichen Arbeitszeiten hatten, von 7 Uhr morgens bis 17 Uhr am Nachmittag, machten sie sich täglich gemeinsam auf den Weg in die Arbeit, die sie nach etwa zehn Gehminuten erreichten. Herbert steuerte die Skifabrik an und Eduard die Maschinenfabrik.

Die Herausforderungen, vor denen die Firma „Sohler" bei ihren Reinigungsanlagen für die Textilindustrie stand, hatten von Beginn an Eduards Interesse geweckt. Wie einst beim Tüfteln, die Fahrradklingel wieder in Gang zu setzen, begeisterte es ihn nun, für die verschiedenen technischen Probleme, die mit der Produktionseffizienz in den Spinnereien einhergingen, Lösungen zu finden. Als er bei „Sohler" begonnen hatte, hatte man die erste Etappe auf dem Weg zur „Flug"-Entledigung bereits hinter sich. Als „Flug" bezeichnet man in der Textilindustrie die Fasern, die sich durch das Abspulen des Vorgarns lösen, dann in den Spinnereien frei herumfliegen und dadurch den Spinnprozess stören. An den 18 Meter langen Spinnmaschinen, die in großen Hallen in etwa 1,60 Meter Abstand zueinander stehen, befinden sich oben eine Vielzahl großer Spulen mit der vorgesponnenen Baumwolle. Von diesen Spulen wird das Vorgarn in Fäden abgewickelt. Mittels schnellster Rotationsbewegungen werden die Fäden gestreckt, vom anfangs etwas dickerem Umfang hin zu immer dünnerem, erneut zum Faden verdreht und zur Weiterverwendung in der Weberei auf Spulen aufgewickelt. Je schneller dieser Prozess beim Abwickeln vonstattengeht, desto mehr Baumwollfasern lösen sich, was den störenden „Flug“ verursacht. Denn so entstehen Fehler, es gibt Dickstellen im gesponnenen Garn und es kann natürlich vorkommen, dass der Faden dadurch reißt. Es galt somit, diese Flugfasern zu eliminieren. In der ersten Etappe hatte man versucht, durch Geräte, die auf Schienen über die Spinnmaschinen fuhren, den „Flug“ durch Blasen von den Maschinen zu bekommen. Aber den Spinnereibetreibern reichte das nicht aus und sie beanstandeten: „Die Fasern fliegen von einer Maschine zur nächsten. Der Boden ist voll mit diesen Fasern. Baut etwas, das die Fasern absaugt!“ Und so haben sie sich, nun mit Eduard im Team, an die weitere Aufgabe gemacht, um dem „Flug“ in den Spinnereien Herr zu werden. War ein Problem, das durch den Faserflug verursacht wurde, behoben, tauchte schon ein weiteres auf. Mal musste die Reinigung der Filter verbessert werden, mal waren die Siebe, die die Flugfasern auffingen, zu klein, dann war es wieder die Kapazität des Sammelraums für den „Flug“ im Gerät, der zu oft von Hand entleert werden musste. Also wurde an einer automatischen Entleerung getüftelt. An der stetigen Verbesserung ihrer Maschinen war Eduard seit seinem Arbeitsantritt bei „Sohler“ beteiligt. Im Laufe der folgenden 55 Jahre, die er bis zur Pensionierung bei der Firma arbeiten wird, trug er wesentlich zur Entwicklung und Perfektionierung der benötigten Maschinen bei. Zunächst in den Spinnereien, dann in den Webereien. Denn auch dort kannten sie die durch den „Flug“ verursachten Probleme und meinten: „Ihr seid so erfolgreich in den Spinnereien. Macht doch auch etwas für die Weberei!“ Also wurde das Arbeitsgebiet ausgeweitet, und Eduard half fortan mit, die Maschinen der Weber zu perfektionieren. Als 50 Jahre später der Enkelsohn von Hubert Sohler als Chef in die Fußstapfen seines Großvaters getreten war, wandte er sich bewundernd an Eduard: „Herr Wörndle, woher haben Sie nur Ihr umfassendes technisches Wissen?“ Da konnte Eduard nur eine einzige richtige Antwort geben: „Durch meine lange Erfahrung und die Freude, Neues zu entwickeln.“

Als Hubert Sohler der Meinung war, dass Eduard nach seinen Praktikumswochen ausreichend Arbeitszeit in der Firma „Sohler“ zugebracht und genug kennengelernt hatte von den Fahrbahnen mit dem inkludierten Stromübertragungssystem, der Absaugmechanik, dem Getriebe, den verschiedenen Motoren, da schickte er Eduard auf Montage. Seine erste Auswärtstätigkeit führte ihn, da noch in Begleitung des Chefmonteurs, nach Bamberg in die große Spinnerei „Erba“, deren Name sich aus Erlangen und Bamberg zusammensetzte. In dem großen Spinnsaal standen viele Reihen von Spinnmaschinen, alle ausgestattet mit „Sohler“-Reinigungsanlagen. Der Chefmonteur zeigte Eduard, wie er die Reinigungsanlagen zu kontrollieren und die Geräte neu einzustellen hatte. Dann ließ er Eduard alleine und fuhr weiter nach Hof, wo ebenso eine Spinnerei zu kontrollieren war. Nach zwei Wochen kehrte der Chefmonteur zurück, fragte beim Spinnereileiter von „Erba“ nach, wie der Neue sich mache. Als er zu hören bekam, dass man mit dessen Arbeit zufrieden sei, fuhr der Chefmonteur wieder weg, und Eduard blieb, bis er alle Reinigungsanlagen gewartet und neu eingestellt hatte, was schließlich mehrere Wochen dauerte. Als er wieder zurück in Wangen war, dauerte es von da an nie lange, bis Eduard wieder auf Montage geschickt wurde. Zunächst in die verschiedensten Großspinnereien innerhalb Deutschlands.

Eduard gefiel sein neuer Aufgabenbereich immer besser. Er war im Prinzip ständig unterwegs. Kam er von einer Montage zurück, hieß es beispielsweise schon eine Woche später: „Jetzt musst du nach Westfalen!“ Und Eduard packte erneut seinen Koffer für eine mehrwöchige Abwesenheit. Untergekommen ist er auf Montage meistens privat. Das lief häufig so ab, dass er, als er die jeweilige Spinnerei, die ihn angefordert hatte, erreichte, schon vom Pförtner gefragt wurde: „Wie lange wirst du bleiben?“ Und da sich Eduards Arbeitseinsätze meistens über mehrere Wochen erstreckten, wurde ihm sogleich eine Adresse genannt, die sich in der Nähe befand und wo er für die benötigte Zeit ein Privatzimmer mieten konnte. Die Kosten für seine Auslagen, die sie „Auslösung“ nannten, übernahm die Firma. Da Eduard aber praktisch nie den ganzen Tagessatz von 32 Deutsche Mark, die die Kunden pro Tag für Kost und Logis ausbezahlten, ausgab, konnte er sich von seiner „Auslösung“ immer auch noch etwas ersparen. Was nötig war, denn Eduard hatte doch die doppelten Ausgaben. Schließlich musste er auch für seine Unterkunft in Wangen aufkommen, wenngleich er sich immer seltener dort aufhielt. Inzwischen bewohnte Eduard zudem das ursprünglich gemeinsame Zimmer alleine, da Herbert geheiratet hatte und ausgezogen war. Somit hatte Eduard auch die Kosten alleine zu tragen.

Natürlich war auch seinen Vermietern, der Familie Hertkorn, aufgefallen, dass ihr Untermieter meist nur wenige

Tage im Monat in Wangen verweilte. Er kam, stellte seine Koffer ab, machte in der Firma seine Abrechnungen und erhielt zwei, drei Tage später auch schon einen neuen Auftrag, der ihn erneut für mehrere Wochen auswärts beschäftigte. Als die Familie Hertkorn wiederholt die Sinnhaftigkeit nach einer permanenten Unterkunft in Frage stellte, hatte schließlich auch Eduard ein Einsehen und ließ das Zimmer auf. Mit der Folge, dass er nun aber gar keine fixe Bleibe mehr hatte. Sicher, auf Montage bewohnte er für mehrere Wochen verschiedene Privatzimmer, aber ein richtiges Zuhause war das nie. Wenn er nach Wangen zurückkam, bezog er, bis er einen neuen Auftrag erhielt, ein Zimmer im Gasthof „Baumgarten" oder im Gasthof „Prassberger".

Inzwischen hatte man Eduard nicht mehr nur innerhalb Deutschlands, sondern wiederholt auch nach Oberitalien, Österreich, in die Schweiz, nach Belgien und Holland auf Montage geschickt. Überall befanden sich Spinnereien, die mit „Sohler"-Reinigungsanlagen ausgestattet waren und die regelmäßig gewartet werden mussten. Eduard gefiel das Reisen immer besser. Was ihm aber doch zu schaffen machte, waren die Komplikationen, die er bekommen konnte, wann immer er die deutsche Staatsgrenze passierte. Für einen Ausländer, der er in Deutschland nun mal war, war es zwingend notwendig, sowohl Arbeits- als auch Aufenthaltserlaubnis in Deutschland vorweisen zu können. Für die Arbeitserlaubnis war der Arbeitsplatz nötig. Um aber eine Aufenthaltserlaubnis zu bekommen, war der feste Wohnsitz ausschlaggebend. Und den konnte Eduard nun, da er keine fixe Bleibe mehr hatte, nicht mehr präsentieren. Als er schließlich nach einem seiner Montageeinsätze bei der Einreise nach Deutschland zum wiederholten Mal eine unangenehme Kontrolle durch die Zollbeamten über sich ergehen lassen musste, wusste er, so kann es nicht weitergehen.

„Herr Sohler, das wird alles zu kompliziert“, begann Eduard die Unterredung mit seinem Chef. Jetzt sei er schon das dritte Mal an der Grenze angehalten worden: „Sie wissen, man wird streng unter die Lupe genommen.“ Es sei mehr als fraglich, ob er ein weiteres Mal nach Deutschland einreisen könne. Er brauche unbedingt wieder einen festen Wohnsitz.

„Karl-Hirnbein-Straße 20, das ist dein Wohnsitz“, hatte Hubert Sohler mit der Firmenanschrift dann schnell eine Lösung parat. Er erzählte Eduard von der Kammer, die sich ein Betriebsleiter einmal hergerichtet hatte. Die befände sich gleich neben der Werkshalle und die könne Eduard beziehen. Auch wenn er nie eine Nacht in dieser Kammer verbracht hatte, war damit tatsächlich das Wohnsitzproblem erledigt, und Eduard erhielt erneut eine Aufenthaltserlaubnis.

Unter der Post an seine neue Wohnadresse, die Eduard 1963 zugestellt worden war, befand sich sodann bald auch ein Brief von der Bozner Quästur, dem Polizeikommissariat, in dem ihm der Termin seiner Musterung mitgeteilt wurde. Eduard war inzwischen 20 Jahre alt und italienischer Staatsbürger. Dass man sich beim italienischen Heer der Tauglichkeit seiner wehrfähigen Männer versichern wollte, war Usus. Und natürlich hätte Eduard nie gewagt, diesen Bescheid zur Musterung zu ignorieren. Damit hätte er sich auch die Möglichkeit, nach Italien zu fahren, gänzlich vertan. Was ebenso bedeutet hätte, dass er nicht mehr hätte nach Seis kommen können. Und nicht mehr nach Hause zu dürfen, seine Mutter nicht mehr besuchen zu können, das wäre für Eduard nie infrage gekommen. Also setzte er sich in den Zug und fuhr nach Bozen zur Musterung. Als er wenig später von seiner Tauglichkeit erfuhr, saß er bei seiner Mutter in der Küche zur gemeinsamen Beratung.

„Jetzt mach das Militär, dann hast du deine Ruhe!", war der Rat der Mutter, die sich mit Schrecken der verschiedenen Gerüchte entsann, die im Umlauf waren und die sich alle auf Südtiroler bezogen, denen an der Grenze wegen des nicht absolvierten Militärdienstes übel mitgespielt worden war. Von Horrorszenarien, die sich zugetragen hatten, bis hin zu harten Bestrafungen bekam man alles zu hören. Auch Eduard waren diese Berichte nicht unbekannt und sie trugen mitnichten dazu bei, dass ihm leichter ums Herz wurde. Sicher, es gab die Möglichkeit, den Militärdienst aufzuschieben, wenn man im Ausland eine Arbeitserlaubnis und eine Aufenthaltserlaubnis hatte. Aber das war alles andere als eine angenehme Sache. Jedes Mal, wenn man nach Italien einreisen wollte, hatte man dafür auf dem italienischen Konsulat vorstellig zu werden. In Eduards Fall befand sich dieses im circa 200 Kilometer von Wangen entfernten Stuttgart. Auf dem Konsulat musste jede Einreise nicht nur genehmigt werden, es war auch anzugeben, wie lange man bleiben wollte. Und mehr als vier Wochen Aufenthalt waren ohnehin nicht gestattet. Eduard ließ sich schließlich von der Mutter überzeugen. Zum einen wollte er ungehindert nach Seis zu seiner Mama fahren können, wo er sich aufhielt, wann immer er die Gelegenheit dazu hatte, zum anderen war ihm besonders viel daran gelegen, dass er wieder ungehindert Reisen konnte. Und wenn der *congedo* in der Tasche dies gewährleistete, dann wollte er den Militärdienst absolvieren. Je eher, desto besser.

Zurück in Wangen ging Eduard sogleich zu seinem Chef, um ihm seine Absicht, den 15-monatigen Militärdienst in Italien ableisten zu wollen, mitzuteilen.

„Blödsinn!“, war Hubert Sohlers umgehende Antwort, der nichts davon wissen wollte.

„Aber die werden mich nicht in Ruhe lassen. Die werden mich holen kommen. Ganz bestimmt sogar!“, war Eduard überzeugt, da ihm die kursierenden Berichte über rigide Methoden der italienischen Militärpolizei noch im Ohr nachhallten.

„Die sollen nur kommen! Dann sage ich denen, dass du auf den Philippinen auf Montage bist!“, bekräftigte Hubert Sohler in der festen Annahme, er würde Eduard damit einen Dienst erweisen. Aber dem war nicht so, denn Eduard war mit dieser unsauber gelösten Situation gar nicht zufrieden. Er wollte den Militärdienst ableisten, um in Ordnung zu sein. Dies, so beteuerte er, sei auch die Meinung der Mutter, die wolle, dass er zu jeder Zeit ohne Probleme nach Hause kommen könne. Und das, versicherte Eduard, „will auch ich!“.

Nach seiner Einberufung kam Eduard zunächst für zwei Monate nach Arezzo zur Ausbildung, dann wurde er nach Florenz versetzt, gemeinsam mit vier weiteren Südtirolern. Kurt Komiss war aus Sigmundskron, Uli Kofler stammte aus Deutschnofen, Heinrich Zingerle kam aus dem Gadertal und Flavio Tomasi war in Meran zuhause. Die gemeinsame Herkunft aus Südtirol hat sie natürlich zusammengeschweißt. Ihr starker Zusammenhalt kam aber auch daher, dass man sie die ersten Monate gesondert behandelt hatte. Anfänglich bekamen sie das gar nicht so recht mit, erst als die *naioni* aus den anderen italienischen Provinzen beanstandeten, warum die fünf *altoatesini* nie zur *guardia*, zum Wachdienst, eingeteilt waren, wurden sie stutzig. Aber ausgemacht hat es ihnen wenig, denn sich beim Wachdienst die Nächte um die Ohren zu schlagen, war keineswegs eine begehrte Pflicht gewesen. Erst später hat Eduard in Erfahrung bringen können, dass das nichts mit Schikane zu tun hatte, sondern vielmehr der Vorkehrung galt. Gemäß der Order – so hatte man ihm im Vertrauen erzählt – sollten keine Südtiroler dort eingesetzt werden, wo sie freien Zugang zu Waffen und Munition hatten. *Geradezu lächerlich!*, wie Eduard fand, und nicht nur er. Der Ruf, schießwütig zu sein, war auch den anderen Wehrpflichtigen kein ausreichender Grund, um vom ungeliebten Wachdienst verschont zu werden. Als sich die Reklamationen dann dermaßen häuften, gerieten die oberen Verantwortlichen allmählich in Erklärungsnot, sodass schließlich auch Eduard, Kurt, Uli, Heinrich und Flavio in die Pflicht genommen wurden. Eduard empfand den Wachdienst, selbst jenen in der Nacht, halb so wild. Wie er überhaupt seinen ganzen Militärdienst als tadellose Zeit erlebte. Sicher, beruflich waren es verlorene Monate, aber er hatte gute Kollegen gefunden. Seine vier Südtiroler Freunde, natürlich, aber auch unter den Italienern waren die meisten angenehme Zeitgenossen.

Wenn Eduard es genau bedachte, dann empfand er die 15 Monate Militärdienst sogar als recht gute Zeit. Und ganz nebenbei hat er ziemlich gut Italienisch gelernt. Dies alles trug dazu bei, seinen von zuhause her übernommenen Unmut den Italienern gegenüber zu relativieren. Schließlich sah Eduard auch ein, dass diese negative Einstellung kaum auf seinen eigenen Erfahrungen gründete. Hier in Florenz, weit weg von Südtirol, waren die Italiener den Südtirolern gegenüber allerdings auch weit positiver eingestellt. Auch das hatte Eduard bemerkt. Es kam sogar vor, dass ein Leutnant besonders zuvorkommend war, wusste er einen Südtiroler vor sich. Wie jener *tenente* aus dem Friaul, der den bezeichnenden Namen Del Nord trug. Eduard empfand ihn als einen überaus liebenswürdigen Menschen, der Gefallen daran fand, mit Eduard seine Späße zu treiben. Und Eduard seinerseits überspannte dann auch gerne den Bogen, sodass es eine Zellenhaft nach der anderen für ihn hagelte. Schließlich hatte Eduard ganze 21 Tage beieinander, die er eigentlich in Einzelhaft ohne Schnürsenkel und Hosenriemen, dafür in einer Zelle mit nur einer Pritsche und einer Kloschüssel hätte absitzen müssen. Aber gesessen hat er keinen einzigen Tag. Das lag am netten Charakter des *tenente* Del Nord, aber auch an Eduards Voigtländer Kamera.

Noch in Wangen hatte Eduard sich einen guten Fotoapparat zugelegt. Selbstverständlich hatte er seine Voigtländer auch in Florenz dabei. Nicht, dass er eine besondere Passion fürs Fotografieren gehabt hätte, aber die Italiener waren ganz erpicht auf seine Fotos. Stapelweise wurden sie bei ihm geordert. Ein jeder, ob gemeiner Soldat, Leutnant oder Oberstleutnant, alle wollten sie bei jeder Gelegenheit ein Bild von sich in Uniform, in bewaffneter Pose, vor einer Kanone stehend, auf einer Haubitze sitzend oder an einem Militärjeep lehnend. Und Eduard hatte seinerseits seine Chance erkannt. Seine begehrte Ware bescherte ihm einige Vorteile. So erhielt er beispielsweise einen sehr anständigen Arbeitsplatz im Materiallager, wo er für sämtliche Waffen zuständig war. Nicht nur, dass ihn diese übergeordnete Tätigkeit vor manch schweißtreibendem Marschieren auf dem staubigen Platz bei brütender Hitze bewahrte, er konnte auch noch einem weiteren Kameraden, für den er gerade Mitleid empfand, helfen, indem er zum Leutnant sagte, er benötige Hilfe beim Putzen der Geräte und Gewehre. Außerdem konnte er sich ein Zubrot verdienen, denn die in Auftrag gegebenen Fotos händigte er nur gegen Bezahlung aus. Und bald hatte Eduard verstanden, dass er aus einer Filmpatrone mit 36 Bildern durch geschicktes Drehen leicht 50 Bilder herausbrachte. Auf diese Weise entwickelte sich Eduards Fotogeschäft zu einem lukrativen Nebenerwerb, der ihm zudem zu einer Position verhalf, die ihm äußerst viel Sympathie einbrachte. Mit vielen guten Erinnerungen, verwahrt in seinem Herzen und sichtbar auf jeder Menge Fotografien, verließ Eduard nach 15 Monaten mit dem *congedo* in der Tasche die *naia*, wissend, dass er nun nicht nur ohne Probleme und so oft er wollte aus Italien aus- und einreisen konnte, sondern auch, dass er in Seis bleiben konnte, solange er wollte. Bereits auf seiner erneuten Fahrt über den Brenner war sich Eduard gewiss: *Das Militär zu machen, ist eine der besten Entscheidungen überhaupt gewesen.*

Bei „Sohler“ hatte man Eduard, als er im Herbst 1964 nach seinem Militärdienst wieder in Wangen eintraf, nicht nur den Platz freigehalten, sondern ihn sogar mit Handkuss wieder aufgenommen. Denn auch in der Firma waren die Uhren in der Zwischenzeit nicht stehen geblieben. Längst hatte man begonnen, seine Fühler auch außerhalb Europas auszustrecken und „Sohler“-Reinigungsanlagen in fernere Länder zu verkaufen. Wartung und Reinigung inklusive. Eduard wurde händeringend erwartet, um nun erstmals als Obermonteur auf Montage geschickt zu werden. Und er konnte es kaum erwarten, sein ihm lieb gewordenes Leben aus dem Koffer wieder aufzunehmen.

Als hätte es die 15-monatige Unterbrechung gar nicht gegeben, hat Eduard wieder dort begonnen, wo er vor dem Militärdienst aufgehört hatte. Er bezog, wenn er in Wangen war, das eine oder andere Zimmer beim „Baumgarten“ oder beim „Prassberger“ und hatte ansonsten alles, was er für unterwegs benötigte, in seinem Koffer dabei. Nach den Erfolgen mit den installierten Anlagen in Belgien, Mexiko, Spanien, Italien, Jugoslawien, Ägypten und im Iran hatte „Sohler“ die Fertigungskapazität ausgebaut und hatte nun die Absicht, auf dem in der Textilbranche aufstrebenden asiatischen Markt Fuß zu fassen. Eduard wurde somit nach Asien geschickt, um diesen Markt zu erschließen. Im Zeitraum von drei Monaten bereiste Eduard nacheinander Korea, Taiwan, Hongkong, die Philippinen, Singapur, Indonesien und Thailand, klapperte Spinnerei für Spinnerei ab und stellte die „Sohler“-Reinigungsanlagen vor. Es galt zunächst, das Interesse zu wecken und die Leute zu überzeugen. Vor Ort hatte Eduard auch Vertretungen zu suchen, die in der Textilmaschinenbranche tätig waren, und diese bei seinen Verkaufsgesprächen und zur Schulung manchmal auch schon zur Maßaufnahme mitzunehmen. Mitunter entpuppten sich die Inhaber der Betriebe aber als äußerst hartnäckig. Da sie die Katze nicht im Sack kaufen wollten, verlangten sie nach einer Testphase, was auf die Installation einer Probeanlage hinauslief. Häufig bekam Eduard zu hören: „Suchen Sie sich eine Spinnmaschine aus, machen Sie Ihre Anlage darauf. Wir bezahlen aber nichts“, und er musste entscheiden, ob er das Risiko eingehen und dem Betrieb sein Vertrauen schenken wollte oder eben nicht. War Eduard der Meinung, *Der Drecksbetrieb geht ohnehin bald Pleite!*, dann ließ er die Finger davon. War er dagegen von den Kapazitäten und der Arbeitsweise eines Betriebes beeindruckt, gab Eduard die Produktion der Probeanlage in Wangen in Auftrag, wartete, bis diese angeliefert wurde, und baute sie auf.

Überall auf der Welt war Eduard anzutreffen. In Asien und Australien, im Norden Amerikas bis hinunter nach Chile, genauso wie in vielen Ländern auf dem afrikanischen Kontinent. Eduard genoss das Reisen und seine Freiheit. Sein eigener Chef zu sein, selbst Entscheidungen zu treffen, das war das Seine. In Wangen war er wenig anzutreffen. Dort tauchte er nur auf, um einen Auftrag, von dem er nach Wochen der Abwesenheit zurückgekehrt war, abzurechnen oder einen neuen Auftrag entgegenzunehmen. Nicht selten, dass die Chefleute bei „Sohler" gar nicht so genau wussten, in welchem Land sich Eduard gerade aufhielt. Aber Kontrolle war auch keine nötig, sie wussten in Eduard einen loyalen Mitarbeiter, auf den sie sich verlassen konnten und der dieses Leben auf Reisen gewissermaßen im Blut hatte.

Auch mit einigen Sprachen arrangierte sich Eduard. Italien stellte nun, mit seinen Italienischkenntnissen, ohnehin kein Problem mehr dar. Über das Italienische bekam er den Klang des Französischen schnell ins Ohr. In Belgien und Holland tat er sich mit dem Flämischen nicht schwer und Spanisch hatte Eduard sich allmählich angeeignet, sodass er damit auch in Mittel- und Südamerika gut zurechtkam. Da er aber nie Englisch gelernt hatte, musste er sich anfangs mit Händen und Füßen verständigen, wenn nicht gerade Deutsche zugegen waren. Wie beispielsweise in Korea, wo er durch „Rieckermann“, einem alten deutschen Handelshaus, beim Zugang zu den Kunden unterstützt wurde. So kam er mit Deutsch gut weiter. In Taiwan wurden ihm zwei Chinesen zur Seite gestellt. Mit ihnen konnte er entweder auf Englisch oder Mandarin sprechen. Da Eduard nun weder die eine noch die andere Sprache beherrschte, wurde ein Dolmetscher hinzugezogen. Der junge Student konnte dann zwar etwas Deutsch, aber vom Technischen hatte er keine Ahnung. Also wandten sich die beiden Chinesen doch wieder an Eduard, der sich mit Gestik und Mimik und ein paar Brocken Englisch schließlich wesentlich verständlicher auszudrücken vermochte als der Übersetzer. In Hongkong gab es einen Vertreter von „Siber Hegner“, ebenso ein altes Handelshaus, das bereits in Hamburg und Bremen angesiedelt war, und Eduard konnte seine Arbeiten wieder auf Deutsch abwickeln. Solche deutschen Handelshäuser gab es viele auf der ganzen Welt, neben „Rieckermann“ und „Siber Hegner“ auch „Melchers“, „Ferrostaal“ oder „Coutinho Caro“. In Manila, der Hauptstadt der Philippinen, stellte man Eduard eine Lehrerin als Dolmetscherin zur Seite, und das Spiel von Taiwan wiederholte sich, mit der Folge, dass man die Übersetzerin wieder verschickte. Denn die reine Sprachkenntnis ohne technisches Verständnis war völlig unzureichend für die fachliche Erläuterung von Eduards Arbeit.

Beim Schriftverkehr, den Eduard mit den Kunden auf der ganzen Welt führen musste, bekam er im Büro bei „Sohler“ allerdings optimale Unterstützung von der sprachgewandten Linda Turra. Lindas Eltern stammten aus dem Trentino und waren in den 1950er-Jahren als Gastarbeiter in den Textilbetrieb „Erba“ gekommen. Linda erledigte 22 Jahre lang

Eduards Korrespondenz. Sie sprach von Haus aus Italienisch, beherrschte neben Deutsch aber auch Spanisch, Französisch und Englisch. Als sie unerwartet mit nur 44 Jahren verstarb, war dies für alle im Betrieb ein regelrechter Schock.

Keine Verständigungsprobleme hatte Eduard auf seinem Rückflug von Sydney nach Singapur. Mit ihm im Flugzeug saß die italienische Skimannschaft, die auf der Heimreise vom Training am 3724 Meter hohen Mount Cook war. Bereits im Flugzeug war die Stimmung ausgelassen. Gesprochen wurde italienisch wie deutsch, da auch einige Südtiroler unter den italienischen Skifahrern waren, genauso wie der deutsche Skirennläufer Markus Wasmeier. Als das Flugzeug in Singapur landete, bedeutete dies für die Skimannschaft nur einen mehrstündigen Zwischenstopp. Nicht aber für Eduard. Er bezog ein Hotelzimmer, da er für einen Auftrag mehrere Tage in Singapur zu tun hatte. Da ihm noch im Flugzeug zwei Skifahrer lamentierend in den Ohren gelegen hatten, dass sie in Ermangelung eines Hotelzimmers auf dem ewig langen Flug keine Möglichkeit zum Duschen hätten, hatte Eduard angeboten, dass sie sein Bad im Hotelzimmer nutzen konnten. Da er den beiden beim Duschen ihre Ruhe lassen wollte und weil er ohnehin noch zu einem Kundengespräch musste, machte er sich auf den Weg. Als er später allerdings zurückkam, fand er im Zimmer die halbe Skimannschaft vor, und das ganze Bad stand knöcheltief unter Wasser.

Ganz und gar nicht lustig, aber dafür umso beeindruckender war für Eduard die Trauerfeier im übervollen Münchner Olympia-Stadion am 6. September 1972. Diesmal war er von „Sohler“ beauftragt worden, zu Verkaufsgesprächen nach

Syrien zu fliegen. Zeitig in der Früh war er mit dem Zug aus Wangen nach München gekommen. Da die Zeit reichte, hatte er beschlossen, an der Trauerfeier im Olympia-Stadion teilzunehmen, und stand nun dichtgedrängt inmitten der Menschenmassen. An die 70.000 Personen sollen es offiziell gewesen sein, wird er später erfahren. Die Stimmung war voller Trauer, Unverständnis, Ohnmacht. Etwas Ungeheuerliches war tags zuvor geschehen. In den frühen Morgenstunden des 5. September hatten Mitglieder der palästinensischen Terrorgruppe „Schwarzer September" das Quartier des israelischen Herrenteams im olympischen Dorf gestürmt. Bei dem Überfall und im Zuge eines missglückten Befreiungsversuchs durch die Polizei starben elf israelische Sportler, ein deutscher Polizist und fünf der Geiselnehmer. Der Anschlag war so grausam, wie er unbegreiflich schien. Bei all den Beteuerungen der tiefen Betroffenheit, die in den Reden und Ansprachen deutlich wurden, hörte man aber vor allem den unbedingten Willen, sich dem Terrorakt nicht zu beugen. Wenn das Unbeschwerte der XX. Olympischen Sommerspiele mit dem brutalen Angriff auch der Vergangenheit angehörte, so entschied man doch, die Wettkämpfe nach dem Trauertag fortzuführen. Was für die vielen Sportler aus aller Welt galt, das galt auch für Eduard. Nach der bewegenden Trauerrede von Walter Scheel, dem damaligen deutschen Außenminister, hatte er sich wieder auf den Weg gemacht, um rechtzeitig den Flughafen zu erreichen. Direktflüge von Deutschland nach Syrien gab es aufgrund der prekären Lage keine, also musste er den Umweg über Kairo nehmen. In Kairo stieg Eduard in das Flugzeug, das ihn schließlich nach Damaskus brachte, an diesem 6. September 1972.

Die politischen Wirren belasteten Eduard während seines Aufenthalts in Syrien wenig, er war mit seinem Auftrag vollauf beschäftigt. Nur als die Israelis gerade mal vier Kilometer vor Damaskus Bomben abwarfen, als Antwort auf die Attentate im Olympia-Stadion in München, da befand sich Eduard plötzlich selbst inmitten des Krisenherdes. Damaskus wurde abgeriegelt. Aus ganz Syrien kam niemand mehr heraus oder hinein. Es gab keine Züge mehr, keine Flugzeuge. Jede Verbindung nach außen war abgebrochen. Kein Telefon, kein Telex. Weder konnte Eduard Nachricht über sein Befinden verschicken, noch konnte man ihn von Wangen aus erreichen. Und in der Firma machte man sich die größten Sorgen um ihn, wie er später erfuhr. Alle waren in höchster Aufregung aufgrund des Kriegszustandes, und dass sie ohne Kontakt zu ihrem Mitarbeiter waren, ließ ihnen keine ruhige Minute mehr. Zu Recht. Denn Eduard ist es in Damaskus wirklich nicht gut gegangen. Zu seiner Isolation kam schließlich auch noch ein auf das Schlimmste verdorbener Magen. Bis sich eine Möglichkeit bot, das Land zu verlassen, hatte Eduard im Hotel gesessen und ausgeharrt. Als ihn der Hunger plagte, beschloss er, sich nach draußen zu wagen, um etwas Essbares aufzutreiben. Er fand einen Straßenhändler, der Hammelfleisch von einem großen Fleischspieß abschnitt und als Kebab anbot. Eduard stellte sich in die Menschenschlange vor ihm und wartete, bis er an der Reihe war. Er verfolgte mit seinen Augen, wie der Straßenhändler das vom Spieß geschnittene Hammelfleisch abwechselnd mit ein paar Salatblättern in ein rundes Fladenbrot stopfte. Bevor Eduard das Fladenbrot ausgehändigt bekam, sah er aus dem Augenwinkel, wie der Straßenhändler eine Flüssigkeit aus der Abtropfschüssel unter dem Fleischspieß herauslöffelte und in das Fladenbrot goss. Auch, wenn Eduard dies bereits eigenartig erschien, so siegte doch der Hunger vor der Vernunft und er biss beherzt zu. Augenblicklich spürte er etwas Unangenehmes, Kaltes. Als er den ersten Bissen hinuntergeschluckt hatte, dauerte es gefühlt keine fünf Minuten, bis ihm sofort anders zumute wurde. Gerade noch rechtzeitig, ehe sein Körper begann, sich durch verschiedene Abwehrreaktionen der giftigen Keime zu entledigen, schaffte es Eduard zurück ins Hotel. Dort lag er mehrere Tage. Hundeelend und mehr tot als lebendig.

Nach etwas mehr als einer Woche nach den Bombenabwürfen fand ihn der Vertreter, mit dem die Firma „Sohler" in Damaskus arbeitete. Er habe einen Dolmus, ein Sammeltaxi, für Eduard organisieren können. Der Dolmus-Fahrer sei bereit, auf eigene Gefahr, aber gegen Bezahlung, Eduard nach Beirut zu bringen, denn offiziell war es nach wie vor nicht möglich, aus Syrien herauszukommen. Trotz seines miserablen Zustandes, der verdorbene Magen hatte sich zu einer waschechten Lebensmittelvergiftung ausgewachsen, hatte Eduard sofort seine Sachen gepackt und sich zum Dolmus geschleppt. Ruckelnd fuhren sie über die Berge. Die unvermittelt einsetzenden Brechattacken hatten sich zwar inzwischen gelegt, aber sein Magen wollte nach wie vor nichts bei sich behalten. Wenngleich ihm speiübel zumute war, nahm Eduard doch die vielen Sandsäcke wahr, die an den Straßenrändern aufgebaut waren. In den Zwischenräumen konnte er Läufe von Maschinengewehren ausmachen. Diese Läufe gingen mit ihnen mit und begleiteten ihre Fahrt an den Sandsäcken vorbei, bis sie außer Sichtweite waren. Eine falsche

Bewegung, und die Männer mit dem Finger am Abzug hätten losgeschossen. Das war allen im Dolmus unweigerlich klar gewesen. Als sie die Grenze zum Libanon passierten, atmeten sie mehr als erleichtert auf. Nach unzähligen Stunden spektakulärer und durchwegs gefährlicher Fahrt waren sie schließlich wohlbehalten in Beirut angekommen. Eduard ließ sich gleich zum Flughafen bringen, wo er versuchen wollte, in die Türkei nach Ankara zu gelangen und von Ankara nach Adana. Denn diese Stadt im türkischen Süden war Eduards nächste Station, so lautete der Auftrag, als er von Wangen nach Syrien aufgebrochen war. Selbst eine schlimme Lebensmittelvergiftung war für Eduard kein Grund, seiner Arbeitspflicht nicht nachzukommen.

Sprachlich gab es in Adana keine nennenswerten Probleme, da die Spinnerei, in der Eduard Details für „Sohler"-Reinigungsanlagen aufnehmen sollte, gerade von Monteuren aus der Schweiz neu aufgebaut wurde. Aber sein verdorbener Magen machte Eduard immer noch arg zu schaffen. Als er sich Hans Lori, dem Schweizer Chefmonteur, anvertraute, indem er erzählte, dass es ihm hundsmiserabel gehe und er nichts bei sich behalten könne, da meinte Hans lapidar: „Du bist ja auch ganz bleich im Gesicht!", und gab sogleich pragmatische Anweisungen, wie Eduard sich ernährungstechnisch zu verhalten habe: „Heute am Abend: Tee und Zwieback. Sonst nichts! Morgen zum Frühstück: Tee und Zwieback. Sonst nichts!" Lediglich zum Mittagessen, wenn in der Kantine auch immer eine Suppe zur Auswahl stand, erlaubte Hans „seinem Patienten" eine geringe Menge davon zu sich zu nehmen. Nach mehreren Tagen strengster Diät war Eduard dann so weit wiederhergestellt, dass er den Auftrag in Adana trotz seiner gesundheitlichen Probleme abschließen konnte. Bald darauf saß er im Flugzeug zurück nach Wangen, wo er umgehend eine Arztpraxis aufsuchte.

„Ihre Innereien sind total versaut! Da hilft nur eine Rollkur", konstatierte der Arzt trocken. Froh, endlich eine Diagnose gestellt und eine Therapie genannt bekommen zu haben, nahm Eduard sich ein paar Tage Urlaub, die er in Seis verbrachte. Seine Mutter packte ihren abgemagerten und für ihre Begriffe sehr schlecht aussehenden Sohn umgehend ins Ehebett auf die Seite des verstorbenen Vaters, sodass Eduard ausreichend Platz hatte, um die Rollkur anzuwenden. Nacheinander verlagerte er tagelang sein Gewicht durch Rollen seines Körpers in verschiedene Richtungen, damit die zuvor eingenommenen Medikamente von überall auf die Magenschleimhäute einwirken konnten. Während Eduard, sich von einer Seite auf die andere rollend, darauf wartete, dass sein Magen wieder vollends in Ordnung kam, vertrieb er sich die Zeit mit Nachdenken. Über sich. Über sein Leben aus dem Koffer. Über Ida. Und darüber, dass seine zwei Lieben – einmal das Reisen in der Welt und einmal seine Beziehung – sich manchmal gehörig im Weg standen.

Einander kennengelernt hatten sich Ida und Eduard nicht lange, nachdem er den Militärdienst beendet hatte. Seine Schwester Frieda war inzwischen mit einem Bäcker verheiratet und gemeinsam hatten sie eine Bäckerei in St. Leonhard in Passeier gepachtet. An den Freitagen und Samstagen hatten sie in der Bäckerei stets Großbetrieb. Wann immer es Eduard möglich war, kam er schon am Freitagabend von Wangen ins Passeiertal, um beim Brotversand mitzuhelfen, und blieb bis zum Sonntag. Ida, die im Dorf gleich neben der

Bäckerei wohnte, und Eduard waren einander schnell sympathisch, und so kam eins zum anderen. Über viele Jahre war der Hauptgrund seines Pendelns ins Passeiertal dann weniger die Mithilfe in der Bäckerei als vielmehr Zeit mit Ida. Und weil Zeit, aufgrund von Eduards Dienstplänen, nicht immer ausreichend für Gemeinsamkeit zur Verfügung stand, verbrachten sie wenigstens ihre Urlaube miteinander. So auch damals in der Karwoche, als er mit Ida zum Skifahren nach Cervinia ins italienische Aostatal fuhr. Während sich Eduard noch über entspannte Tage mit seiner Freundin freute und darauf, endlich nur sich selbst und Ida verpflichtet zu sein, da ließ man ihm am Mittwochabend vor Ostern von der Hotelrezeption ausrichten, ein Herr Hubert Sohler warte darauf, umgehend von Eduard zurückgerufen zu werden. *Woher weiß der überhaupt, dass ich in Cervinia bin*?, dachte sich Eduard noch, während er sich ausmalte, wie sein Chef wohl jeden Hebel in Bewegung gesetzt haben muss, um ihn zu finden. Aber selbstverständlich tätigte Eduard, pflichtbewusst wie er war, noch in der Nacht den Rückruf.

„Du musst am Freitag nach Korea fliegen!“, eröffnete Hubert Sohler, nervös und erleichtert, Eduard endlich am Apparat zu haben, umgehend sein Anliegen.

„Wieso? Am Karfreitag?“, stammelte Eduard etwas perplex, und weil ihm langsam dämmerte, warum sein Chef ihn so verzweifelt gesucht hatte, wagte er mit: „Aber es ist doch Ostern!“, einen letzten Versuch, den vorzeitigen Urlaubsabbruch abzuwenden.

„Die Koreaner haben gesagt: ‚Wenn er nicht kommt, dann ist der Auftrag verloren!‘“ Mehr brauchte Hubert Sohler wirklich nicht zu sagen, um Eduard über den Ernst der Lage ins

Bild zu setzen. Der Skiurlaub wurde abgebrochen. Bereits am nächsten Morgen fuhr Eduard zurück nach Wangen, stieg am Karfreitag in München ins Flugzeug und landete wie befohlen am Samstagmorgen in Korea.

Eduards enge berufliche Bindung zum Betrieb „Sohler", seine dort hochgeschätzte Kompetenz und die damit einhergehende Unabkömmlichkeit, hatte sich immer mal wieder negativ auf eine private Bindung ausgewirkt. So manche Beziehung hatte dem ständigen Leben auf Reisen nicht standgehalten. Mitunter war es auch Eduard, der lieber einer Beziehung den Laufpass gab, als auf das Herumreisen und die Freiheit, die er dabei genoss, zu verzichten. Aber bei Ida wollte Eduard eine Ausnahme machen. Da er wusste, Ida würde Südtirol niemals verlassen, wäre er bereit gewesen, für sie zurückzukehren. Sie hatten schon Zukunftspläne geschmiedet. Zusammen wollten sie sich eine Wohnung kaufen, sich auf ein gemeinsames Leben einlassen. Aber dann machte Eduard doch einen Rückzieher. Die Perspektivlosigkeit, die Eduard bei seinen Gedanken nach einem geeigneten Arbeitsplatz für sich im Passeiertal im Kopf herumschwirrte, gab letztlich den Ausschlag, dass er kalte Füße bekam. Die Perspektivlosigkeit und die Tatsache, dass er sich neu verliebt hatte.

Alena hatte Eduard kennengelernt, als er Anfang der 1970er-Jahre für „Sohler" nach Brünn in Tschechien beordert wurde. Diesmal nicht zum Verkauf, sondern, um die „Sohler"-Reinigungsanlagen auf einem Messestand der Internationalen Maschinenbaumesse zu präsentieren. Alena, die Meisterin in einem riesigen tschechischen Textilbetrieb war und sehr gut deutsch sprach, stand eines Morgens vor Eduards Messestand. Sie war für ihren Betrieb an den „Sohler"-Reinigungsanlagen interessiert und ließ sich von ihm Vorzüge und Bedienung erklären. Darüber hinaus kamen sie ins Reden, erkannten, dass sie einander gut verstanden und tauschten Telefonnummern aus. Als bereits am späten Nachmittag desselben Tages das Telefon bei Eduard klingelte, wunderte er sich dennoch, dass er bei der Frage, „Was machst du heute Abend?“, Alenas Stimme erkannte. Einen Moment lang konnte Eduard sich nicht entscheiden, ob er sich über Alenas Interesse geschmeichelt fühlen oder ob er nicht doch dem leichten Unbehagen, das er in seiner Magengrube spüren konnte, nachgeben sollte. Denn schließlich war er mit Ida liiert, auch wenn in letzter Zeit nicht mehr nur eitel Sonnenschein in ihrer Beziehung herrschte und es schon den einen oder anderen Streit zwischen ihnen gegen hatte. Ida drängte nach ihrer inzwischen sechsjährigen Beziehung auf den Beginn der gemeinsamen Zukunft in Südtirol, während Eduard sich zunehmend unter Druck gesetzt fühlte. Immer öfter hatte er gespürt, dass er nicht bereit war, sein Leben, das Reisen, seine Freiheit, aufzugeben. Als er nun nach Brünn auf die Messe geschickt worden war, war er über die damit verbundene Beziehungsauszeit sogar froh gewesen. Und weil er Alena jetzt am Telefon zudem schlecht sagen konnte, dass er einem frühen Zubettgehen dem Abend mit ihr den Vorzug gab, stimmte er der Verabredung zu.

Das gemeinsame Essen in einem Lokal in der Brünner Innenstadt verlief in entspannter Atmosphäre und bei angenehmen Gesprächen. Eduard und Alena fiel es zunehmend schwerer, ihre Sympathie füreinander zu verbergen. Als es Zeit wurde, den Abend ausklingen zu lassen, bot Eduard an, Alena mit seinem Wagen nach Hause zu fahren. Die im lockeren Plauderton geführte Unterhaltung im Wageninneren wurde jäh unterbrochen, als vor ihnen eine Polizeikelle am rechten Straßenrand auftauchte. Eduard war in die erste Polizeikontrolle seines Lebens geraten, und dann passierte das ausgerechnet in einem kommunistischen Land hinter dem Eisernen Vorhang! Augenblicklich begann in seinem Kopf, während er das rechte Blinklicht betätigte und den Wagen zum Stehen brachte, ein Gedankenkarussell loszurattern: Von *Wie viel habe ich getrunken*? über *Werde ich den Alkoholtest bestehen*? bis hin zu *Die wollen bestimmt meine Devisen*! Denn Eduard war von anderen Ausstellern aus dem Westen gewarnt worden, dass die tschechischen Ordnungshüter eben aus diesem Grund gerade zu Messezeiten vermehrt Kontrollen durchführten.

„Papiere!“, forderte der Uniformierte Eduard auf, als er das Seitenfenster heruntergekurbelt hatte, und stellte schon bei der Entgegennahme des Führerscheins die obligatorische Frage: „Haben Sie was getrunken?“

„Ja. Wasser.“

„Und sonst nichts?“

„Doch, vor zwei Stunden ein Glas Wein.“

„Können Sie blasen?“

„Das denke ich schon“, ließ Eduard daraufhin zaghaft verlauten, und der Polizist wies ihn an, auszusteigen. Auf der Motorhaube des Polizeiautos der Marke Shiguli lag schon ein vorsorglich platziertes und geöffnetes Kästchen. Diesem entnahm der Polizist ein Mundstück mit einem Ballon daran, reichte es Eduard und hielt den Schein seiner Taschenlampe die ganze Zeit, in der Eduard sich anschickte, Luft durch das Mundstück in den Ballon zu blasen, auf Eduards Gesicht gerichtet. Als ausreichend Luft im Ballon war, kontrollierte der Polizist den Alkoholgehalt und schien, da er nur „Gut“ verlauten ließ, keine Beanstandungen zu haben. Nun, da von Eduard wegen Alkoholmissbrauchs keine Strafe zu fordern war, versuchte er es mit der Kontrolle der Papiere von Eduards Beifahrerin, wohl in der Annahme, es handle sich ebenfalls um eine Frau aus dem Westen. Alena reichte dem Polizisten wie verlangt ihren Ausweis. Was nun folgte, konnte Eduard nicht zuordnen, denn der Polizist öffnete Alenas Ausweis, warf einen kurzen Blick darauf, schloss umgehend das Dokument, reichte es Alena mit einer leichten Verbeugung und ließ Eduard sogleich weiterfahren. Diese allzu plötzliche Freigabe aus den Fängen der Polizei ließ Eduard, als er wieder im Wagen saß und sie ein gehöriges Stück von der Polizeistreife entfernt waren, dann doch bei Alena nachhaken, was es mit diesem kuriosen Gebaren auf sich gehabt habe. Denn eigentlich hatte er erwartet, der Polizist würde nicht so schnell aufgeben und bestimmt noch etwas finden, um ihm ein paar Devisen zu entlocken. „Ich habe einen Stempel im Ausweis“, lautete die knappe Antwort. Eduard schaute verdutzt, verstand aber sofort: Alena arbeitete für den tschechischen Geheimdienst. Und das, so wusste Eduard, erklärte alles.

Nach diesem ersten gemeinsamen Abend mit Alena, der bis auf die absonderliche Polizeikontrolle sehr angenehm verlaufen war, folgte bald darauf – nach zermürbenden Trennungsgesprächen – das Beziehungsaus mit Ida. Wann immer Eduard nun beruflich nach Tschechien musste, sah er zu, in Brünn vorbeizuschauen. Doch als Alena ihre Beziehung auf die nächste Ebene bringen wollte, ging Eduard das viel zu schnell, und er bat um Bedenkzeit.

Der erneute Auftrag kam da gerade recht. Das war genau das Richtige, um etwas Abstand zu seinen privaten Beziehungsfragen zu gewinnen und auf andere Gedanken zu kommen. Eine untergeordnete Rolle spielte das Ziel seiner Reise: ausgerechnet Israel. Und das wenige Tage nach dem Jom-Kippur-Krieg. Am 6. Oktober, dem jüdischen Versöhnungsfest Jom Kippur, begannen Syrien und Ägypten im Jahr 1973 die von Israel besetzten syrischen und ägyptischen Gebiete anzugreifen. Der Krieg währte schließlich nur wenige Wochen und endete am 25. Oktober 1973. Aber auch mit dem offiziellen Waffenstillstand brodelten die Konflikte der Kriegsparteien unter der Oberfläche weiter, und eine Reise nach Israel galt durchaus nicht als ungefährlich. Aufgrund der prekären politischen Lage gab es demgemäß auch keine direkten Flüge von Deutschland nach Israel, und Eduard hatte einmal mehr den Umweg über Kairo zu nehmen, aber diesmal nicht, um in die Türkei, sondern um nach Tel Aviv zu gelangen.

In Tel Aviv wurde Eduard bereits in der Firma „Jansen" erwartet, wo Badeanzüge hergestellt wurden. Das war, im Vergleich zu den Riesenanlagen, die Eduard in den asiatischen Ländern gewohnt war, ein eher kleiner Betrieb, dessen Besitzer, Herr Wodak, ein gebürtiger Wiener war. Als Eduard den zweiten Tag im Betrieb erschien, da wurde er auch schon ins Büro des Chefs beordert.

„Sie sind hier auch als Gast, nicht nur zum Arbeiten! Schauen Sie sich das Land an!", lud Herr Wodak Eduard sogleich ein.

„Ja, aber ich bin ja hier zum Arbeiten, ich muss meinen Auftrag ausführen und die Anlagen montieren", gab Eduard zu bedenken. So etwas war ihm bisher noch nie passiert. Dass ein Firmeninhaber, zu dem er für den Aufbau oder zur Wartung der Anlagen angefordert wurde, sich auch dafür interessierte, dass er sich das Land, in dem er sich gerade aufhielt, ansah, das war neu. Aber Herr Wodak ließ nicht locker: „Am Wochenende haben Sie Zeit, fahren Sie herum! Bringen Sie mir die Rechnungsbelege, Sie bekommen alle Ausgaben ersetzt." Dankend nahm Eduard schließlich das Angebot an, wenngleich er nicht so recht wusste, was er damit anfangen sollte. So alleine in einem fremden Land herumfahren, das hatte durchaus seine Tücken, erst recht, wenn man mit der Sprache einige Probleme hatte. Nachdem Eduard nach dem Wochenende, das er mit Ausschlafen und sich Erholen in seiner Unterkunft zugebracht hatte, am Montag wieder in der Firma „Jansen" erschien, dachte er gar nicht mehr an das Angebot, auf Kosten des Chefs das Land zu erkunden. Nicht so Herr Wodak, der Eduard sogleich nach seinem Eintreffen in sein Büro bestellte und voller Erwartung von ihm wissen wollte, was er sich alles angesehen habe. Nun kam Eduard nicht mehr aus und musste Farbe bekennen: „Was soll ich da alleine herumfahren? Ich weiß nicht recht wohin, sprachlich habe ich auch ein paar Probleme."

„Nehmen Sie sich jemanden vom Betrieb mit!", ließ Herr Wodak keine Ausrede gelten. Es war ihm Ernst. Wer vom Ausland in seinen Betrieb nach Israel kam, der sollte auch etwas von diesem Land sehen und nicht nur die Innenhallen seines Betriebes. Also hat Eduard sich umgesehen und sich auf die Suche nach einer passenden Begleitung gemacht. Die Schlosser, die er bei „Jansen" zur Seite gestellt bekommen hatte, hätte Eduard sprachlich wohl verstanden, aber die waren nicht recht daran interessiert, sich die Wochenenden mit Besichtigungstouren vollzupacken. Sie hatten aber einen anderen Vorschlag und erzählten von Tova, der Rumänin im Betrieb. Die könne wie Eduard Italienisch, die würden sie fragen. Eine halbe Stunde später war Tova zur Stelle und hellauf begeistert, Eduard Israel zu zeigen. Mit dem Bus sind sie am darauffolgenden Wochenende bis Jerusalem gefahren, dann weiter bis Bethlehem, und sie haben auch einen kurzen Abstecher ans Tote Meer gemacht. Ein wunderbares Erlebnis für Eduard, der ansonsten so viel Gastfreundschaft auf Montage nicht gewohnt war. Abgesehen davon, dass dieser Ausflug ihn auch vom Grübeln abbrachte, das ihn ansonsten am freien Wochenende in seiner Unterkunft zweifelsohne früher oder später eingeholt hätte. Denn wenn er auch mit seinem Auftrag nach Israel einen Entscheidungsaufschub gewonnen hatte, so stand die Frage nach der nächsten Beziehungsebene mit Alena nach wie vor im Raum. Und wenn Eduard ehrlich zu sich selbst war, dann wurde ihm alles zu eng, und so fasste er den Entschluss, dass es besser war, auch diese Beziehung zu beenden.

Nach der Trennung von Alena musste Eduard sich in seiner freien Zeit anderweitig Beschäftigung suchen. Wenngleich er auch den Großteil des Jahres mit Betreuung und Verkauf zubrachte, in den verschiedensten Ländern, auf allen fünf Kontinenten der Erde, so war er zwischen dem einen und anderen Auftrag stets auch ein paar Tage in Wangen. Manchmal, wenn auch selten, konnten das auch zwei, drei Wochen sein. Um nun nach Feierabend nicht ständig alleine in seinem Hotelzimmer beim „Baumgarten" oder „Prassberger" zu sitzen, hatte Eduard die Idee, sich die Zeit mit Tennisspielen zu vertreiben und schrieb sich in einen Kurs ein. Als er zu seiner ersten Trainingsstunde antrat, war er erfreut, unter den anderen Kursteilnehmern in Hanne, die im Geschäft in der „Sohler"-Zentrale arbeitete, ein bekanntes Gesicht zu erkennen. Nach den ersten Tennisstunden musste Eduard auch schon montagebedingt die eine oder andere Trainingseinheit ausfallen lassen. Hanne gegenüber hatte er sich dazu klagend geäußert, da es doch schade sei, einen Kurs zu buchen, wenn man vorab schon wisse, dass man an fast der Hälfte der Kursstunden abwesend sein werde. Hanne, die Eduards Einwände durchaus nachvollziehen konnte, meinte daraufhin, da wäre es doch besser, ganz auf den Kurs zu verzichten, und schlug vor: „Spiel doch Tennis mit meiner Freundin Brigitte!"

Brigitte, Hannes langjährige Freundin und Mitinhaberin eines Fachgeschäfts für Raumausstattung in Wangen, sei eine passionierte wie routinierte Tennisspielerin und wesentlich disponibler als die fixen Kursstunden, ließ Hanne Eduard wissen und meinte: „Frag Brigitte, ob sie nicht mit dir Tennis spielen möchte!" Und Brigitte wollte. Mehr noch. Aus Brigitte wurde für Eduard schnell Gitti und aus ihnen beiden ein Liebespaar.

Mit Gitti fühlte sich dann endlich auch das gut an, was Eduard in seinen früheren Beziehungen als zu einengend und allzu sehr in seiner Freiheit begrenzend empfunden hatte. Gitti war fortan auch der Grund, warum Eduard, wenngleich er weiterhin viel auf Reisen war, vermehrt Zeit fand, die er in Wangen verbringen wollte. Und mit Gitti war die Zeit auch reif für ein gemeinsames Heim. Zehn Minuten vom Stadtzentrum von Wangen fanden sie ein Haus, das all ihre Ansprüche erfüllte und das ihr Zuhause wurde.

Als für Gitti und Eduard 1984 die Hochzeitsglocken läuteten, war Eduard bereits über 20 Jahre bei der Firma „Sohler“ beschäftigt, und er hatte fast jedes Land der Welt bereist. Am wenigsten war er noch auf dem afrikanischen Kontinent gewesen. Auch wenn er nun mit Gitti die Ehe eingegangen war, aus der zwei Kinder, Peter und Christine, hervorgingen, so hatte Eduard nie mit dem Gedanken gespielt, seine Arbeit bei „Sohler“, das Herumreisen, seine Freiheit, die er dabei genoss, aufzugeben. Auch Eduards ehemalige Lehrerin und Fürsprecherin Gretl Niederwieser war stets erfolglos geblieben bei ihren wiederholten Versuchen: „Komm wieder heim! Jetzt hast du doch etwas gelernt und kannst etwas. Wir brauchen gute Leute in Südtirol!“ Doch damals, Ende der 1950er-, Anfang der 1960er-Jahre, als Eduard händeringend nach einer guten Arbeitsstelle in seiner Heimat gesucht hatte, waren die Zeiten für deutschsprachige Südtiroler alles andere als rosig. Das war ihm sehr wohl bewusst.

Damals hatte er die Chance ergriffen, die ihm bei „Sohler“ geboten wurde. Hier konnte er sich technisch einbringen, sich rundum entfalten, darauf wollte er nicht mehr verzichten. Erst recht nicht auf sein ihm lieb gewordenes Leben aus dem Koffer, auf das viele Reisen, bei dem er in seinen 55 Jahren bei „Sohler“ mehr als eine Million Flugmeilen gesammelt hat. In Wangen war Eduard schließlich angekommen, hatte mit seiner Familie ein neues Zuhause gefunden, das ihm einen Ruhepol zwischen seinen Reisen als Prokurist der Vertriebsleitung bescherte.

In seinem Herzen ist er Südtirol und Seis sehr nahe geblieben. Nie hat er auf seine „Muttersprache“ vergessen. Und diese holt er zuverlässig – bei jeder Fahrt in die alte

Heimat – nach dem Überqueren der Landesgrenze aus seinem Gepäck. Was Gitti auf dem Beifahrersitz mit der Feststellung quittiert: „Sobald wir über dem Brenner sind, sprichst du urplötzlich nur mehr Seiserisch!"

Glossar

Die im Glossar aufgeführten Begriffe sind im Text *kursiv* hervorgehoben.

A

Abaya	Islamisches Kleidungsstück, eine Art Überkleid, das Frauen über der normalen Kleidung tragen, wenn diese das Haus verlassen. Es wird oft mit Kopftuch, in einigen Regionen (v. a. Saudi-Arabien, Jemen, Oman, Kuwait, Katar, Vereinigte Arabische Emirate u. a.) auch mit dem Gesichtsschleier Niqab kombiniert.
Abessinienkrieg	3.10.1935–27.11.1941. Ein völkerrechtswidriger Angriffs- und Eroberungskrieg des faschistischen Königreichs Italien gegen das Kaiserreich Abessinien (heute Äthiopien). Erstmals mussten auch Südtiroler in großer Zahl für das italienische Heer kämpfen. Mindestens 1200 junge Männer der Jahrgänge 1911 bis 1913 wurden an die Ostküste Afrikas verschifft.
Afrikafeldzug	Bezeichnet im deutschsprachigen Raum die militärischen Operationen der Achsenmächte (Berlin–Rom) gegen die Alliierten in Libyen, Ägypten und Tunesien vom 9.9.1940 bis 13.5.1943, mit dem Ziel, in Nordafrika die Vorherrschaft zu erlangen.
Altoatesino	Ital. Bewohner von Alto Adige, Pl. altoatesini
Annexion Südtirols	Erfolgte am 10.10.1920. Als das Kaiserreich Österreich seine Niederlage eingestehen musste, besetzten italienische Truppen das heutige Südtirol. Der Vertrag von Saint-Germain bestätigte diese völkerrechtswidrige Landnahme. Das deutschsprachige Südtirol gehörte ab da, ungeachtet aller fehlenden kulturellen Bindungen, zu Italien. Es folgte eine Zeit der Repression. Mit aller Macht wurde die Zwangsitalianisierung durchgesetzt. Deutsch wurde in Schulen, Kindergärten und bei Behörden

		verboten. Deutschsprachige Beamte wurden entlassen und durch Mitarbeiter aus italienischen Provinzen ersetzt. Selbst deutsche Ortsnamen blieben von der Kampagne nicht verschont. Südtirol hieß nun Alto Adige. In Bozen wurden Zehntausende Italiener angesiedelt, um die Landeshauptstadt zu einer italienischen Stadt zu machen.
B	BAS	Befreiungsausschuss Südtirol, gegründet 1957 mit dem Ziel, die Selbstbestimmung für Südtirol zu erlangen. Ein 1946 zw. Österreich und Italien geschlossenes Autonomieabkommen wurde von italienischer Seite unterlaufen. Statt einer echten Autonomie gewährte Italien nur eine Scheinautonomie. Unter deren Deckmantel wurde die Italianisierungspolitik des faschistischen Italiens fortgesetzt. In Südtirol formierte sich Widerstand. Der BAS wollte die Selbstbestimmung des Landes u. a. mit Bomben erzwingen. Die Attentate erstreckten sich von 1956 bis 1969.
	beatae Mariae semper Virgini	Der seligen, allzeit reinen Jungfrau Maria
	beato Michæli Archangelo	Dem heiligen Erzengel Michael
	Breatl	Südtirolerisch: runder, flacher Brotlaib aus Roggen-/Weizengemisch und Sauerteig, Pl. Breatlen
	BRK	Bayerisches Rotes Kreuz
C	Carabinieri	Polizeieinheit Italiens. Im Unterschied zur zivilen Staatspolizei (Polizia di Stato) formal militärisch
	Col di Lana	Ein 2462 m hoher Berg der Fanesgruppe in den Dolomiten. Im Ersten Weltkrieg war er zwischen Österreichern und Italienern heftig umkämpft und ist heute ein Mahnmal des Krieges in den Dolomiten.

	Confiteor Deo omnipotenti	Ich bekenne Gott, dem Allmächtigen
	Congedo	Ital. Verabschiedung, ehrenvolle Entlassung aus dem Militärdienst
D	DRK	Deutsches Rotes Kreuz
F	Facchino	Ital. Gepäckträger
	Feuernacht	Die Nacht vom 11. auf den 12. Juni 1961, in der in Südtirol 37 Strommasten gesprengt wurden. Die Feuernacht bildete den Höhepunkt der Anschläge des Befreiungsausschusses Südtirol *(BAS)*.
	Flak	Flugabwehrkanone. Die Flak-Einheiten versuchten, die alliierten Bombergeschwader abzuschießen, die die Zug- und Straßenverbindungen in Südtirol sowie Rüstungsindustrie des Bozner Raums mehrfach angriffen.
G	Guardia	Ital. Wachdienst
H	Helgoland	Das Motorschiff Helgoland wurde für den Vietnamkrieg zum *DRK*-Hospitalschiff umgebaut. Von 1966–1972 arbeiteten 122 *DRK*-Schwestern im Hospitaldienst in Vietnam zur Unterstützung der notleidenden Bevölkerung.
I	Industriezone	Ein im Süden von Bozen gelegener Industriebezirk, der 1935/36 angelegt wurde. Das faschistische Regime Italiens verfolgte mit der „zona industriale di Bolzano" ein doppeltes Ziel: Zum einen ordnete sich die Errichtung eines Bozner Industriebezirks in die Autarkiebestrebungen des Faschismus ein, zum anderen förderten die Maßnahmen auch die vom Regime gewünschte Italianisierung Südtirols. Hierfür förderte man den Zuzug Tausender italienischsprachiger Arbeitskräfte, für die entsprechender Wohnraum geschaffen werden musste. Das nötige Land, auf denen die

		gigantischen Betriebe entstanden, kam aus Enteignungen von agrarwirtschaftlich genutzten Flächen.
	Italianisierung	Mit Mussolinis Machtübernahme 1922 begann eine aggressive Politik der Italianisierung in Südtirol. Der faschistische Staat beabsichtigte die kulturelle Assimilation, die darauf abzielte, die deutsche Sprache und Kultur in Südtirol auszulöschen und durch italienische zu ersetzen.
J	Jangger	Strickjacke
K	Kassianeum	Namensgeber für das Gebäude ist der hl. Kassian. Um 1600 beherbergte das Kassianeum das Brixner Priesterseminar. Im Jahr 1808 wurde es von den Bayern in ein königliches Erziehungsinstitut umgewandelt, ein Jahr darauf diente es als Kaserne. 1835 wurde das Kassianeum neu organisiert und bis zum Jahr 1983 unter der Leitung der Diözese als Schülerheim geführt. Heute Jugendhaus und Jugendherberge
	Kaminwurze	Südtiroler Wurstspezialität aus kaltgeräucherter und luftgetrockneter Rohwurst. Pl. Kaminwurzen
	Knospen	Sind im Tiroler Raum mit Leder überzogene Holzschuhe, Aussprache [Knoschpn]
	Kolpinghaus	Die Idee des Kolpingwohnens für Lehrlinge und Handwerksgesellen geht auf den deutschen katholischen Priester Adolph Kolping (1813–1865) zurück. Er eröffnete 1852 in Köln eines der ersten Gesellenhospize.
L	Langes	Südtirolerisch für Frühling
	Leps	Früher: Bezeichnung in Südtirol für Wein mit wenig Alkoholgehalt aus der Rebsorte Vernatsch. 1932 wurde seine Herstellung gesetzlich verboten. Heute: meist abschätzig für minderwertigen Wein

M	Maestra	Ital. Lehrerin
	Mailänder Prozess	Der erste Mailänder Prozess, Urteilsverkündung am 16. Juli 1964, brachte zahlreiche Schuldsprüche für die Südtirol-Aktivisten *(BAS)* mit teilweise langen Haftstrafen und führte zu einer Intensitätssteigerung der Kämpfe. Am 20. April 1966 erfolgte die Urteilsverkündung des zweiten Mailänder Prozesses mit erneut hohen Haftstrafen. Erst das Inkrafttreten des zweiten Autonomiestatuts, im Januar 1972, brachte mit der diplomatischen Lösung Entspannung für das Südtirolproblem.
N	Naia	Ugs. Bezeichnung für den Wehrdienst in Italien
	Naioni	Ugs. für die Wehrdienstleistenden in Italien, Sg. il naione
	Negozio	Ital. Geschäft, Gemischtwarenhandlung, Laden
	Nulla osta	Ital. Unbedenklichkeitsbescheinigung
O	Offshore	Bedeutet: „vor der Küste". Darunter versteht man die Erschließung von Erdölfeldern und Gaslagerstätten im Meer.
	Option	Bezeichnet die 1939 zwischen dem faschistischen Italien und dem nationalsozialistischen Deutschland ausgehandelte Wahl, die die deutsch- und ladinischsprachige Bevölkerung Italiens – vor allem in Südtirol – vor eine Entscheidung stellte: entweder ins Deutsche Reich auszuwandern oder in Italien zu bleiben, jedoch ohne Schutz als ethnische Minderheit. Rund 85 % der etwa 250.000 Wahlberechtigten entschieden sich für Deutschland. Bis zur Eingliederung der Operationszone Alpenvorland in den deutschen Machtbereich im September 1943 wanderten ca. 75.000 Südtiroler ins Deutsche Reich aus. Nach Kriegsende kehrten ca. 20.000–25.000 von ihnen als Rücksiedler nach Südtirol zurück.

P	Plent	Buchweizen
	Postino	Ital. Briefträger, Postbote
	PX-Läden	„Post Exchange"-Läden – sind eine Art Einzelhandelsgeschäfte in US-Militäreinrichtungen, um Soldaten und Offizieren alles zu bieten (von Rauchwaren und Elektronik bis hin zu Kleidung und Accessoires), was sie in ihren Auslandseinsätzen brauchen. Als Zahlungsmittel wurde aber nicht die US-Währung akzeptiert, sondern rote Dollars.
R	Rittner Bahn	Am 13. August 1907 nahm die Strecke ihren Betrieb auf. Sie begann am Waltherplatz in Bozen und endete in Klobenstein. Bis 1966 war sie in Betrieb. Auf dem Rittner Hochplateau und in der Stadt fuhr der Triebwagen eigenständig. Für die 900 Höhenmeter bergauf schob ihn eine Zahnradlokomotive, bergab bremste sie ihn aus.
	Rosenkranz	Ein rituelles Gebet in der katholischen Kirche, das mithilfe einer Gebetskette (59 Perlen und ein Kreuz) vollzogen wird. Meist betet ein Vorbeter den ersten Teil der Gebete und alle anderen den zweiten Teil. Dauer: ca. 30 Minuten.
	RK	Rotes Kreuz, Rotkreuz-Schwesternschaft. Geht auf die Initiative von Henry Dunant zurück, der 1859 eine neutrale Hilfe für Kriegsverwundete ins Leben rief. Es folgten die zivile Krankenpflege und Gesundheitsversorgung sowie die professionelle, sehr strenge Berufsausbildung. Zwar als weltlicher Orden organisiert, bildete sie die kirchliche Krankenpflege nach, was schon Anfang des 20. Jh. zu Unzufriedenheit führte, da die Schwestern einheitliche Kleidung tragen, unter einem Dach wohnen und ehelos bleiben mussten. Erst nach 1945 lockerten sich die Regeln allmählich.

S	Sarner	Kurzform für Strickjacke aus dem Sarntal in Südtirol, ist auch die Bezeichnung für die Bewohner des Sarntals.
	Saumagen	Eines der bekanntesten Fleischgerichte der Pfälzer Küche: Schweinefleisch, Brät und Kartoffeln, im Schweinemagen wie eine Wurst gegart und meist mit Sauerkraut serviert
	Stadtler	Südtirolerisch für die Stadtbevölkerung, Städter; Aussprache [Stattler]
	Sudetenland	Bezeichnet nach 1918 ein heterogenes, nicht zusammenhängendes Gebiet entlang der Grenzen der Tschechoslowakei zum Deutschen Reich sowie zu Österreich, in dem überwiegend Deutsche nach Sprache, Kultur und Eigenidentifikation lebten. Nach 1938 wurden diese Gebiete Teil des NS-Deutschlands. Nach 1945, nach der Vertreibung der Deutschen, gehörten sie wieder zur Tschechoslowakei (seit 1993 Tschechien).
	Südtirol-Lied	Bekannt unter dem Titel „Wohl ist die Welt so groß und weit“. Der Name „Südtirol“ kommt darin nie vor, da er verboten war, als Karl Felderer in den 1920er-Jahren Text und Melodie geschrieben hat.
T	Tata	Südtirolerisch für Vater, Koseform Tati
	Tenente	Leutnant, der zweite Rang der unteren Offiziere
	Tschador	Ein großes, meist dunkles Tuch, das vor allem Frauen im Iran als Umhang tragen. Es hüllt Kopf und Körper ein und lässt lediglich das Gesicht frei.
	Tschurtsche	Südtirolerisch für Tannenzapfen, Pl. Tschurtschen

V	verwalschen	Südtirolerisch für italianisieren
W	Walscher	Südtirolerisch für Italiener, Pl. die Walschen
Z	Zommtian	Die trockene Wäsche von der Leine holen, zusammenfalten und sie zum Bügeln in Körbe legen

Danksagung

Mein großer Dank gilt an erster Stelle den beiden Frauen und den beiden Männern meiner Geschichten für ihre Bereitschaft, mir von ihrem Leben zu erzählen: Christine Paugger Schanninger, Luzia P., Karl Fink und Eduard Wörndle.

Großen Dank schulde ich einer wunderbaren Support-Gruppe im Athesia-Tappeiner Verlag, allen voran der Verlagsleiterin Ingrid Marmsoler, die an mich und meine Arbeit glaubt und mich ermutigt hat, ein weiteres Buch zu schreiben. Ein besonderer Dank gilt der Programmleiterin Petra Augschöll für ihr Lektorat, für die wunderbare Zusammenarbeit und professionelle Betreuung besonders bei der Fertigstellung des Buches.

Bei der Belegschaft in meinen vier Wänden bedanke ich mich in inniger Zugewandtheit bei meinem Mann Herbert und unserer Tochter Lea-Marie. Sie sind mir Unterstützung und Kraftquelle gleichermaßen.

Mein größter Dank aber gilt Ihnen, meine Leserinnen und Leser, denn Ihr Interesse und Ihre Freude am Lesen meiner Bücher gibt mir erst das notwendige Feedback, das mich motiviert und mich in meiner Arbeit bestätigt.

Sabine Peer

Prädikat: Bestseller!

Sabine Peer veranschaulicht in ergreifenden, auf wahren Begebenheiten beruhenden Geschichten das Aufeinanderprallen zweier Welten im Italien der 1950er- und 1960er-Jahre: arme Bergidylle der unbedarften Bauernmädchen vs. mondänen Metropolen der reichen italienischen Dienstherren.

Band 1: 200 Seiten, 12 x 18,5 cm, Hardcover
ISBN 978-88-6839-602-2
ISBN 978-88-6839-603-9 (e-Book)

Band 2: 224 Seiten, 12 x 18,5 cm, Hardcover
ISBN 978-88-6839-692-3
ISBN 978-88-6839-693-0 (e-Book)

204 Seiten, 14 x 20,5 cm, Paperback
ISBN 978-88-6839-380-9

Geschichte, die erzählt werden muss

Sabine Peer hat 16 ehemalige russische Kriegsgefangene und weitere 16 Zeitzeugen in Russland und in Südtirol interviewt und anhand der Aussagen erstmals dieses dunkle Kapitel unserer Zeitgeschichte rekonstruiert. Es ist unsere Pflicht, die Erinnerung weiterzugeben. Dafür müssen wir unsere Vergangenheit immer wieder neu erzählen.

Bibliografische Information der Deutschen Nationalbibliothek
Die Deutsche Nationalbibliothek verzeichnet diese Publikation in der Deutschen Nationalbibliografie; detaillierte bibliografische Daten sind im Internet abrufbar: http://dnb.d-nb.de

1. Auflage 2025

Weinbergweg 7
I-39100 Bozen
buchverlag@athesia.it

Fotos: stock.adobe.com – Christian Bodin (Umschlag);
aus den jeweiligen Privatarchiven der Protagonisten und Protagonistinnen (Innenteil)
Design & Layout: Athesia-Tappeiner Verlag
Bildbearbeitung: Typoplus, Frangart
Druck: Finidr, Tschechien
Papier: Umschlag Symbol Card, Innenteil Arena Natural Rough

Gesamtkatalog unter
www.athesia-tappeiner.com

ISBN 978-88-6839-852-1
ISBN 978-88-6839-853-8 (e-Book)

MIX
Paper | Supporting responsible forestry
FSC® C014138
FSC www.fsc.org

Dieses Buch wurde der Umwelt zuliebe nicht mit einer Schutzfolie eingeschweißt.